全国"七五"普法统编教材
QUANGUO QIWU PUFA TONGBIAN JIAOCAI

U0665817

# 教职工
## 法治教育读本

中国社会科学院法学研究所法治宣传教育与公法研究中心◎组织编写

总顾问：张苏军

总主编：李　林　　本册主编：艾其来　胡俊平

中国出版集团
中国民主法制出版社

全国百佳图书
出版单位

**图书在版编目（CIP）数据**

教职工法治教育读本：以案释法版 / 中国社会科学院法学研究所法治宣传教育与公法研究中心组织编写.--北京：中国民主法制出版社，2016.6

全国"七五"普法统编教材

ISBN 978-7-5162-1206-6

Ⅰ．①教… Ⅱ．①中… Ⅲ．①法律-中国-普及读物 Ⅳ．①D920.5

中国版本图书馆CIP数据核字(2016)第132892号

责任编辑/ 刘佳迪
装帧设计/ 郑文娟　张照雷

书　　名/ 教职工法治教育读本（以案释法版）
作　　者/ 艾其来　胡俊平

出版·发行/ 中国民主法制出版社
社　　址/ 北京市丰台区右安门外玉林里7号（100069）
电　　话/ 010-62155988
传　　真/ 010-62151293
经　　销/ 新华书店
开　　本/ 16开　710mm×1000mm
印　　张/ 15.25
字　　数/ 272千字
版　　本/ 2016年6月第1版　2016年6月第1次印刷
印　　刷/ 北京精乐翔印刷有限公司

书　　号/ ISBN 978-7-5162-1206-6
定　　价/ 38.00元
出 版 声 明/ 版权所有，侵权必究。

# 丛书编委会名单

# 总　序

## 搞好法治宣传教育
## 营造良好法治氛围

全面推进依法治国，是坚持和发展中国特色社会主义，努力建设法治中国的必然要求和重要保障，事关党执政兴国、人民幸福安康、国家长治久安。

我们党长期重视依法治国，特别是党的十八大以来，以习近平同志为总书记的党中央对全面依法治国作出了重要部署，对法治宣传教育提出了新的更高要求，明确了法治宣传教育的基本定位、重大任务和重要措施。十八届三中全会要求"健全社会普法教育机制"；十八届四中全会要求"坚持把全民普法和守法作为依法治国的长期基础性工作，深入开展法治宣传教育"；十八届五中全会要求"弘扬社会主义法治精神，增强全社会特别是公职人员尊法学法守法用法观念，在全社会形成良好法治氛围和法治习惯"。习近平总书记多次强调，领导干部要做尊法学法守法用法的模范。法治宣传教育要创新形式、注重实效，为我们做好工作提供了基本遵循。

当前，我国正处于全面建成小康社会的决定性阶段，依法治国在党和国家工作全局中的地位更加突出，严格执法、公正司法的要求越来越高，维护社会公平正义的责任越来越大。按照全面依法治国新要求，深入开展法治宣传教育，充分发挥法治宣传教育在全面依法治国中的基础作用，推动全社会树立法治意识，为"十三五"时期经济社会发展营造良好法治环境，为实现"两个一百年"奋斗目标和中华民族伟大复兴的中国梦作出新贡献，责任重大、意义重大。

为深入贯彻党的十八大和十八届三中、四中、五中全会精神，贯彻落实习近平总书记系列重要讲话精神特别是依法治国重要思想，深入扎实地做好"七五"普法工作，中国社会科学院法学研究所联合中国民主法制出版社，经过反复研究、精心准备，特组织国内从事法律教学、研究和实务的专家学者，在新一轮的五年普法规划实施期间，郑重推出"全面推进依法治国精品书库（六大系列）"，即《全国"七五"普法统编教材（以案释法版,25册）》《青少年法治教育系列教材（法治实践版,30册）》《新时期法治宣传教育工作系列丛书（30册）》《"谁执法谁普法"系列丛书（以案释法版,70册）》《"七五"普法书架——以案释法系列丛书（60册）》和《"谁执法谁普法"

系列宣传册（漫画故事版，70册）》。六套丛书均注重采取宣讲要点、以案释法、图文并茂、通俗易懂的形式，紧紧围绕普法宣传的重点、法律规定的要点、群众关注的焦点、社会关注的热点、司法实践的难点，结合普法学习、法律运用和司法实践进行了全面阐释。丛书涵盖了中国特色社会主义法律体系的方方面面，系统收录了各类法律法规和规章，筛选了涉及经济、政治、文化、社会和生态文明建设的各类典型案例，清晰展现了法律教学研究和司法工作的生动实践，同时兼顾了领导干部、青少年学生、工人和农民等不同普法对象的学习需求，具有很强的实用性和操作性，对于普法学习、法学研究和司法实务均具有较好的参考价值。

丛书的出版，有助于广大公民深入学习中央关于全面推进依法治国的战略布局，系统掌握宪法和法律规定，学会运用多样的权利救济途径表达诉求、维护合法权益；有助于广大行政执法人员和法律工作者进一步优化知识结构，丰富相关法律知识储备，强化能力素质和提高工作水平；有助于广大司法实务工作者准确把握法律应用方面的最新进展，解决实际工作中存在的司法疑难问题。

诚然，中国特色社会主义的建设日新月异，依法治国的实践也在不断丰富和发展。丛书出版后，还需要结合普法实践新进展，立法工作新动态和执法司法新需求，及时进行修订完善和内容更新，以确保读者及时、准确掌握中央全面推进依法治国的新要求、立法执法的新进展，使丛书的社会应用价值不断提升。

全面建成小康社会、实现中华民族伟大复兴的中国梦，必须全面推进依法治国；落实依法治国基本方略，必须不断提高全社会的法律应用水平。衷心希望这六套丛书的出版，能够在普法学习宣传、法学理论研究和教学、法律工作实务方面起到应有作用，切实有助于广大公务人员能够更好地运用法治思维和法治方式推动工作，带头在宪法法律范围内活动；有助于执法司法工作人员始终坚持严格执法、公正司法，不断提升执法司法能力；有助于广大干部群众坚持依法治理，加强法治保障，运用法治思维和法治方式化解社会矛盾，更好地营造学法尊法守法用法的良好氛围。

本书编委会
2016年5月

# 目　录

# 第一章  全面推进依法治国的重大战略布局

本 章 要 点

★ 依法治国，就是广大人民群众在党的领导下，依照宪法和法律规定，通过法定形式管理国家事务，管理经济文化事业，管理社会事务，保证国家各项工作都依法进行，逐步实现民主制度化、法律化，建设社会主义法治国家。

★ 全面推进依法治国，是我们党从坚持和发展中国特色社会主义，实现国家治理体系和治理能力现代化，提高党的执政能力和执政水平出发，总结历史经验、顺应人民愿望和时代发展要求作出的重大战略布局。

★ 全面推进依法治国，必须坚持中国共产党的领导，坚持人民主体地位、坚持法律面前人人平等，坚持依法治国和以德治国相结合，坚持从中国实际出发。

★ 坚持依法治国、依法执政、依法行政共同推进，坚持法治国家、法治政府、法治社会一体建设，实现科学立法、严格执法、公正司法、全民守法，促进国家治理体系和治理能力现代化。

★ "七五"普法有七项主要任务。

## 第一节  依法治国方略的形成与发展过程

依法治国，从根本上讲，就是广大人民群众在党的领导下，依照宪法和法律规定，通过法定形式管理国家事务、管理经济文化事业、管理社会事务，保证国家各项工作都依法进行，逐步实现民主制度化、法律化，建设社会主义法治国家。

全面推进依法治国的提出，是对我们党严格执法执纪优良传统作风的传承，是对党的十五大报告提出的"依法治国，建设社会主义法治国家"的深化。历史地看，我们党依法治国基本方略的形成和发展，经历了一个长期的探索发展过程。

早在革命战争年代，我党领导下的革命根据地红色政权就陆续制定和颁布过《中华苏维埃共和国宪法大纲》《中国土地法大纲》《陕甘宁边区施政纲领》等一系列法律制度规定，为新生红色政权的依法产生和依法办事，为调动一切抗日力量抵御外来侵略者，为解放全中国提供了宪法性依据和法律遵循。遵守法纪、依法办事成为这一时期党政工作的一大特色。尽管从总体上看，为适应战时需要，当时主要实行的还是政策为主、法律为辅，但在战争年代，尤其是军事力量对比实力悬殊的情况下，我们党依然能够在革命根据地和解放区坚持探索和实践法制建设，充分显示了一个无产阶级政党领导人民翻身解放、当家作主的博大胸怀。

1949年中华人民共和国的建立，开启了中国法治建设的新纪元。从1949年到20世纪50年代中期，是中国社会主义法制的初创时期。这一时期中国制定了具有临时宪法性质的《中国人民政治协商会议共同纲领》和其他一系列法律、法令，对巩固新生的共和国政权，维护社会秩序和恢复国民经济，起到了重要作用。1954年第一届全国人民代表大会第一次会议制定的《中华人民共和国宪法》，以及随后制定的有关法律，规定了国家的政治制度、经济制度和公民的权利与自由，规范了国家机关的组织和职权，确立了国家法制的基本原则，初步奠定了中国法治建设的基础。20世纪50年代后期以后，特别是"文化大革命"十年（1966年－1976年）动乱，中国社会主义法制遭到严重破坏。

20世纪70年代末，中国共产党总结历史经验，特别是汲取"文化大革命"的惨痛教训，作出把"党和国家的工作重心转移到社会主义现代化建设上来"的重大决策，实行改革开放政策，并明确了一定要靠法制治理国家的原则。为了保障人民民主，必须加强社会主义法制，使民主制度化、法律化，使这种制度和法律

具有稳定性、连续性和权威性，使之不因领导人的改变而改变，不因领导人的看法和注意力的改变而改变，做到有法可依，有法必依，执法必严，违法必究，成为改革开放新时期法治建设的基本理念。在发展社会主义民主、健全社会主义法制的基本方针指引下，现行宪法以及刑法、刑事诉讼法、民事诉讼法、民法通则、行政诉讼法等一批基本法律出台，中国的法治建设进入了全新发展阶段。

20世纪90年代，中国开始全面推进社会主义市场经济建设，由此进一步奠定了法治建设的经济基础，也对法治建设提出了更高的要求。1997年召开的中国共产党第十五次全国代表大会，将"依法治国"确立为治国基本方略，将"建设社会主义

法治国家"确定为社会主义现代化的重要目标，并提出了建设中国特色社会主义法律体系的重大任务。1999年，将"中华人民共和国实行依法治国，建设社会主义法治国家"载入宪法。中国的法治建设揭开了新篇章。

进入21世纪，中国的法治建设继续向前推进。2002年召开的中国共产党第十六次全国代表大会，将"社会主义民主更加完善，社会主义法制更加完备，依法治国基本方略得到全面落实"作为全面建设小康社会的重要目标。2004年，将"国家尊重和保障人权"载入宪法。2007年召开的中国共产党第十七次全国代表大会，明确提出全面落实依法治国基本方略，加快建设社会主义法治国家，并对加强社会主义法治建设作出了全面部署。

2012年，党的十八大召开以来，党中央高度重视依法治国。2014年，党的十八届四中全会专门作出《中共中央关于全面推进依法治国若干重大问题的决定》，描绘了全面推进依法治国的总蓝图、路线图、施工图，标志着依法治国按下了"快进键"、进入了"快车道"，对我国社会主义法治建设具有里程碑意义。在新的历史起点上，我们党更加重视全面依法治国和社会主义法治建设，强调落实依法治国基本方略，加快建设社会主义法治国家，必须全面推进科学立法、严格执法、公正司法、全民守法进程，强调坚持党的领导，更加注重改进党的领导方式和执政方式；依法治国，首先是依宪治国；依法执政，关键是依宪执政；新形势下，我们党要履行好执政兴国的重大职责，必须依据党章从严治党、依据宪法治国理政；党领导人民制定宪法和法律，党领导人民执行宪法和法律，党自身必须在宪法和法律范围内活动，真正做到党领导立法、保证执法、带头守法。

现在，全面建成小康社会进入决定性阶段，改革进入攻坚期和深水区。我们党面对的改革发展稳定任务之重前所未有、矛盾风险挑战之多前所未有，依法治国在党和国家工作全局中的地位更加突出、作用更加重大。全面推进依法治国是关系我们党执政兴国、关系人民幸福安康、关系党和国家长治久安的重大战略问题，是完善和发展中国特色社会主义制度、推进国家治理体系和治理能力现代化的重要方面。我们要实现党的十八大和十八届三中、四中、五中全会作出的一系列战略部署，全面建成小康社会、实现中华民族伟大复兴的中国梦，全面深化改革、完善和发展中国特色社会主义制度，就必须在全面推进依法治国上作出总体部署、采取切实措施、迈出坚实步伐。

# 严肃法纪、引以为戒

【案情介绍】1937年10月5日傍晚，延河边刮着寒风，河滩上扬着尘土，红军抗日军政大学第三期6队队长黄克功与第二期15队学员刘茜沿河滩漫步。两人因情感纠葛再次发生争执。黄克功为了挽回这段恋情，情急之下拔出手枪。本想吓阻刘茜改变主意、回心转意，可他得到的回应是冷峻的眸子、厉声的斥责和响亮的耳光。呼！呼！黄克功手里的勃朗宁手枪响了……

"黄克功事件"在边区内外引起了巨大的反响。一时间，人们议论纷纷，有的探询事件细节，有的揣测如何处理。有人主张，黄克功刚刚经过二万五千里长征，是红军的重要干部，民族解放战争正需要这样的人去冲锋陷阵，应当给他戴罪立功的机会。

在黄克功提出戴罪立功请求，干部群众提出依法偿命和从轻发落不同意见的情况下，作为时任陕甘宁边区高等法院代院长、本案审判长的雷经天，在坚持依法审理的同时，又及时向毛泽东主席报告了案情和惩处意见。

鉴于本案案情重大，具有典型的法制教育意义，边区政府及高等法院根据党中央的指示，于10月11日在被害人所在单位——陕北公学大操场，召开了数千人的大会，进行公开审判。公审大会上，雷经天接到并当着黄克功本人的面，当场宣读了毛主席的回信。

雷经天同志：

你及黄克功的信均收阅。

黄克功过去的斗争历史是光荣的，今天处以极刑，我及党中央的同志都是为之惋惜的。但他犯了不容赦免的大罪，一个共产党员、红军干部而有如此卑鄙的，残忍的，失掉党的立场的，失掉革命立场的，失掉人的立场的行为，如赦免他，便无以教育党，无以教育红军，无以教育革命，根据党与红军的纪律，处他以极刑。正因为黄克功不同于一个普通人，正因为他是一个多年的共产党员，正因为他是一个多年的红军，所以不能不这样办。共产党与红军，对于自己的党员与红军成员不能不执行比一般平民更加严格的纪律。当此国家危急革命紧张之时，黄克功卑鄙无耻残忍自私至如此程度，他之处死，是他自己的行为决定的。一切共产党员，一切红军指战员，一切革命分子，都要以黄克功为前车之鉴。请你在公审会上，当着黄克功及到会群众，除宣布法庭判决外，并宣布我这封信。对刘茜同志之家属，应给以安慰与体恤。

毛泽东

1937年10月10日

随着雷经天宣读的声音停止，大家再将目光转向黄克功时，如梦初醒的他，高高地扬起头，连呼"中华民族解放万岁！""打倒日本帝国主义！""中国共产党万岁！"口号三遍，呼罢，跟着行刑队走出会场……

【以案释法】法治是治国理政的重要途径，是社会秩序的根本保障，是文明进步的显著标志。黄克功一案的处理从一个侧面反映，我们党历来有着严肃法纪、强调依法办事的优良传统。红色根据地时期，我们党立即在夺取政权后的边区治理中注重立法、完备法制，并严格依法办事，为新中国成立后的法治建设奠定了基础。

时任抗大副校长的罗瑞卿强调："黄克功敢于随便开枪杀人，原因之一就是自恃有功，没有把法律放在眼里，如果我们不惩办他，不是也没有把法律放在眼里吗？任何人都要服从法律，什么功劳、地位、才干都不能阻挡依法制裁。"黄克功案判决书中也载明："刘茜今年才16岁，根据特区的婚姻法律，未达到结婚年龄。黄克功是革命干部，要求与未达婚龄的幼女刘茜结婚，已属违法，更因逼婚未遂，以致实行枪杀泄愤，这完全是兽行不如的行为，罪无可逭。"

著名民主人士李公朴先生评价此案："它为将来的新中国成立了一个好的法律榜样。"

## 🔍 以案释法 ⑫

# 治国就是治吏

【案情介绍】1952年2月10日，在河北省保定东关校场，两声清脆的枪声，结束了原天津地委书记刘青山、专员张子善的生命。这两个党的高级干部，因贪污腐化而被判处死刑，这在新中国成立之初尚属首次，也是我党建国之后反腐败的第一大案。

刘青山，曾任中共天津地委书记，被捕前任中共石家庄市委副书记。张子善，曾任中共天津地委副书记、天津专区专员，被捕前任中共天津地委书记。经查，在短短的两年内，刘青山、张子善二人先后盗窃国家救济粮、治河专款、干部家属救济粮、克扣民工粮、机场建筑款及骗取国家银行等，总计达170.6272亿元（旧币1万元约折合今人民币1元）。

最后，河北省人民法院在公判大会上宣布，奉中央人民政府最高人民法院令，判处大贪污犯刘青山、张子善死刑，立即执行，并没收其本人全部财产。同案其他各犯另行审判。

【以案释法】刘青山、张子善贪污案，被称为新中国开国第一大案。刘青山和张子善作为战争年代的革命功臣，建国后因居功自傲、贪污腐化堕落成犯罪分子。我们党向党内腐败行为开的第一刀，杀的就是身居高位的刘、张两人。相比今天的巨贪来说，刘青山、张子善的贪污案的案值可能并不算大，那么为什么一定要对他们处以极刑？这在当时是经过审慎权衡的。刘青山、张子善贪污案披露后，在河北省各级干部中引起极大的震动。一些干部特别是当年曾和刘青山、张子善一起出生入死闹革命的干部，感到惋惜，有不少的议论。有的说："他们是有功之臣，不能杀呀！"有的认为："可以判个重刑，让他们劳动改造，重新做人。"有的呼吁："希望中央能刀下留情！"有的感叹："三十多岁正是好年华，说杀就杀了，实在可惜，应该给他们一个立功赎罪的机会。"

由于刘青山、张子善的地位和影响，以及广大干部在认识上的不尽一致，因而对刘、张的量刑十分审慎。在广泛听取各种不同意见的基础上，毛泽东同志明确表示：是要他们俩，还是要新中国？正因为他们两人的地位高，功劳大，影响大，所以才要下决心处决他们。只有处决他们，才可能挽救20个、200个、2000个、2万个犯有各种不同程度错误的干部。我建议重读一下《资治通鉴》。治国就是治吏！我说过的，杀人不是割韭菜，要慎之又慎。但是事出无奈，不得已啊！问题若是成了堆，就要积重难返了啊！

显然，建国之初，我们党从革命党成功转型为执政党，新生的红色政权刚刚建立，战后的中国正值百废待兴之际，端正党风、严肃法纪、惩治贪腐事关民心所向、社稷安危，一旦腐败蔓延开来就会危及党的生死存亡。

## 🔍 以案释法 ⑬

### 严格依法办事、坚持从严治党

【案情介绍】2015年5月22日，天津市第一中级人民法院鉴于周永康案中一些犯罪事实证据涉及国家秘密，依法对周永康案进行不公开审理。

天津市第一中级人民法院经审理认为，周永康受贿数额特别巨大，但其归案后能如实供述自己的罪行，认罪悔罪，绝大部分贿赂系其亲属收受且其系事后知情，案发后主动要求亲属退赃且受贿款物全部追缴，具有法定、酌定从轻处罚情节；滥用职权，犯罪情节特别严重；故意泄露国家秘密，犯罪情节特别严重，但未造成特别严重的后果。

根据周永康犯罪的事实、性质、情节和对于社会的危害程度，天津市第一中级人民法院于2015年6月11日宣判，周永康犯受贿罪，判处无期徒刑，剥夺政治权利终身，并处没收个人财产；犯滥用职权罪，判处有期徒刑七年；犯故意泄露国家秘密罪，判处有期徒刑四年，三罪并罚，决定执行无期徒刑，剥夺政治权利终身，并处没收个人财产。

周永康在庭审最后陈述时说，我接受检方指控，基本事实清楚，我表示认罪悔罪；有关人员对我家人的贿赂，实际上是冲着我的权力来的，我应负主要责任；自己不断为私情而违法违纪，违法犯罪的事实是客观存在的，给党和国家造成了重大损失；对我问题的依纪依法处理，体现了全面从严治党、全面依法治国的决心。

【以案释法】周永康一案涉及建国以来第一例因贪腐被中纪委立案审查的正国级领导干部。周永康的落马充分反映了我们党全面从严治党、全面依法治国的坚定决心。说明反腐没有"天花板"，无论任何人，不管位有多高，权有多大，只要违法乱纪，一样要严惩不贷。周永康一案的宣判表明，无论是位高权重之人，还是基层党员干部，都应始终要敬畏党纪、敬畏国法，不以权谋私，切忌把权力当成自家的"后花园"。通过办案机关依法办案、文明执法，讲事实、讲道理，周永康也认识到自己违法犯罪的事实给党的事业造成的损失，给社会造成了严重影响，并多次表示认罪悔罪。

综观周永康一案从侦办、审理和宣判，整个过程都坚持依法按程序办案，很好地体现了"以法治思维和法治方式反对腐败"的基本理念。这充分说明，我们党敢于直面问题、纠正错误，勇于从严治党、依法治国。周永康案件再次表明，党纪国法绝不是"橡皮泥""稻草人"，无论是因为"法盲"导致违纪违法，还是故意违规违法，都要受到追究，否则就会形成"破窗效应"。法治之下，任何人都不能心存侥幸，都不能指望法外施恩，没有免罪的"丹书铁券"，也没有"铁帽子王"。

上述三个案例，尽管时间上跨度很大，分别为新民主主义革命时期、新中国成立初期和中国特色社会主义建设时期，但共同显示出我们党严格依法办事和从严治党的决心与信心没有变。

## 第二节　全面推进依法治国的重大意义

全面推进依法治国，是我们党从坚持和发展中国特色社会主义、实现国家治理体系和治理能力现代化、提高党的执政能力和执政水平出发，总结历史经验、顺应人民愿望和时代发展要求作出的重大战略布局，具有重大的现实意义和深远的历史意义。

### 一、全面推进依法治国开启了法治中国建设新的历程

法治是治国理政的重要手段，是政治文明的重要标杆，我们党长期重视法治建设。早在新民主主义革命时期，我们党就在局部执政的革命根据地，颁布宪法法律，探索和实践依法行政。1949年新中国成立，我们党由革命党成功转型为执政党后，宪法和一大批法律法规相继出台，法治建设步入快车道。但由于对社会主义条件下如何搞法治建设的成功经验不足、思想准备不够、社会基础不牢，以至于"左倾"冒进、急功近利思想逐步占据上风，由反右斗争扩大化逐渐酝酿成灾难性的"文化大革命"。在此期间，各级人民代表大会长期休会，各级人民政府被革命委员会取代，

公检法被砸烂，法治被废弛。"文化大革命"的深刻教训再次表明，法治昌明，则国泰民安；法治松弛，则国乱民怨。

1978年党的十一届三中全会郑重提出，为了保障人民民主，必须加强社会主义法制，使民主制度化、法律化，使这种制度和法律具有稳定性、连续性和极大的权威，做到有法可依，有法必依，执法必严，违法必究。1984年10月，党的十二届三中全会明确提出，社会主义经济是在公有制基础上的有计划的商品经济；1992年10月，党的十四大进一步提出了建立社会主义市场经济体制的改革目标，为推进法治建设注入了市场经济的内在动力。1997年9月，党的十五大把依法治国确立为基本治国方略。2002年11月，党的十六大明确提出发展中国特色社会主义民主政治，必须坚持党的领导、人民当家作主、依法治国有机统一。2007年10月，党的十七大提出要全面落实依法治国基本方略，加快建设社会主义法治国家。2012年11月，党的十八大明确提出要全面推进依法治国。2013年11月，党的十八届三中全会明确提出，建设法治中国，必须坚持依法治国、依法执政、依法行政共同推进，坚持法治国家、法治政府、法治社会一体建设。

上述情况表明，在我国，法治建设经历了一个从局部实践到全面实施，从徘徊挫折到坚定不移，从专项部署到整体规划的逐步发展和升华过程。当前，我们党所处的执政方位和执政环境发生了深刻变化，面临着复杂严峻的执政考验、改革开放考验、市场经济考验、外部环境考验，存在着精神懈怠的危险、能力不足的危险、脱离群众的危险、消极腐败的危险。严峻的现实表明，我们党要提高执政能力、巩固执政地位，实现长期执政，就必须更加自觉地运用法治思维和法治方式加强党的执政能力建设，推进党执政的制度化、规范化、程序化，提高依法治国、依法执政水平，巩固党执政的法治基础。正是在这样的关键时刻，2014年11月，党的十八届四中全会就全面推进依法治国的重要性和必要性、全面推进依法治国的指导思想、总体目标、基本原则，以及立法、行政、司法、守法、队伍建设、党的领导等各方面的工作，作了全面部署，开启了法治中国建设新的历程。

## 二、全面推进依法治国为全面深化改革提供了良好的法治平台

为了确保到2020年实现全面建成小康社会的宏伟目标，党的十八届三中全会作出了全面深化改革的战略部署。当前，我国正处于全面建成小康社会的决定性阶段，

改革进入攻坚期和深水区，国际形势复杂多变，国内经济社会发展面临着增长速度换挡期、结构调整阵痛期、前期刺激政策消化期的三期叠加态势。党和国家所面对的改革发展稳定任务之重前所未有、矛盾风险挑战之多前所未有，依法治国在党和国家工作全局中的地位更加突出。此外，经过多年的深化改革，剩下的改革任务都触及最深层次利益关系调整，医疗、教育、住房、食品安全、环境保护等，每个领域的改革都互相牵扯、互相交织，涉及错综复杂的利益再调整。唯有通过全面推进依法治国，发挥法治的引领和保障作用，为全面深化改革提供良好的法治平台，推进国家治理体系和治理能力现代化，才能更好地整合社会利益、化解社会矛盾、凝聚社会力量，使各项改革发展有序推进，各项改革成果惠及全体人民。

### 三、全面推进依法治国为实现中国梦提供了有力的法治保障

法治作为治国理政的基本方式，作为国家治理体系的重要依托，在党和国家事业发展上，发挥着带有根本性、全局性、稳定性的制度保障作用。推进全面依法治国，不仅有助于极大地巩固党的执政地位，而且可以通过妥善的制度安排和有效的制度执行，确保党的路线方针政策的延续性，进而确保全党、全国上下始终不渝地为实现中华民族伟大复兴的中国梦而努力奋斗。

中国梦的基本内涵是实现国家富强、民族振兴、人民幸福。奋斗目标是，到2020年国内生产总值和城乡居民人均收入在2010年的基础上翻一番，全面建成小康社会；到本世纪中叶建成富强民主文明和谐的社会主义现代化国家。实现中华民族伟大复兴的中国梦，是一项既崇高伟大、又艰巨繁重的历史重任，对国家治理体系和治理能力提出了新的更高的要求。我们党要提高执政能力、巩固执政地位，实现长期执政，就必须更加自觉地运用法治思维和法治方式，加强党的执政能力建设，大力推进党执政的制度化、规范化、程序化，不断巩固党执政的法治基础。

全面推进依法治国，从制度体系上把法治同整个国家的发展、把党领导人民的奋斗目标、人民的幸福生活、社会的和谐稳定等一系列重大问题紧密结合起来，从而为实现中华民族复兴的中国梦提供了有力的法治保障和内生动力。

### 四、全面推进依法治国是反腐治权的治本之举

全面推进依法治国，形成完备的法律规范体系、高效的法治实施体系、严密的法治监督体系、有力的法治保障体系，完善的党内法规体系，坚持依法治国、依法执政、依法行政共同推进，法治国家、法治政府、法治社会一体建设，实现科学立法、严格执法、公正司法、全民守法。这对完善权力制约和监督机制，把权力放进法律制度的笼子里，充分运用法治思维和法治方式推进反腐治权，切实从体制、机制和法治上遏制并解决权力腐败问题具有重大意义，是反腐治权的治本之举。

实践表明，尽管公权力腐败表现形式五花八门，公权力腐败原因不尽相同，但

归根结底都属于权力寻租。各类主体的腐败，基本上都是政府官员和公职人员，同属掌握和行使公权力者。全面推进依法治国，形成严密的法治监督体系，就是要依法分权治权，从严治官治吏。全面推进依法治国，有助于从制度设计上扎紧反腐防腐的篱笆，使腐败行径受制于将然之时、受惩于已然之际。形成严密的不敢腐、不能腐、不想腐的法治氛围。

## 第三节　全面推进依法治国必须坚持的基本原则

全面推进依法治国是一项系统工程，是国家治理领域一场广泛而深刻的革命，需要付出长期艰苦努力，这一过程中，既要避免不作为，又要防范乱作为。为此，党的十八届四中全会明确提出了全面推进依法治国必须要坚持的基本原则，即坚持中国共产党的领导，坚持人民主体地位，坚持法律面前人人平等，坚持依法治国和以德治国相结合，坚持从中国实际出发。

### 一、党的领导原则

党的领导是中国特色社会主义最本质的特征，是社会主义法治最根本的保证。把党的领导贯彻到依法治国全过程和各方面，是我国社会主义法治建设的一条基本经验。我国宪法确立了中国共产党的领导地位。坚持党的领导，是社会主义法治的根本要求，是党和国家的根本所在、命脉所在，是全国各族人民的利益所系、幸福所系。党的领导和社会主义法治是一致的，社会主义法治必须坚持党的领导，党的领导必须依靠社会主义法治。只有在党的领导下依法治国、厉行法治，人民当家作主才能充分实现，国家和社会生活法治化才能有序推进。依法执政，既要求党依宪依法治国理政，也要求党依据党内法规管党治党。实践证明，只有把依法治国基本方略的贯彻实施同依法执政的基本方式统一起来，把党领导立法、保证执法、支持司法、带头守法统一起来，把党总揽全局、协调各方同人大、政府、政协、审判机关、检察机关依法依章程履行职能，开展工作统一起来，把党领导人民制定和实施宪法法律同党坚持在宪法法律范围内活动统一起来，才能确保法治中国的建设有序推进、深入开展。

### 二、人民主体原则

在我国，人民是依法治国的主体和力量源泉，法治建设以保障人民根本权益为出发点和落脚点。法治建设的宗旨是为了人民、依靠人民、保护人民、造福人民。因此，全面推进依法治国，必须要保证人民依法享有广泛的权利和自由、承担应尽的义务，维护社会公平正义，促进共同富裕。

全面推进依法治国，就是为了更好地实现人民在党的领导下，依照法律规定，通过各种途径和形式管理国家事务，管理经济文化事业，管理社会事务。法律既是保障公民权利的有力武器，也是全体公民必须一体遵循的行为规范，因此全面推行依法治国，必须要坚持人民主体原则，切实增强全社会学法尊法守法用法意识，使法律为人民所掌握、所遵守、所运用。

### 三、法律面前人人平等原则

平等是社会主义法律的基本属性。法律面前人人平等，要求任何组织和个人都必须尊重宪法法律权威，都必须在宪法法律范围内活动，都必须依照宪法法律行使权力或权利、履行职责或义务，都不得有超越宪法法律的特权。全面推行依法治国，必须维护国家法制统一、尊严和权威，切实保证宪法法律有效实施，任何人都不得以任何借口任何形式以言代法、以权压法、徇私枉法。必须规范和约束公权力，加大监督力度，做到有权必有责、用权受监督、违法必追究。坚决纠正有法不依、执法不严、违法不究行为。

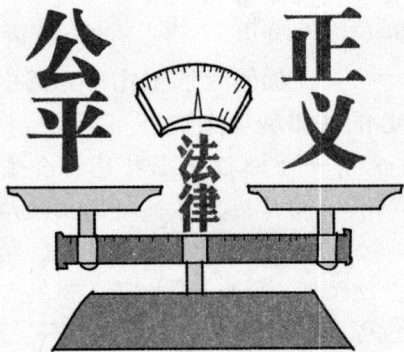

### 四、依法治国和以德治国相结合原则

法律和道德同为社会行为规范，在支撑社会交往、维护社会稳定、促进社会发展方面，发挥着各自不同的且不可替代的交互作用，国家和社会治理离不开法律和道德的共同发挥作用。全面推进依法治国，必须要既重视发挥法律的规范作用，又重视发挥道德的教化作用，要坚持一手抓法治、一手抓德治，大力弘扬社会主义核心价值观，弘扬中华传统美德，培育社会公德、职业道德、家庭美德、个人品德。法治要体现道德理念、强化对道德建设的促进作用，道德要滋养法治精神、强化对法治文化的支撑作用，以实现法律和道德相辅相成、法治和德治相得益彰。

### 五、从实际出发原则

全面推进依法治国是中国特色社会主义道路、理论、制度实践的必然选择。建设法治中国，必须要从我国基本国情出发，同改革开放不断深化相适应，总结和运用党领导人民实行法治的成功经验，围绕社会主义法治建设重大理论和实践问题，深入开展法治建设，推进法治理论创新。

# 第四节　全面推进依法治国的总体要求

十八届四中全会是我党历史上，第一次通过全会的形式专题研究部署、全面推进依法治国问题。全会在对全面推进依法治国的重要意义、重大作用、指导思想和基本原则作了系统阐述的基础上，站在总揽全局、协调各方的高度，对全面推进依法治国进程中的人大、政府、政协、审判、检察等各项工作提出了工作要求。

## 一、加强立法工作，完善中国特色社会主义法律体系建设和以宪法为核心的法律制度实施

### （一）建设中国特色社会主义法治体系，坚持立法先行，发挥立法的引领和推动作用，抓住提高立法质量这个关键

立法工作要恪守以民为本、立法为民理念，贯彻社会主义核心价值观，要符合宪法精神、反映人民意志、得到人民拥护。要把公正、公平、公开原则贯穿立法全过程，完善立法体制机制，坚持立改废释并举，增强法律法规的及时性、系统性、针对性、有效性。坚持依法治国，首先要坚持依宪治国、坚持依宪执政。一切违反宪法的行为都必须予以追究和纠正。

为了强化宪法意识，党和国家还确定，每年12月4日定为国家宪法日。在全社会普遍开展宪法教育，弘扬宪法精神。建立宪法宣誓制度，凡经人大及其常委会选举或者决定任命的国家工作人员正式就职时公开向宪法宣誓。

### （二）完善党对立法工作中重大问题决策的程序

凡立法涉及重大体制和重大政策调整的，必须报党中央讨论决定。党中央向全国人大提出宪法修改建议，依照宪法规定的程序进行宪法修改。法律制定和修改的重大问题由全国人大常委会党组向党中央报告。

健全有立法权的人大主导立法工作的体制机制。建立由全国人大相关专门委员会、全国人大常委会法制工作委员会组织有关部门参与起草综合性、全局性、基础性等重要法律草案制度。增加有法治实践经验的专职常委比例。依法建立健全专门委员会、工作委员会立法专家顾问制度。

加强和改进政府立法制度建设，完善行政法规、规章制定程序，完善公众参与政府立法机制。重要行政管理法律法规由政府法制机构组织起草。

明确立法权力边界，从体制机制和工作程序上有效防止部门利益和地方保护主义法律化。明确地方立法权限和范围，依法赋予设区的市地方立法权。

### （三）深入推进科学立法、民主立法

加强人大对立法工作的组织协调，健全立法起草、论证、协调、审议机制，健全向下级人大征询立法意见机制，建立基层立法联系点制度，推进立法精细化。更

多发挥人大代表参与起草和修改法律作用。充分发挥政协委员、民主党派、工商联、无党派人士、人民团体、社会组织在立法协商中的作用，拓宽公民有序参与立法途径，广泛凝聚社会共识。

（四）加强重点领域立法

依法保障公民权利，加快完善体现权利公平、机会公平、规则公平的法律制度，保障公民人身权、财产权、基本政治权利等各项权利不受侵犯，保障公民经济、文化、社会等各方面权利得到落实，实现公民权利保障法治化。增强全社会尊重和保障人权意识，健全公民权利救济渠道和方式。

## 二、深入推进依法行政，加快建设法治政府

各级政府必须坚持在党的领导下、在法治轨道上开展工作，创新执法体制，完善执法程序，推进综合执法，严格执法责任，建立权责统一、权威高效的依法行政体制，加快建设职能科学、权责法定、执法严明、公开公正、廉洁高效、守法诚信的法治政府。

（一）依法全面履行政府职能

完善行政组织和行政程序法律制度，推进机构、职能、权限、程序、责任法定化。行政机关要坚持法定职责必须为、法无授权不可为，勇于负责、敢于担当，坚决纠正不作为、乱作为，坚决克服懒政、怠政，坚决惩处失职、渎职。行政机关不得法外设定权力，没有法律法规依据不得作出减损公民、法人和其他组织合法权益或者增加其义务的决定。

（二）健全依法决策机制

把公众参与、专家论证、风险评估、合法性审查、集体讨论决定确定为重大行政决策法定程序，确保决策制度科学、程序正当、过程公开、责任明确。

建立重大决策终身责任追究制度及责任倒查机制，对决策严重失误或者依法应该及时作出决策但久拖不决造成重大损失、恶劣影响的，严格追究行政首长、负有责任的其他领导人员和相关责任人员的法律责任。

（三）深化行政执法体制改革

根据不同层级政府的事权和职能，按照减少层次、整合队伍、提高效率的原则，合理配置执法力量。

推进综合执法，大幅减少市县两级政府执法队伍种类，重点在食品药品安全、工商质检、公共卫生、安全生产、文化旅游、资源环境、农林水利、交通运输、城乡建设、海洋渔业等领域内推行综合执法，有条件的领域可以推行跨部门综合执法；严格实行行政执法人员持证上岗和资格管理制度，未经执法资格考试合格，不得授予执法资格，不得从事执法活动。严格执行罚缴分离和收支两条线管理制度，严禁收费罚没收入同部门利益直接或者变相挂钩。

（四）坚持严格规范公正文明执法

依法惩处各类违法行为，加大关系群众切身利益的重点领域执法力度。完善执法程序，建立执法全过程记录制度。明确具体操作流程，重点规范行政许可、行政处罚、行政强制、行政征收、行政收费、行政检查等执法行为。严格执行重大执法决定法制审核制度。

全面落实行政执法责任制，严格确定不同部门及机构、岗位执法人员执法责任和责任追究机制，加强执法监督，坚决排除对执法活动的干预，防止和克服地方和部门保护主义，惩治执法腐败现象。

（五）强化对行政权力的制约和监督

加强党内监督、人大监督、民主监督、行政监督、司法监督、审计监督、社会监督、舆论监督制度建设，努力形成科学有效的权力运行制约和监督体系，增强监督合力和实效。

加强对政府内部权力的制约，对财政资金分配使用、国有资产监管、政府投资、政府采购、公共资源转让、公共工程建设等权力集中的部门和岗位实行分事行权、分岗设权、分级授权，定期轮岗，强化内部流程控制，防止权力滥用。改进上级机关对下级机关的监督，建立常态化监督制度。完善纠错问责机制，健全责令公开道歉、停职检查、引咎辞职、责令辞职、罢免等问责方式和程序。

完善审计制度，保障依法独立行使审计监督权。对公共资金、国有资产、国有资源和领导干部履行经济责任情况实行审计全覆盖。

（六）全面推进政务公开

坚持以公开为常态、不公开为例外原则，推进决策公开、执行公开、管理公开、服务公开、结果公开。各级政府及其工作部门依据权力清单，向社会全面公开政府职能、法律依据、实施主体、职责权限、管理流程、监督方式等事项。重点推进财政预算、公共资源配置、重大建设项目批准和实施、社会公益事业建设等领域的政府信息公开。

涉及公民、法人或其他组织权利和义务的规范性文件，按照政府信息公开要求和程序予以公布。推行行政执法公示制度。推进政务公开信息化，加强互联网政务信息数据服务平台和便民服务平台建设。

**三、保证公正司法，提高司法公信力**

必须完善司法管理体制和司法权力运行机制，规范司法行为，加强对司法活动的监督，努力让人民群众在每一个司法案件中感受到公平正义。

（一）完善确保依法独立公正行使审判权和检察权的制度

建立领导干部干预司法活动、插手具体案件处理的记录、通报和责任追究制度。任何党政机关和领导干部都不得让司法机关做违反法定职责、有碍司法公正的事情，任何司法机关都必须执行党政机关和领导干部不得违法干预司法活动的要求。对干预司法机关办案的，给予党纪政纪处分；造成冤假错案或者其他严重后果的，依法追究刑事责任。

（二）优化司法职权配置

健全公安机关、检察机关、审判机关、司法行政机关各司其职，侦查权、检察权、审判权、执行权相互配合、相互制约的体制机制。

完善审级制度，一审重在解决事实认定和法律适用，二审重在解决事实法律争议、实现二审终审，再审重在解决依法纠错、维护裁判权威；建立司法机关内部人员过问案件的记录制度和责任追究制度。完善主审法官、合议庭、主任检察官、主办侦查员办案责任制，落实谁办案谁负责。

（三）推进严格司法

健全事实认定符合客观真相、办案结果符合实体公正、办案过程符合程序公正的法律制度。加强和规范司法解释和案例指导，统一法律适用标准。全面贯彻证据裁判规则，严格依法收集、固定、保存、审查、运用证据，完善证人、鉴定人出庭制度，保证庭审在查明事实、认定证据、保护诉权、公正裁判中发挥决定性作用。明确各类司法人员工作职责、工作流程、工作标准，实行办案质量终身负责制和错案责任倒查问责制，确保案件处理经得起法律和历史检验。

（四）保障人民群众参与司法

坚持人民司法为人民，依靠人民推进公正司法，通过公正司法维护人民权益。在司法调解、司法听证、涉诉信访等司法活动中保障人民群众参与。推进审判公开、检务公开、警务公开、狱务公开，依法及时公开执法司法依据、程序、流程、结果和生效法律文书，杜绝暗箱操作。

（五）加强人权司法保障

强化诉讼过程中当事人和其他诉讼参与人的知情权、陈述权、辩护辩论权、申请权、申诉权的制度保障。健全落实罪刑法定、疑罪从无、非法证据排除等法律原则的法律制度。完善对限制人身自由司法措施和侦查手段的司法监督，加强对刑讯逼供和非法取证的源头预防，健全冤假错案有效防范、及时

纠正机制。

### （六）加强对司法活动的监督

完善检察机关行使监督权的法律制度，加强对刑事诉讼、民事诉讼、行政诉讼的法律监督。完善人民监督员制度，重点监督检察机关查办职务犯罪的立案、羁押、扣押冻结财物、起诉等环节的执法活动。

依法规范司法人员与当事人、律师、特殊关系人、中介组织的接触、交往行为。严禁司法人员私下接触当事人及律师、泄露或者为其打探案情、接受吃请或者收受其财物、为律师介绍代理和辩护业务等违法违纪行为，坚决惩治司法掮客行为，防止利益输送。

## 四、增强全民法治观念，推进法治社会建设

弘扬社会主义法治精神，建设社会主义法治文化，增强全社会厉行法治的积极性和主动性，形成守法光荣、违法可耻的社会氛围，使全体人民都成为社会主义法治的忠实崇尚者、自觉遵守者、坚定捍卫者。

### （一）推动全社会树立法治意识

坚持把全民普法和守法作为依法治国的长期基础性工作，深入开展法治宣传教育，引导全民自觉守法、遇事找法、解决问题靠法。坚持把领导干部带头学法、模范守法作为树立法治意识的关键，完善国家工作人员学法用法制度，把法治教育纳入国民教育体系，从青少年抓起，在中小学设立法治知识课程。

健全普法宣传教育机制，各级党委和政府要加强对普法工作的领导，宣传、文化、教育部门和人民团体要在普法教育中发挥职能作用。实行国家机关"谁执法谁普法"的普法责任制，建立法官、检察官、行政执法人员、律师等以案释法制度。把法治教育纳入精神文明创建内容，开展群众性法治文化活动，健全媒体公益普法制度，加强新媒体新技术在普法中的运用，提高普法实效；加强社会诚信建设，健全公民和组织守法信用记录，完善守法诚信褒奖机制和违法失信行为惩戒机制，使尊法守法成为全体人民共同追求和自觉行动；加强公民道德建设，弘扬中华优秀传统文化，增强法治的道德底蕴，强化规则意识，倡导契约精神，弘扬公序良俗。发挥法治在解决道德领域突出问题中的作用，引导人们自觉履行法定义务、社会责任、家庭责任。

### （二）推进多层次多领域依法治理

深入开展多层次多形式法治创建活动，深化基层组织和部门、行业依法治理，支持各类社会主体自我约束、自我管理。发挥市民公约、乡规民约、行业规章、团体章程等社会规范在社会治理中的积极作用。建立健全社会组织参与社会事务、维护公共利益、救助困难群众、帮教特殊人群、预防违法犯罪的机制和制度化渠道，发挥社会组织对其成员的行为导引、规则约束、权益维护作用。

### （三）建设完备的法律服务体系

完善法律援助制度，扩大援助范围，健全司法救助体系，保证人民群众在遇到法律问题或者权利受到侵害时获得及时有效法律帮助。

### （四）健全依法维权和化解纠纷机制

强化法律在维护群众权益、化解社会矛盾中的权威地位，引导和支持人们理性表达诉求、依法维护权益。建立健全社会矛盾预警机制、利益表达机制、协商沟通机制、救济救助机制，畅通群众利益协调、权益保障法律渠道。把信访纳入法治化轨道，保障合理合法诉求依照法律规定和程序就能得到合理合法的结果。

健全社会矛盾纠纷预防化解机制，完善调解、仲裁、行政裁决、行政复议、诉讼等有机衔接、相互协调的多元化纠纷解决机制。

完善立体化社会治安防控体系，有效防范化解管控影响社会安定的问题，保障人民生命财产安全。依法严厉打击暴力恐怖、涉黑犯罪、邪教和黄赌毒等违法犯罪活动，绝不允许其形成气候。依法强化危害食品药品安全、影响安全生产、损害生态环境、破坏网络安全等重点问题治理。

此外，十八届四中全会还就法治工作队伍建设、党对全面推进依法治国的领导等重大问题提出了加强和改进要求。

## 🔍 以案释法 ⑭

### 让人民群众在司法案件中感受到公平正义

【案情介绍】欠债还钱，天经地义，支付罚息，也理所应当。但是，银行却在本金、罚息之外，另收"滞纳金"，并且还是按复利计算，结果经常导致"滞纳金"远高于本金，成了实际上的"驴打滚"。中国银行某高新技术产业开发区支行起诉信用卡欠费人沙女士，请求人民法院依法判令沙女士归还信用卡欠款共计375079.3元（包含本金339659.66元及利息、滞纳金共计35419.64元）。银行按每日万分之五的利率计算的利息，以及每个月高达5%的滞纳金，这就相当于年利率高达78%。受理本案的人民法院认为，根据合同法、商业银行法，我国的贷款利率是受法律限制的，最高人民法院在关于民间借贷的司法解释中明确规定：最高年利率不得超过24%，否则就算"高利贷"，不受法律保护。但问题在于，最高法的司法解释针对的是"民间高利贷"，而原告是根据中国人民银行的《银行卡业务管理办法》收取滞纳金的，该如何审理？

【以案释法】在我国社会主义法律体系中，宪法是国家的根本大法，处于最高位阶，一切法律、行政法规、司法解释、地方性法规和规章、自治条例和单行条例都不得与宪法和法律规定精神相违背。依法治国首先是必须依宪治国。十八届四中全会重申了宪法第五条关于"一切违反宪法和法律的行为，必须予以追究"的原则，强调要"努力让人民群众在每一个司法案件中感受到公平正义"。此案中，法官引述了宪法第三十三条第二款规定："中华人民共和国公民在法律面前一律平等。"法官认为："平等意味着对等待遇，除非存在差别对待的理由和依据。一方面，国家以贷款政策限制民间借款形成高利；另一方面，在信用卡借贷领域又形成超越民间借贷限制一倍或者几倍的利息。这显然极可能形成一种'只准州官放火，不许百姓点灯'的外在不良观感。"法官从宪法"平等权"等多个层面，提出应对法律作系统性解释，认为"商业银行错误将相关职能部门的规定作为自身高利、高息的依据，这有违于合同法及商业银行法的规定"，从而最终驳回了银行有关滞纳金的诉讼请求，仅在本金339659.66元、年利率24%的限度内予以支持。

思考题

1. 全面推进依法治国的重大意义是什么？
2. 全面推进依法治国必须坚持的基本原则有哪些？
3. 全面推进依法治国的总体要求是什么？

# 第二章　建设中国特色社会主义法治体系

## 本 章 要 点

★ 全面推进依法治国，总目标是建设中国特色社会主义法治体系，建设社会主义法治国家。

★ 从"法律体系"到"法治体系"是一个质的飞跃，是一个从静态到动态的过程，是一个从平面到立体的过程。

★ 建设中国特色社会主义法治体系是在法治领域为推进国家治理现代化增添总体效应的重要举措。

★ 中国特色社会主义法治体系包括完备的法律规范体系、高效的法治实施体系、严密的法治监督体系、有力的法治保障体系、完备的党内法规体系五个子系统。

★ 以高度自信建设中国特色社会主义法治体系。

## 第一节　建设中国特色社会主义法治体系的提出

中国特色社会主义法律体系是在中国共产党领导下，适应中国特色社会主义建设事业的历史进程而逐步形成的。法律体系是指由一国全部现行法律规范分类组合为不同法律部门而形成的有机整体，党的十五大报告将它正式上升到政策层面。十五大报告提出了21世纪第一个十年国民经济和社会发展的远景目标，确立了"依法治国，建设社会主义法治国家"的基本方略，明确提出到2010年形成中国特色社会主义法律体系。截至2011年8月底，我国已制定现行宪法和有效法律共240部、行政法规706部、地方性法规8600多部，涵盖社会关系各个方面的法律部门已经齐全，各个法律部门中基本的、主要的法律已经制定，相应的行政法规和地方性法规比较完备，法律体系内部总体做到科学和谐统一。作为一项法治建设目标，中国特色社会主义法律体系在实践中如期基本形成。

十八届四中全会通过的《中共中央关于全面推进依法治国若干重大问题的决定》提出："全面推进依法治国，总目标是建设中国特色社会主义法治体系，建设社会主义法治国家。"这是我们党的历史上，第一次提出建设中国特色社会主义法治体系的新目标。从"法律体系"到"法治体系"是一个质的飞跃，是一个从静态到动态的过程，是一个从平面到立体的过程。

## 一、中国特色社会主义法治体系的提出是观念创新

党的十八届四中全会决定，在表述"全面推进依法治国"总目标时突显了在目标上的新认识。习近平总书记对此作了详细说明，即："提出这个总目标，既明确了全面推进依法治国的性质和方向，又突出了全面推进依法治国的工作重点和总抓手。一是向国内外鲜明宣示我们将坚定不移走中国特色社会主义法治道路。中国特色社会主义法治道路，是社会主义法治建设成就和经验的集中体现，是建设社会主义法治国家的唯一正确道路。在走什么样的法治道路问题上，必须向全社会释放正确而明确的信号，指明全面推进依法治国的正确方向，统一全党全国各族人民认识和行动。二是明确全面推进依法治国的总抓手。全面推进依法治国涉及很多方面，在实际工作中必须有一个总揽全局、牵引各方的总抓手，这个总抓手就是建设中国特色社会主义法治体系。依法治国各项工作都要围绕这个总抓手来谋划、来推进。三是建设中国特色社会主义法治体系、建设社会主义法治国家是实现国家治理体系和治理能力现代化的必然要求，也是全面深化改革的必然要求，有利于在法治轨道上推进国家治理体系和治理能力现代化，有利于在全面深化改革总体框架内全面推进依法治国各项工作，有利于在法治轨道上不断深化改革。"

所谓"抓手"，就是政策的制度落脚点。将"建设中国特色社会主义法治体系"形容为全面推进依法治国的总抓手，对于深刻领会党的十八届四中全会首次明确将"建设中国特色社会主义法治体系"作为全面推进依法治国总目标的意义非常重要。党的十八届三中全会通过的《中共中央关于全面深化改革若干重大问题的决定》首次提出了"推进法治中国建设"的概念，"法治中国"相对于"法治国家"来说，突出了法治国家中的"国家"的主权特征，使得法治国家具有了明确的空间效力，故法治中国是落实法治国家的一个重要制度抓手。党的十八届四中全会决定提出了"建设中国特色社会主义法治体系"并明确其内涵，在实践中解决了"依什么法、治什么国、如何实现"等问题。既有明确的实现目标，又有具体的制度设计，对推进依法治国和法治中国建设具有科学性和实践性的指导作用。

这个总抓手可以从两个方面来理解。一是从依法治国的角度来看。党的十五大报告在政策指导层面上对"依法治国"的内涵作了比较明确的解释。即"依法治国，就是广大人民群众在党的领导下，依照宪法和法律规定，通过各种途径和形式管理

国家事务，管理经济文化事业，管理社会事务，保证国家各项工作都依法进行，逐步实现社会主义民主的制度化、法律化，使这种制度和法律不因领导人的改变而改变，不因领导人看法和注意力的改变而改变"。从制度落实角度来看，党的十五大报告提出的"依法治国"并没有说明具体如何加以落实，仍然停留在政策指导层面。"依法治国"的理论价值只体现在"破"上，也就是说，强调"依法治国"有利于打破"人治"和各种非法治思想的禁锢和干扰，有利于进一步解放思想，但是，"依法治国"在"破"的过程中要"立什么"，特别是要在制度上具体怎样做，"依法治国"概念并没有给予明确的回答。在法治实践中必然就会遇到"依什么法""治什么国"等类似问题的挑战。"依法治国"要"立什么"的问题如果在理论上不说清楚，在实践中如何落实到具体的制度设计和安排上不清晰，就会严重影响"依法治国"作为治国方略所具有的科学性和对法治实践的具体指导作用。党的十八届四中全会决定则从理论体系、实践体系和具体法治体系三个角度明确了"中国特色社会主义法治体系"的内涵。如果全面和有效地按照全面推进依法治国的决定要求将法治体系建设落到实处，就必须要采取一系列制度措施。这些制度措施的采取必然就要体现"依法治国"的要求，因此，从逻辑上来看，建设中国特色社会主义法治体系的各项具体要求必然就是落实"依法治国"的各项制度措施，故"建设中国特色社会主义法治体系"成了"全面推进依法治国"的制度"抓手"。二是从建设社会主义法治国家的角度来看。虽然"法治中国"在一定程度上可以视为"法治国家"的制度"抓手"，但"法治中国"只是在空间效力上体现了"法治国家"的制度要求，对于"法治国家"中各项具体制度的特征以及"法治国家"在制度上的表现状态等，这些"制度指标"并不能通过"法治中国"这个单向度的制度"抓手"指标完全得到体现。"建设中国特色社会主义法治体系"从理论和实践、抽象与具体相结合的角度对建设社会主义法治国家进行了制度构建。从逻辑上看，如果中国特色社会主义法治体系在制度上基本建成，即形成完备的法律规范体系、高效的法治实施体系、严密的法治监督体系、有力的法治保障体系以及完善的党内法规体系，那么，社会主义法治国家的制度表现形式也就基本上完成了。所以，在形式意义上，"中国特色社会主义法治体系"的建成可以视为制度上判断是否建成了"法治国家"的具体标准，是"法治国家"是否在制度上得以实现的"抓手"，只要在制度上建成了"中国特色社会主义法治体系"，就可以确定社会主义法治国家基本建成。

因此，建设中国特色社会主义法治体系作为全面推进依法治国的总抓手，使得我国"依法治国"基本方略在路径与目标两个方面的制度内涵都更加清晰。只要抓好建设中国特色社会主义法治体系各项工作，抓出具体成效，就能够充分体现中国特色社会主义法治理论的指导意义，形成中国特色社会主义法治道路的主要特征，全面推进依法治国的各项措施也就能够得到有效贯彻落实，社会主义法治国家的实现程度和状况也就有了制度上的最有效的判断标准。

## 二、准确把握中国特色社会主义法治体系的内涵

中国特色社会主义法治体系，指的是立足中国国情和实际，适应全面深化改革和推进国家治理现代化需要，集中体现中国人民意志和社会主义属性的法治诸要素、结构、功能、过程内在协调统一的有机综合体。之所以要以体系化的方法全面推进依法治国，是因为中国特色社会主义法治本身就是一个要素众多、结构复杂、功能综合、规模庞大的系统工程，各系统要素相互联系、相互作用、相互促进，当其协调一致时可以发挥最大功效，但当某一环节或系统出现了毛病，就会影响整体的正常运行和功能的发挥。为此，必须对中国特色社会主义法治的体系特征有一个客观、准确的认识。

### （一）中国特色社会主义法治体系是法治诸要素、结构、功能、过程内在协调统一的有机综合体

法治体系是国家治理体系的重要组成部分，同时法治体系本身也是一个系统：第一，中国特色社会主义法治体系由众多要素组成，这些要素从存在形态入手可将其从总体上分为硬件要素和软件要素两大类。第二，中国特色社会主义法治体系并不等同于法治诸要素相加之和，它必须对法治诸要素进行组织、搭配和安排，实现法治结构的科学设置，并决定中国特色社会主义法治体系的功能。第三，中国特色社会主义法治体系不仅要求相互间具有有机联系的组成部分结合起来，而且要成为一个能完成特定功能的总体。第四，与法律体系不同，法治体系不是一个静止的存在，而是一个动态的过程，包括法律的制定、实施、监督、实现、发挥作用、反馈等阶段性过程的接续。

### （二）中国特色社会主义法治体系是中国特色社会主义制度体系的规范表达

法治具有相对的独立性，同时也具有鲜明的政治性；法治不仅要以相应的政策、组织和权力构架作为基础，而且其实现程度又受制于政治文明的发展程度；法治不仅为政治建设提供权力运行的规则和依据，而且是政治的规范化表达。因此，要把"中国特色社会主义制度"和"法治体系"作为一个整体看待。法治体系是中国特色社会主义制度在法治领域的表达方式，中国特色社会主义是法治体系的本质属性。因此，建设中国特色社会主义法治体系，必须做到"七个坚持"：坚持中国共产党领导；坚持人民主体地位；坚持中国特色社会主义制度；坚持中国特色社会主义法治理论；坚持法律面前人人平等；坚持依法治国和以德治国相结合；坚持从中国实际出发。

### （三）中国特色社会主义法治体系是社会主义法治国家的自觉建构

全面推进依法治国，总目标是建设中国特色社会主义法治体系，建设社会主义

法治国家。前后两句话是一个整体，不能断章取义理解。那么，"两个建设"之间是一个什么关系呢？这个关系可以概括为：中国特色社会主义法治体系是社会主义法治国家的自觉建构。特色形成于解决问题的实践，中国特色社会主义法治体系既是法治的一般理论与中国法治实践特殊问题的结合，更是对社会主义法治国家的自觉建构。这种自觉构建，避免将资本主义与法治捆绑在一起进入西方范式陷阱，是在立足中国国情创建本土化法治发展道路的实践，是针对需求回应问题面向未来的法治探索。

### 三、充分认识建设中国特色社会主义法治体系的意义

法治，其"义"在于通过法律治理国家；其"要"在于使权力和权利得到合理配置；其"功"在于比其他治理方式更多地供给人民福祉、经济繁荣和国家稳定。法治体系是对法治的要素、结构、功能、过程在总体上的一个统合，它根植于一国法治实践之中，反映法治现实，对法治实践起着指导和推动作用。中国特色社会主义法治体系，反映和指引着中国特色社会主义法治的性质、功能、目标方向、价值取向和实现途径。建设中国特色社会主义法治体系的意义主要体现在以下几个方面：

（一）建设中国特色社会主义法治体系是在法治领域为推进国家治理现代化增添总体效应的重要举措

习近平总书记强调，今天，摆在我们面前的一项重大历史任务，就是推动中国特色社会主义制度更加成熟更加定型，为党和国家事业发展、为人民幸福安康、为社会和谐稳定、为国家长治久安提供一整套更完备、更稳定、更管用的制度体系。这项工程极为宏大，必须是全面的系统的改革和改进，是各领域改革和改进的联动和集成，在国家治理体系和治理能力现代化上形成总体效应、取得总体效果。中国特色社会主义法治尽管自成体系，但并不是一个封闭的、孤立的体系，而是一个开放的、动态的体系，是国家治理体系的重要组成部分。建设中国特色社会主义法治体系，全面推进依法治国，并不是最终的目的，其目的是要在中国法治建设领域通过改革和完善实现国家治理方面的总体效应和总体效果。建设中国特色社会主义法治体系、建设社会主义法治国家是实现国家治理体系和治理能力现代化的必然要求，也是全面深化改革的必然要求，有利于在法治轨道上推进国家治理体系和治理能力现代化，有利于在全面深化改革总体框架内全面推进依法治国各项工作，有利于在

法治轨道上不断深化改革。

**（二）建设中国特色社会主义法治体系是在新的历史起点上全面推进依法治国、建设社会主义法治国家的骨干工程**

依法治国是我们党在总结长期的治国理政经验教训基础上提出的治国基本方略，是社会主义法治的核心内容。全面推进依法治国，是根据中国社会的发展阶段和形势任务提出来的重要部署。自改革开放以来，尤其是自1997年党的十五大把"依法治国、建设社会主义法治国家"确立为治国基本方略以来，党和国家大力加强法治建设，有力地保障了我国社会的持续稳定，为发展中国特色社会主义事业创造了长期稳定和谐的社会环境。然而，新的形势和任务对中国法治建设提出了更高的要求，建设中国特色社会主义法治体系是在新的历史起点上全面推进依法治国的骨干工程。

**（三）建设中国特色社会主义法治体系是在法律体系形成后实现法治建设重心战略转移的必然要求**

在我国，以宪法为统帅，以宪法相关法、民法商法等多个法律部门的法律为主干，由法律、行政法规、地方性法规等多个层次的法律规范构成的中国特色社会主义法律体系已经形成。法律体系形成之后，中国法治建设的重心应当从立法向建设法治体系转移。中国特色社会主义法律体系是中国特色社会主义法治体系的逻辑起点和初级阶段，中国特色社会主义法治体系是中国特色社会主义法律体系的高级阶段和发展方向。中国特色社会主义法律体系的形成，总体上解决了有法可依的问题，在这种情况下，有法必依、执法必严、违法必究的问题就显得更为突出、更加紧迫，这也是广大人民群众普遍关注、各方面反映强烈的问题。十八届四中全会提出，建设中国特色社会主义法治体系，要求中国的法治建设不仅要有一个法律体系，而且要实现国家各项工作都要依法进行，社会领域各个方面都要遵法守法，实际上就是对人民群众普遍关注的法律实施问题的回应。

**（四）建设中国特色社会主义法治体系是以体系化视野掌舵法治建设降低成本减少风险的有效途径**

法治是一种整体的社会现象与社会状态，但也有微观和中观层面的空间和状态。以体系化的视野掌舵法治建设，有助于理解法治的全局性，防止将法治理解为一个自治的封闭系统；有助于把握法治建设的整体性，防止法治建设畸形发展；有助于在全面推进依法治国过程中确保法治的全面性，防止将法治建设片面化；有助于认清法治的过程性和长期性，防止将法治建设简单化为一场运动。运动方式固然有利于法治的快速推进一面，但也存在着难以恒久坚持的问题。

## 第二节　建设中国特色社会主义法治体系的主要内容

中国特色社会主义法治体系包括完备的法律规范体系、高效的法治实施体系、严密的法治监督体系、有力的法治保障体系、完备的党内法规体系五个子系统。其中，"完备的法律规范体系"是静态意义上的法规范体系，该体系是以宪法为核心的"中国特色社会主义法律体系"，包含了在中华人民共和国主权管辖范围内以宪法作为根本法的一切法律规范体系，例如在香港和澳门特别行政区适用的法律规范体系，等等。"高效的法治实施体系""严密的法治监督体系"及"有力的法治保障体系"是动态意义上的法运行体系，体现了法治的价值重在宪法和法律的实施，更关注在实际生活中法律规范的实施状况和实现程度，强调的是现实生活中人们的行为真正受到法律规范的约束。"完善的党内法规体系"是从准法律规范的角度对我党管党治党的党内法规提出的体系化要求，将党内法规体系纳入"中国特色社会主义法治体系"范畴，正是体现了"中国特色社会主义法治体系"的"中国特色"。经过近百年的实践探索，我们党已形成了一整套系统完备、层次清晰、运行有效的党内法规制度。这个制度体系包括党章、准则、条例、规则、规定、办法、细则，体现着党的先锋队性质和先进性要求，使管党治党建设党有章可循、有规可依。

### 一、完备的法律规范体系

建设中国特色社会主义法治体系，全面推进依法治国，需要充分的规范供给为全社会依法办事提供基本遵循。一方面，要加快完善法律、行政法规、地方性法规体系；另一方面，也要完善包括市民公约、乡规民约、行业规章、团体章程在内的社会规范体系。恪守原有单一的法律渊源已无法满足法治实践的需求，有必要适当扩大法律渊源，甚至可以有限制地将司法判例、交易习惯、法律原则、国际惯例作为裁判根据，以弥补法律供给的不足，同时还应当建立对法律扩大或限缩解释的规则，通过法律适用过程填补法律的积极或消极的漏洞。为了保证法律规范的质量和提升立法科学化的水平，应当进一步改善立法机关组成人员的结构，提高立法程序正当化水平，构建立法成本效益评估前置制度，建立辩论机制，优化协商制度，提升立法技术，规范立法形式，确定法律规范的实质与形式标准，设立法律规范的事前或事后的审查过滤机制，构建实施效果评估机制，完善法律修改、废止和解释制度等等。尤其要着力提高立法过程的实质民主化水平，要畅通民意表达机制以及民意与立法的对接机制，设定立法机关组成人员联系选民的义务，规范立法机关成员与"院外"利益集团的关系，完善立法听取意见（包括听证等多种形式）、整合吸纳意见等制度，建立权力机关内部的制约协调机制，建立立法成员和立法机关接受选民和公众监督的制度，等等。

## 二、高效的法治实施体系

法治实施是一个系统工程。首先，要认真研究如何使法律规范本身具有可实施性，不具有实施可能性的法律规范无疑会加大实施成本，甚至即使执法司法人员费尽心机也难以实现。因此，要特别注意法律规范的可操作性、实施资源的配套性、法律规范本身的可接受性以及法律规范自我实现的动力与能力。其次，要研究法律实施所必需的体制以及法律设施，国家必须为法律实施提供强有力的体制、设施与物质保障。再次，要认真研究法律实施所需要的执法和司法人员的素质与能力，要为法律实施所需要的素质和能力的培训与养成提供必要的条件和机制。又次，要研究法律实施的环境因素，并为法律实施创造必要的执法和司法环境。最后，要研究如何克服法律实施的阻碍和阻力，有针对性地进行程序设计、制度预防和机制阻隔，针对我国现阶段的国情，有必要把排除"人情""关系""金钱""权力"对法律实施的干扰作为重点整治内容。

## 三、严密的法治监督体系

对公共权力的监督和制约，是任何法治形态的基本要义；公共权力具有二重性，唯有法律能使其扬长避短和趋利避害；破坏法治的最大危险在一般情况下都来自公共权力；只有约束好公共权力，国民的权利和自由才可能安全实现。有效监督和制约公共权力，要在以下几个方面狠下工夫：要科学配置权力，使决策权、执行权、监督权相互制约又相互协调；要规范权力的运行，为权力的运行设定明确的范围、条件、程序和界限；要防止权力的滥用，为权力的行使设定正当目的及合理基准与要求；要严格对权力的监督，有效规范党内、人大、民主、行政、司法、审计、社会、舆论诸项监督，并充分发挥各种监督的独特作用，使违法或不正当行使权力的行为得以及时有效纠正；要健全权益恢复机制，使受公共权力侵害的私益得到及时赔偿或补偿。

## 四、有力的法治保障体系

依法治国是一项十分庞大和复杂的综合性系统工程。要在较短时间内实现十八届四中全会提出的全面推进依法治国的战略目标，任务艰巨而繁重，如果缺少配套的保证体系作为支撑，恐难以持久。普遍建立法律顾问制度。完善规范性文件、重大决策合法性审查机制。建立科学的法治建设指标体系和考核标准。健全法规、规章、规范性文件备案审查制度。健全社会普法教育机制，增强全民法治观念。逐步增加有地方立法权的较大的市数量。深化行政执法体制改革。完善行政执法程序，规范执法自由裁量权，加强对行政执法的监督，全面落实行政执法责任制和执法经费由财政保障制度，做到严格规范公正文明执法。完善行政执法与刑事司法衔接机制。确保依法独立公正行使审判权检察权。改革司法管理体制，推动省以下地方法院、检察院人财物统一管理，探索建立与行政区划适当分离的司法管辖制度，保证国家法律统一正确实施。建立符合职业特点的司法人员管理制度，健全法官、检察官、人民警察统一招录、有序交流、逐级遴选机制，完善司法人员分类管理制度，健全法官、检察官、人民警察职业保障制度。健全司法权力运行机制。优化司法职权配置，健全司法权力分工负责、互相配合、互相制约机制，加强和规范对司法活动的法律监督和社会监督。健全国家司法救助制度，完善法律援助制度。完善律师执业权利保障机制和违法违规执业惩戒制度，加强职业道德建设，发挥律师在依法维护公民和法人合法权益方面的重要作用。

### 五、完善的党内法规体系

党内法规既是管党治党的重要依据，也是中国特色社会主义法治体系的重要组成部分。由于缺少整体规划，缺乏顶层设计，党内法规存在"碎片化"现象。要在对现有党内法规进行全面清理的基础上，抓紧制定和修订一批重要党内法规，加大党内法规备案审查和解释力度，完善党内法规制定体制机制，形成配套完备的党内法规制度体系，使党内生活更加规范化、程序化，使党内民主制度体系更加完善，使权力运行受到更加有效的制约和监督，使党执政的制度基础更加巩固，为到建党100周年时全面建成内容科学、程序严密、配套完备、运行有效的党内法规制度体系打下坚实基础。

## 第三节　建设中国特色社会主义法治体系的总体要求

建设法律规范体系要求恪守以民为本、立法为民理念，贯彻社会主义核心价值观，使每一项立法都符合宪法精神、反映人民意志、得到人民拥护，实现立法和改革决策相衔接，做到重大改革于法有据、立法主动适应改革和经济社会发展需要。建设法治实施体系要求执法、司法和全社会在法治轨道上开展工作，做到严格执法、公正司法、全民守法。建设法治监督体系要求健全宪法实施和监督制度，强化对行政权力的制约和监督，加强对司法活动的监督，完善检察机关行使监督权的法律制度，完善人民监督员制度。建设法治保障体系要求加强党的领导，完善职业保障体系，加强法律服务队伍建设，创新法治人才培养机制。建设党内法规体系要求健全党内法规体制、强化党内法规与法律、政策的关联，为管党治党提供法治保障。

党的十八届四中全会决定全面部署了社会主义法治体系建设，明确了中国特色社会主义制度是中国特色社会主义法治体系的根本制度，是全面推进依法治国的根本制度保障。中国特色社会主义法治体系是基于中国特色社会主义制度根本要求而形成的法治体系，其使命是全面巩固和完善中国特色社会主义制度。所以，中国特色社会主义法治体系建设不是就法治论法治，而是紧紧围绕中国特色社会主义事业总体布局、围绕国家发展所需要的国家治理体系进行建设。正因为如此，中国特色社会主义法治体系建设才具有全面巩固和完善中国特色社会主义制度的能力与功效。它主要从以下几个方面起到全面巩固和完善中国特色社会主义制度的作用。

## 一、构建建设中国特色社会主义法治体系遵循的原则

### （一）坚持党的领导与依法治国的有机统一

党与法治的关系是法治建设核心问题。中国特色社会主义法治体系建设既明确要求把党的领导贯彻到依法治国全过程和各方面，也明确了党在推进依法治国中的领导原则与领导方式；既明确要求巩固党在国家建设与治理中的领导核心地位，也明确了党必须依据宪法法律治国理政，依据党内法规管党治党。

### （二）坚持依宪治国与依宪执政有机统一

依法治国首先是依宪治国，依法执政首先是依宪执政。党的十八届四中全会作出的这一重要论断，体现了我们党对宪法尊严和权威的充分肯定。宪法是国家根本大法，是社会主义法律体系的核心，也是确保党的领导与国家制度体系稳固的根本法律基础。所以，确立宪法在治国理政中的根本地位，对于中国特色社会主义制度将产生全局和长远作用。

### （三）坚持社会主义法治五大体系有机统一

中国特色社会主义法治体系五大体系既有理论层面，也有实践层面；既有制度层面，也有运行层面；既有国家层面，也有党的层面；既能实现依法治国、依法执政、依法行政的共同推进，也能实现法治国家、法治政府、法治社会的一体建设。这为全面推进法治中国建设规定了更加清晰的目标和任务，规划了切实可行的路线图，必将保障法治建设稳步推进。所以，它能够全方位促进社会主义制度自我完善和发展。

### （四）坚持法治体系与国家治理体系和治理能力建设有机统一

社会主义法治体系建设从立法、执法、司法和守法四个层面展开。因而，它是一个系统工程，其建设和发展必然带来国家治理领域深刻变革。对国家治理体系建设来说，法治体系建设既是其基本任务，也是其得以确立并产生效能的关键。社会主义制度只有借助有效国家治理体系才能得到有效运行，获得巩固和完善。所以，以国家治理体系和治理能力现代化为取向的法治体系建设，必将全面支撑中国特色社会主义制度落实与运行，并孕育出一套与之配套、保障其运行的体制机制。

### （五）坚持法治体系建设与法治能力提升有机统一

任何制度只有扎根民心，才能最终巩固。这就要求制度运行与实践能够全面具体地渗透到人民生活各个环节，并在其中起积极作用；要求法治价值、体系、程序与运行能够有效嵌入社会，契合社会内在要求与发展现实。这其中既强调法治体系建设，也强调法治能力提升，两者相辅相成。经验表明，良好法治才能树立良好价

值体系，才能创造有效制度认同。这决定了中国特色社会主义制度只能在法治体系与法治能力有机统一所创造的善治中扎根社会、深入民心。社会主义法治体系建设将为我国改革发展创造全新的发展动力和发展平台。

## 二、以高度自信建设中国特色社会主义法治体系

### （一）依法治国、依法执政、依法行政共同推进

依法治国是党领导人民治国理政的基本方式，要依照宪法和法律规定，通过各种途径和形式实现人民群众在党的领导下管理国家事务，管理经济文化事业，管理社会事务，保证国家各项工作都依法进行，逐步实现社会主义民主的制度化、法律化。依法执政是依法治国的关键，要坚持党领导人民制定法律、实施法律并在宪法法律范围内活动的原则，健全党领导依法治国的制度和工作机制，促进党的政策和国家法律互联互动。依法行政是依法治国的重点，要创新执法体制，完善执法程序，推进综合执法，严格执法责任，建立权责统一、权威高效的依法行政体制，加快建设职能科学、权责法定、执法严明、公开公正、廉洁高效、守法诚信的法治政府，切实做到合法行政、合理行政、高效便民、权责统一、政务公开。

### （二）法治国家、法治政府、法治社会一体建设

法治国家、法治政府和法治社会是全面推进依法治国的"一体双翼"。法治国家是长远目标和根本目标，建设法治国家，核心要求实现国家生活的全面法治化；法治政府是重点任务和攻坚内容，建设法治政府，核心要求是规范和制约公共权力；法治社会是组成部分和薄弱环节，建设法治社会，核心是推进多层次多领域依法治理，实现全体国民自己守法、护法。法治国家、法治政府、法治社会一体建设，要求三者相互补充、相互促进、相辅相成。

### （三）科学立法、严格执法、公正司法、全民守法相辅相成

十八大以来，党中央审时度势，提出了"科学立法、严格执法、公正司法、全民守法"的新十六字方针，确立了新时期法治中国建设的基本内容。科学立法要求完善立法规划，突出立法重点，坚持立改废释并举，提高立法科学化、民主化水平，提高法律的针对性、及时性、系统性、有效性，完善立法工作机制和程序，扩大公众有序参与，充分听取各方面意见，使法律准确反映经济社会发展要求，更好协调利益关系，发挥立法的引领和推动作用。严格执法，要求加强宪法和法律实施，维护社会主义法制的统一、尊严、权威，形成人们不愿违法、不能违法、不敢违法的法治环境，做到有法必依、执法必严、违法必究。公正司法，要求要努

力让人民群众在每一个司法案件中都感受到公平正义，所有司法机关都要紧紧围绕这个目标来改进工作，重点解决影响司法公正和制约司法能力的深层次问题。全民守法，要求任何组织或者个人都必须在宪法和法律范围内活动，任何公民、社会组织和国家机关都要以宪法和法律为行为准则，依照宪法和法律行使权利或权力、履行义务或职责。

### （四）与推进国家治理体系与治理能力现代化同脉共振

全面推进依法治国既是实现国家治理现代化目标的基本要求，又是推进国家治理现代化的重要组成部分。法律的强制性、普遍性、稳定性、公开性、协调性等价值属性满足了国家治理对权威性和有效性的要求。法治在治理现代化过程中具有极为重要的意义。民主、科学、文明、法治是国家治理现代化的基本要求，民主、科学、文明都离不开法治的保障。治理现代化需要通过法治手段进一步具体地对应到治理体系的各个领域和每个方面，需要进一步量化为具体的指标体系，包括国权配置定型化、公权行使制度化、权益保护实效化、治理行为规范化、社会关系规则化、治理方式文明化六个方面。在实现治理法治化的过程中，治理主体需要高度重视法治本身的现代化问题，高度重视法律规范的可实施性，高度重视全社会法治信仰的塑造，高度重视治理事务对法治的坚守，高度重视司法公信力的培养。

**思考题**

1. 中国特色社会主义法治体系的内涵是什么？
2. 中国特色社会主义法治体系的主要内容是什么？
3. 建设中国特色社会主义法治体系的总体要求是什么？

# 第三章 "七五"普法规划知识

## 本 章 要 点

★"七五"普法规划是在党中央作出全面推进依法治国战略布局，明确提出了依法治国的具体目标和要求的时代背景下出台的。

★"七五"普法规划是服务"十三五"时期经济社会发展、全面建成小康社会的客观需要。有利于进一步发挥法治的引领和规范作用，为全面实施"十三五"规划、全面建成小康社会营造良好的法治环境。

★"七五"普法规划明确提出，法治宣传教育的对象是一切有接受教育能力的公民，重点是领导干部和青少年。

★"七五"普法规划明确了七项主要任务。

## 第一节 "七五"普法规划的制定出台

全民普法和守法是依法治国的长期基础性工作。深入开展法治宣传教育，是贯彻落实党的十八大和十八届三中、四中、五中全会精神的重要任务，是实施"十三五"规划、全面建成小康社会的重要保障。

### 一、七个五年普法规划的制定回顾

1985年11月，中共中央、国务院批转中宣部、司法部《关于向全体公民基本普及法律常识的五年规划》，1985年11月22日，六届全国人大常委会十三次会议作出了《关于在公民中基本普及法律常识的决议》，提出从一九八六年起，争取用五年左右时间，有计划、有步骤地在一切有接受教育能力的公民中，普遍进行一次普及法律常识的教育，并且逐步做到制度化、经常化。自此，全国"一五"普法的帷幕正式拉开。三十年来，全国共开展了六个五年一轮的法制宣传教育活动，分别为"一五"普法（1986—1990年）、"二五"普法（1991—1995年）、"三五"普法（1996—2000年）、"四五"普法（2001—2005年）、"五五"普法（2006—2010年）、

"六五"普法（2011—2015年），2016年进入"七五"普法时期。2016年3月25日，中共中央、国务院转发《中央宣传部、司法部关于在公民中开展法治宣传教育的第七个五年规划（2016—2020年）》的通知，全国法治宣传教育第七个五年规划正式开始实施。

"七五"普法规划是在党中央作出全面推进依法治国战略布局，明确提出了依法治国的具体目标和要求的时代背景下出台的。它的实施周期正处于我国实现全面建成小康社会奋斗目标的关键时期，具有更为突出的政治意义和实践意义。党中央关于"坚持依法治国、依法执政、依法行政共同推进，坚持法治国家、法治政府、法治社会一体建设，实现科学立法、严格执法、公正司法、全民守法，促进国家治理体系和治理能力现代化"的提出，对进一步做好"七五"普法工作，既指明了方向，也明确了新的更高要求。

### 二、"七五"普法规划制定的重大意义

制定"七五"普法规划是全面贯彻党的十八大和十八届三中、四中、五中全会精神，深入贯彻习近平总书记系列讲话精神的重要举措。党的十八大以来，以习近平同志为总书记的党中央对全面依法治国作出了重要部署，对法治宣传教育提出了新的更高要求，明确了法治宣传教育的基本定位、重大任务和重要措施，为深入开展法治宣传教育指明了方向。

制定"七五"普法规划，是全面依法治国的必然要求。全民普法和守法是依法治国的长期基础性工作。把全民普法工作深入持久地开展下去，进一步增强全民法治观念，推动全社会树立法治意识，对于全面依法治国具有重要意义。

制定"七五"普法规划，是服务"十三五"时期经济社会发展、全面建成小康社会的客观需要。有利于进一步发挥法治的引领和规范作用，为全面实施"十三五"规划、全面建成小康社会营造良好的法治环境。

### 三、"七五"普法规划制定的总体考虑

全面贯彻落实中央决策部署。规划全面贯彻党的十八大和十八届三中、四中、五中全会精神，深入贯彻落实习近平总书记系列重要讲话精神和对法治宣传教育的重要指示，充分体现党的十八大以来中央关于法治宣传教育的决策部署和一系列政策措施，使其具体化、制度化。

根据"十三五"时期经济社会发展的需要，明确法治宣传教育的主要任务和工作措施，为创新发展、协调发展、绿色发展、开放发展、共享发展服务。

坚持问题导向。规划认真总结了"六五"普法工作经验，研究把握法治宣传教育工作规律，针对法治宣传教育工作中存在的部分地方和部门对法治宣传教育重要性的认识还不到位、普法宣传教育机制还不够健全、实效性有待进一步增强等问题，提出解决的途径和办法。

坚持创新发展、注重实效。规划适应全面依法治国的新要求，以满足人民群众不断增长的法治需要为出发点和落脚点，坚持学法与用法相结合、法治与德治相结合，创新法治宣传工作理念、机制、载体和方式方法，不断提高法治宣传教育的针对性和实效性。

## 第二节 "七五"普法规划的主要内容

### 一、"七五"普法规划的指导思想、主要目标和工作原则

"七五"普法工作的指导思想：高举中国特色社会主义伟大旗帜，全面贯彻党的十八大和十八届三中、四中、五中全会精神，以马克思列宁主义、毛泽东思想、邓小平理论、"三个代表"重要思想、科学发展观为指导，深入贯彻习近平总书记系列重要讲话精神，坚持"四个全面"战略布局，坚持创新、协调、绿色、开放、共享的发展理念，按照全面依法治国新要求，深入开展法治宣传教育，扎实推进依法治理和法治创建，弘扬社会主义法治精神，建设社会主义法治文化，推进法治宣传教育与法治实践相结合，健全普法宣传教育机制，推动工作创新，充分发挥法治宣传教育在全面依法治国中的基础作用，推动全社会树立法治意识，为"十三五"时期经济社会发展营造良好法治环境，为实现"两个一百年"奋斗目标和中华民族伟大复兴的中国梦作出新的贡献。

"七五"普法工作的主要目标：普法宣传教育机制进一步健全，法治宣传教育实效性进一步增强，依法治理进一步深化，全民法治观念和全体党员党章党规意识明显增强，全社会厉行法治的积极性和主动性明显提高，形成守法光荣、违法可耻的社会氛围。

"七五"普法工作应遵循的原则：坚持围绕中心服务大局。围绕党和国家中心工作开展法治宣传教育，更好地服务协调推进"四个全面"战略布局，为全面实施国民经济和社会发展"十三五"规划营造良好法治环境；坚持依靠群众，服务群众。以满足群众不断增长的法治需求为出发点和落脚点，以群众喜闻乐见、易于接受的方式开展法治宣传教育，增强全社会尊法学法守法用法意识，使国家法律和党内法规为党员群众所掌握、所遵守、所运用；坚持学用结合，普治并举。坚持法治宣传教育与依法治理有机结合，把法治宣传教育融入立法、执法、司法、法律服务和党内法规建设活动中，引导党员群众在法治实践中自觉学习、运用国家法律和党内法规，提升法治素养；坚持分类指导，突出重点。根据不同地区、部门、行业及不同对象的实际和特点，分类实施法治宣传教育。突出抓好重点对象，带动和促进全民普法；坚持创新发展，注重实效。总结经验，把握规律，推动法治

宣传教育工作理念、机制、载体和方式方法创新，不断提高法治宣传教育的针对性和实效性，力戒形式主义。

## 二、"七五"普法规划的主要任务

"七五"普法规划明确了七项主要任务：

### （一）深入学习宣传习近平总书记关于全面依法治国的重要论述

党的十八大以来，习近平总书记站在坚持和发展中国特色社会主义全局的高度，对全面依法治国作了重要论述，提出了一系列新思想、新观点、新论断、新要求，深刻回答了建设社会主义法治国家的重大理论和实践问题，为全面依法治国提供了科学理论指导和行动指南。要深入学习宣传习近平总书记关于全面依法治国的重要论述，增强走中国特色社会主义道路的自觉性和坚定性，增强全社会厉行法治的积极性和主动性。深入学习宣传以习近平同志为总书记的党中央关于全面依法治国的重要部署，宣传科学立法、严格执法、公正司法、全民守法和党内法规建设的生动实践，使全社会了解和掌握全面依法治国的重大意义和总体要求，更好地发挥法治的引领和规范作用。

### （二）突出学习宣传宪法

坚持把学习宣传宪法摆在首要位置，在全社会普遍开展宪法教育，弘扬宪法精神，树立宪法权威。深入宣传依宪治国、依宪执政等理念，宣传党的领导是宪法实施的最根本保证，宣传宪法确立的国家根本制度、根本任务和我国的国体、政体，宣传公民的基本权利和义务等宪法基本内容，宣传宪法的实施，实行宪法宣誓制度，认真组织好"12·4"国家宪法日集中宣传活动，推动宪法家喻户晓、深入人心，提高全体公民特别是各级领导干部和国家机关工作人员的宪法意识，教育引导一切组织和个人都必须以宪法为根本活动准则，增强宪法观念，维护宪法尊严。

### （三）深入宣传中国特色社会主义法律体系

坚持把宣传以宪法为核心的中国特色社会主义法律体系作为法治宣传教育的基本任务，大力宣传宪法相关法、民法商法、行政法、经济法、社会法、刑法、诉讼与非诉讼程序法等多个法律部门的法律法规。大力宣传社会主义民主政治建设的法律法规，提高人民有序参与民主政治的意识和水平。大力宣传保障公民基本权利的法律法规，推动全社会树立尊重和保障人权意识，促进公民权利保障法治化。大力宣传依法行政领域的法律法规，推动各级行政机关树立"法定职责必须为、法无授权不可为"的意识，促进法治政府建设。大力宣传市场经济领域的法律法规，推动全社会树立保护产权、平等交换、公平竞争等意识，促进大众创业、万众创新，促进经济在新常态下平稳健康运行。大力宣传有利于激发文化创造活力、保障人民基本文化权益的相关法律法规，促进社会主义精神文明建设。大力宣传教育、就业、收入分配、社会保障、医疗卫生、食品安全、扶贫、慈善、社会救助和妇女儿童、老年人、残疾人合法权益保护等方面法律法规，促进保障和改善民生。大力宣传国家安全和公共安全领域的法律法规，提高全民安全意识、风险意识和预防能力。大力宣传国防法律法规，提高全民国防观念，促进国防建设。大力宣传党的民族、宗教政策和相关法律法规，维护民族地区繁荣稳定，促进民族关系、宗教关系和谐。大力宣传环境保护、资源能源节约利用等方面的法律法规，推动美丽中国建设。大力宣传互联网领域的法律法规，教育引导网民依法规范网络行为，促进形成网络空间良好秩序。大力宣传诉讼、行政复议、仲裁、调解、信访等方面的法律法规，引导群众依法表达诉求、维护权利，促进社会和谐稳定。在传播法律知识的同时，更加注重弘扬法治精神、培育法治理念、树立法治意识。大力宣传宪法法律至上、法律面前人人平等、权由法定、权依法行使等基本法治理念，破除"法不责众""人情大于国法"等错误认识，引导全民自觉守法、遇事找法、解决问题靠法。

### （四）深入学习宣传党内法规

适应全面从严治党、依规治党新形势新要求，切实加大党内法规宣传力度。突出宣传党章，教育引导广大党员尊崇党章，以党章为根本遵循，坚决维护党章权威。大力宣传《中国共产党廉洁自律准则》《中国共产党纪律处分条例》等各项党内法规，注重党内法规宣传与国家法律宣传的衔接和协调，坚持纪在法前、纪严于法，把纪律和规矩挺在前面，教育引导广大党员做党章党规党纪和国家法律的自觉尊崇者、模范遵守者、坚定捍卫者。

### （五）推进社会主义法治文化建设

以宣传法律知识、弘扬法治精神、推动法治实践为主旨，积极推进社会主义法治文化建设，充分发挥法治文化的引领、熏陶作用，使人民内心拥护和真诚信仰法律。把法治文化建设纳入现代公共文化服务体系，推动法治文化与地方文化、行业文化、企业文化融合发展。繁荣法治文化作品创作推广，把法治文化作品纳入各级文化作品评奖内容，纳入艺术、出版扶持和奖励基金内容，培育法治文化精品。利用重大纪念日、民族传统节日等契机开展法治文化活动，组织开展法治文艺展演展播、法治文艺演出下基层等活动，满足人民群众日益增长的法治文化需求。把法治元素纳入城乡建设规划设计，加强基层法治文化公共设施建设。

### （六）推进多层次多领域依法治理

坚持法治宣传教育与法治实践相结合，把法律条文变成引导、保障经济社会发展的基本规则，深化基层组织和部门、行业依法治理，深化法治城市、法治县（市、区）等法治创建活动，提高社会治理法治化水平。深入开展民主法治示范村（社区）创建，进一步探索乡村（社区）法律顾问制度，教育引导基层群众自我约束、自我管理。发挥市民公约、乡规民约、行业规章、团体章程等社会规范在社会治理中的积极作用，支持行业协会商会类社会组织发挥行业自律和专业服务功能，发挥社会组织对其成员的行为导引、规则约束、权益维护作用。

### （七）推进法治教育与道德教育相结合

坚持依法治国和以德治国相结合的基本原则，以法治体现道德理念，以道德滋养法治精神，促进实现法律和道德相辅相成、法治和德治相得益彰。大力弘扬社会主义核心价值观，弘扬中华传统美德，培育社会公德、职业道德、家庭美德、个人品德，提高全民族思想道德水平，为全面依法治国创造良好人文环境。强化规则意识，倡导契约精神，弘扬公序良俗，引导人们自觉履行法定义务、社会责任、家庭责任。发挥法治在解决道德领域突出问题中的作用，健全公民和组织守法信用记录，完善守法诚信褒奖机制和违法失信行为惩戒机制。

## 🔍 以案释法 ⑤

## 领导干部腐败不能以"不懂法"为借口

【案情介绍】2005年7月13日上午，陕西省西安市中级人民法院对某市委宣传部原副部长张某涉嫌受贿、巨额财产来源不明、滥用职权一案作出一审判决，以受贿罪，判处其有期徒刑十二年，并处没收财产5万元人民币；以巨额财产来源不明罪，判处其有期徒刑一年零六个月；以滥用职权罪，判处其有期徒刑四年零六个月。决定对张某执行有期徒刑十七年，并处没收财产5万元人民币。张某除担任某市委宣传部副部长一职外，还兼某市广播电视局局长、党组书记，某市广电局下属单位有线电视网络有限责任公司及某市广播电视网络传输有限责任公司董事长。

2004年，某市纪委和检察机关在查处张某案件的过程中，从张某家中和银行查获现金、存款，共计1680555.18元人民币、34162.65美元、15381.87港币。其中有608403.68元人民币、27162.65美元、15381.87港币不能说明合法来源。

张某在担任某市广电局局长、党组书记，兼任有线网络公司及广电传输公司董事长期间，在有线网络公司增资扩股过程中，明知该市三家公司均不具备投资资格和实力，无视有线网络公司评估的净资产值为43288.75万元的事实，超越职权擅自决定成立融资小组，并将上述三家公司作为融资对象，强行通过股东会决议，使三家公司通过银行贷款享有了有线网络公司49%的股权，致使有线网络公司10892.55万元的国有资产受损；另外被告人张某还滥用职权违法同意给该市某公司贷款提供担保，给广电传输公司造成1020.19万元的直接经济损失。

张某在任该市某公司法定代表人和某科技有限责任公司实际出资人期间，为达到偷税目的，指使公司会计采用在账簿上虚列工资、差旅费、误餐费等支出的手段，将现金套出，存入私人存折等手段共计偷税金额324934.75元。

庭审中，昔日的副部长当庭7次痛哭不已，哽咽着说："我没有学好法律，当时没有认识到自己的行为是受贿，但是现在我已经认识到了自己是在犯罪。作为一名犯罪嫌疑人，我应该认罪服法。"

【以案释法】贪官出事之后，以自己"不懂法"作为借口，张某不是第一人。某省原省委书记刘某"忏悔"时说："作为省委书记，自以为什么都懂。但是，通过这次法庭审理才发现，自己其实是个法盲。"刘某这么避重就轻地说了，搞政法的某省委政法委原副书记李某也说："我不是很懂法，并不知道事后收人家钱是犯罪行为。"据报道，中组部干部监督局在分析违法犯罪的86名原领导干部的反省材料时发现，其中81.4%的人认为自己犯罪与不懂法有关。

其实，贪官都说自己不懂法是明摆着的谎言，真正的原因不是他们不懂法律，而是他们不懂得尊重法律。在这些贪官心目中只有一个字：权！有了这样一种"权比法大"的心理，受贿时不知有法，这是典型的没让法治理念、法治思维、法治精神、法治信仰入脑入心。

法律格言说：法律必须被信仰，否则它将形同虚设。法律信仰就是要在全体人民（包括官员）心目中树立起法律权威，这是法治社会的要义。党的十八届四中全会通过的《中共中央关于全面推进依法治国若干重大问题的决定》在谈到增强全民法治观念，推进法治社会建设时，非常鲜明地提出了"让尊法守法成为全体人民共同追求和自觉行动"的目标。

## 三、"七五"普法规划的实施

### （一）对象和要求

"七五"普法规划明确提出，法治宣传教育的对象是一切有接受教育能力的公民，重点是领导干部和青少年。要坚持把领导干部带头学法、模范守法作为树立法治意识的关键。完善国家工作人员学法用法制度，把宪法法律和党内法规列入党委（党组）中心组学习内容，列为党校、行政学院、干部学院、社会主义学院必修课；把法治教育纳入干部教育培训总体规划，纳入国家工作人员初任培训、任职培训的必训内容，在其他各类培训课程中融入法治教育内容，保证法治培训课时数量和培训质量，切实提高

指导思想：高举中国特色社会主义伟大旗帜，以马克思列宁主义、毛泽东思想、邓小平理论、"三个代表"重要思想、科学发展观为指导，深入贯彻习近平总书记系列重要讲话精神。

领导干部运用法治思维和法治方式深化改革、推动发展、化解矛盾、维护稳定的能力，切实增强国家工作人员自觉守法、依法办事的意识和能力。加强党章和党内法规学习教育，引导党员领导干部增强党章党规党纪意识，严守政治纪律和政治规矩，在廉洁自律上追求高标准，自觉远离违纪红线。健全日常学法制度，创新学法形式，拓宽学法渠道。健全完善重大决策合法性审查机制，积极推行法律顾问制度，各级党政机关和人民团体普遍设立公职律师，企业可设立公司律师。把尊法学法守法用法情况列入作为领导班子和领导干部年度考核的重要内容。把法治观念强不强、法治素养好不好作为衡量干部德才的重要标准，把能不能遵守法律、依法办事作为考察干部的重要内容；要坚持从青少年抓起。切实把法治教育纳入国民教育体系，制定和实施全国青少年法治教育大纲，在中小学设立法治知识课程，确保在校学生都能得到基本法治知识教育。完善中小学法治课教材体系，编写法治教育教材、读本，地方可将其纳入地方课程义务教育免费教科书范围，在小学普及宪法基本常识，在中、高考中增加法治知识内容，使青少年从小树立宪法意识和国家意识。将法治教育纳入"中小学幼儿园教师国家级培训计划"，加强法治课教师、分管法治教育副校长、法治辅导员培训。充分利用第二课堂和社会实践活动开展青少年法治教育，在开学第一课、毕业仪式中有机融入法治教育内容。加强对高等院校学生的法治教育，增强其法治观念和参与法治实践的能力。强化学校、家庭、社会"三位一体"的青少年法治教育格局，加强青少年法治教育基地建设和网络建设；各地区各部门要根据实际需要，从不同群体的特点出发，因地制宜开展有特色的法治宣传教育。突出加强对企业经营管理人员的法治宣传教育，引导他们树立诚信守法、爱国敬业意识，提高依法经营、依法管理能力。加强对农民工等群体的法治宣传教育，帮助、引导他们依法维权，自觉运用法律手段解决矛盾纠纷。

**（二）工作措施**

第七个法治宣传教育五年规划从2016年开始实施，至2020年结束。各地区各部门要根据本规划，认真制定本地区本部门规划，深入宣传发动，全面组织实施，确保第七个五年法治宣传教育规划各项目标任务落到实处。

1. 健全普法宣传教育机制

各级党委和政府要加强对普法工作的领导，宣传、文化、教育部门和人民团体要在普法教育中发挥职能作用。把法治教育纳入精神文明创建内容，开展群众性法治文化活动。人民团体、社会组织要在法治宣传教育中发挥积极作用，健全完善普法协调协作机制，根据各自特点和实际需要，有针对性地组织开展法治宣传教育活动。积极动员社会力量开展法治宣传教育，加强各级普法讲师团建设，选聘优秀法律和党内法规人才充实普法讲师团队伍，组织开展专题法治宣讲活动，充分发挥讲师团在普法工作中的重要作用。鼓励引导司法和行政执法人员、法律服务人员、大专院校法律专业师生加入普法志愿者队伍，畅通志愿者服务渠道，健全完善管理制度，培育一批普法志愿者优秀团队和品牌活动，提高志愿者普法宣传水平。加强工作考核评估，建立健全法治宣传教育工作考评指导标准和指标体系，完善考核办法和机制，注重考核结果的运用。健全激励机制，认真开展"七五"普法中期检查和总结验收，加强法治宣传教育先进集体、先进个人表彰工作。围绕贯彻中央关于法治宣传教育的总体部署，健全法治宣传教育工作基础制度，加强地方法治宣传教育条例制定和修订工作，制定国家法治宣传教育法。

2. 健全普法责任制

实行国家机关"谁执法谁普法"的普法责任制，建立普法责任清单制度。建立法官、检察官、行政执法人员、律师等以案释法制度，在执法司法实践中广泛开展以案释法和警示教育，使案件审判、行政执法、纠纷调解和法律服务的过程成为向群众弘扬法治精神的过程。加强司法、行政执法案例整理编辑工作，推动相关部门面向社会公众建立司法、行政执法典型案例发布制度。落实"谁主管谁负责，谁执法谁普法"的普法责任，各行业、各单位要在管理、服务过程中，结合行业特点和特定群体的法律需求，开展法治宣传教育。健全媒体公益普法制度，广播电视、报纸期刊、互联网和手机媒体等大众传媒要自觉履行普法责任，在重要版面、重要时段制作刊播普法公益广告，开设法治讲堂，针对社会热点和典型案（事）例开展及时权威的法律解读，积极引导社会法治风尚。各级党组织要坚持全面从严治党、依规治党，切实履行学习宣传党内法规的职责，把党内法规作为学习型党组织建设的重要内容，充分发挥正面典型倡导和反面案例警示作用，为党内法规的贯彻实施营造良好氛围。

3. 推进法治宣传教育工作创新

要创新工作理念，坚持服务党和国家工作大局、服务人民群众生产生活，努力培育全社会法治信仰，增强法治宣传教育工作实效。针对受众心理，创新方式方法，坚持集中法治宣传教育与经常性法治宣传教育相结合，深化法律进机关、进乡村、进社区、进学校、进企业、进单位的"法律六进"主题活动，完善工作标准，建立长效机制。创新载体阵地，充分利用广场、公园等公共场所开展法治宣传教育，有条件的地方建设宪法法律教育中心。在政府机关、社会服务机构的服务大厅和服务窗口增加法治宣传教育功能。积极运用公共活动场所电子显示屏、服务窗口触摸屏、公交移动电视屏、手机屏等，推送法治宣传教育内容。充分运用互联网传播平台，加强新媒体新技术在普法中的运用，推进"互联网＋法治宣传"行动。开展新媒体普法益民服务，组织新闻网络开展普法宣传，更好地运用微信、微博、微电影、客户端开展普法活动。加强普法网站和普法网络集群建设，建设法治宣传教育云平台，实现法治宣传教育公共数据资源开放和共享。适应我国对外开放新格局，加强对外法治宣传工作。

（三）组织领导

1. 切实加强领导

各级党委和政府要把法治宣传教育纳入当地经济社会发展规划，定期听取法治宣传教育工作情况汇报，及时研究解决工作中的重大问题，把法治宣传教育纳入综合绩效考核、综治考核和文明创建考核内容。各级人大要加强对法治宣传教育工作的日常监督和专项检查。健全完善党委领导、人大监督、政府实施的法治宣传教育工作领导体制，加强各级法治宣传教育工作组织机构建设。高度重视基层法治宣传教育队伍建设，切实解决人员配备、基本待遇、工作条件等方面的实际问题。

2. 加强工作指导

各级法治宣传教育领导小组每年要将法治宣传教育工作情况向党委（党组）报告，并报上级法治宣传教育工作领导小组。加强沟通协调，充分调动各相关部门的积极性，发挥各自优势，形成推进法治宣传教育工作创新发展的合力。结合各地区各部门工作实际，分析不同地区、不同对象的法律需求，区别对待、分类指导，不断增强法治宣传教育的针对性。坚持问题导向，深入基层、深入群众调查研究，积极解决问题，努力推进工作。认真总结推广各地区各部门开展法治宣传教育的好经验、好做法，充分发挥先进典型的示范和带动作用，推进法治宣传教育不断深入。

3. 加强经费保障

各地区各部门要把法治宣传教育相关工作经费纳入本级财政预算，切实予以保障，并建立动态调整机制。把法治宣传教育列入政府购买服务指导性目录。积极利用社会资金开展法治宣传教育。

**思考题**

1. "七五"普法规划的主要内容是什么？

2. "谁执法谁普法"的工作要求有哪些？

3. "谁执法谁普法"的主要任务是什么？

# 第四章　宪法和宪法相关法

## 本　章　要　点

★宪法是国家的根本大法。

★我国的国体是人民民主专政的社会主义国家。

★我国的政体是人民代表大会制度。

★我国的基本经济制度是公有制为主体，多种所有制经济共同发展。

★我国的分配制度是按劳分配为主体，多种分配方式并存。

★我国的国家机构包括权力机关、行政机关、军事机关、审判机关和检察机关。

★我国公民享有广泛的宪法权利。

## 第一节　宪法概述

### 一、宪法的概念

#### （一）宪法是国家的根本大法

宪法是规定国家根本制度和根本任务，规定国家机关的组织与活动的基本原则，确认和保障公民基本权利，集中表现各种政治力量对比关系的国家根本法。

宪法的根本性表现在以下四个方面：

第一，在内容上，宪法规定国家的根本制度、政权组织形式、国家结构形式、公民基本权利和基本义务、宪法实施的保障等内容，反映一个国家政治、经济、文化和社会生活的基本方面。

第二，在效力上，宪法在整个法律体系中处于最高的地位，具有最高效力。它是其他法律的立法依据，其他的一般法律都不得抵触宪法。

第三，在规范性上，宪法是各政党、一切国家机关、武装力量、社会团体和全体公民的最根本的行为准则。

第四，在修改程序上，宪法的制定和修改程序比其他一般法律的程序更为严格。

（二）我国宪法的地位

中华人民共和国成立后，国家先后颁行了四部宪法。我国的现行宪法是在1982年通过的，至今已经进行了四次修改。

宪法以法律的形式确认了我国各族人民奋斗的成果，规定了国家的根本制度、根本任务和国家生活中最重要的原则，具有最大的权威性和最高的法律效力。全国各族人民、一切国家机关和武装力量、各政党和各社会团体、各企业事业组织，都必须以宪法为根本的活动准则，并负有维护宪法尊严、保证宪法实施的职责。

作为根本法的宪法，是中国特色社会主义法律体系的重要组成部分，也是法律体系的最核心和最重要的内容。

## 二、宪法的指导思想

第一阶段：四项基本原则

1982年现行宪法制定，确立宪法的指导思想是四项基本原则，即坚持社会主义道路，坚持人民民主专政，坚持中国共产党的领导，坚持马克思列宁主义、毛泽东思想。

第二阶段：建设有中国特色社会主义的理论和党的基本路线

1993年第二次修宪，以党的十四大精神为指导，突出了建设有中国特色社会主义的理论和党的基本路线。

第三阶段：增加邓小平理论

1999年第三次修宪，将邓小平理论写入宪法，确立邓小平理论在国家中的指导思想地位。

第四阶段：增加"三个代表"重要思想

2004年第四次修宪，将"三个代表"重要思想载入宪法，确立为其在国家中的指导思想地位。

## 三、宪法基本原则

（一）人民主权原则

宪法第二条规定："中华人民共和国的一切权力属于人民。""一切权力属于人民"是无产阶级在创建无产阶级政权过程中，批判性地继承资产阶级民主思想的基础上，对人民主权原则的创造性运用和发展。

## （二）基本人权原则

我国宪法第二章"公民的基本权利和义务"专章规定和列举了公民的基本权利，体现了对公民的宪法保护。2004年的宪法修正案把"国家尊重和保障人权"写入宪法，将中国的宪政发展向前推进了一大步。

## （三）法治原则

宪法第五条第一款规定："中华人民共和国实行依法治国，建设社会主义法治国家"，在宪法上正式确立了法治原则。宪法还规定，一切国家机关和武装力量、各政党和各社会团体、各企业事业组织都必须遵守宪法和法律；一切违反宪法和法律的行为，必须予以追究；任何组织和个人都不得有超越宪法和法律的特权。

## 🔍 以案释法 ⑥

### 党组织和党员必须在宪法和法律规定的范围内活动

【案情介绍】1998年3月，陕西省某乡党委书记为增加当地财政收入，促成新建项目地板条精加工厂及时开工，在未经林业主管部门批准，又无林木采伐许可证的情况下，主持召开乡党委会议，决定无证采伐该乡林场的林木，致使大量国有林木遭到砍伐，砍伐林木原木材积为240.678立方米，折合立木材积为481.356立方米。2002年3月5日，县人民检察院以盗伐林木罪，对该乡党委及党委书记提起公诉，人民法院依法受理了此案。

【以案释法】本案争议的焦点是乡党委能否成为单位犯罪的主体。刑法第三十条规定："公司、企业、事业单位、机关、团体实施的危害社会的行为，法律规定为单位犯罪的，应当负刑事责任。"我国的宪法和法律并未将中国共产党的各级组织列为国家机关，然而根据宪法的原则和精神，任何政党和组织，都必须在宪法和法律规定的范围内活动，因此党委违反法律规定也要被推上被告席。

## （四）民主集中制原则

宪法第三条第一款规定："中华人民共和国的国家机构实行民主集中制的原则。"这既是我国国家机构的组织和活动原则，也是我国宪法的基本原则。

### 四、宪法确定的国家根本任务

宪法确定的国家的根本任务是：沿着中国特色社会主义道路，集中力量进行社会主义现代化建设。中国各族人民将继续在中国共产党领导下，在马克思列宁主义、毛泽东思想、邓小平理论和"三个代表"重要思想指引下，坚持人民民主专政，坚持社会主义道路，坚持改革开放，不断完善社会主义的各项制度，发展社会主义市场经济，发展社会主义民主，健全社会主义法制，自力更生，艰苦奋斗，逐步实现工业、农业、国防和科学技术的现代化，推动物质文明、政治文明和精神文明协调发展，把我国建设成为富强、民主、文明的社会主义国家。

## 第二节　我国的基本政治经济制度

### 一、我国的基本政治制度
#### （一）人民民主专政

宪法所称的国家性质又称国体，是指国家的阶级本质，反映社会各阶级在国家中的地位，体现该国社会制度的根本属性。

我国宪法第一条第一款规定："中华人民共和国是工人阶级领导的、以工农联盟为基础的人民民主专政的社会主义国家。"即人民民主专政是我国的国体。这一国体需要从以下方面理解：

1. 工人阶级的领导是人民民主专政的根本标志

工人阶级的领导地位是由工人阶级的特点、优点和担负的伟大历史使命所决定的。工人阶级对国家的领导是通过自己的先锋队——中国共产党来实现的。

2. 人民民主专政包括对人民实行民主和对敌人实行专政两个方面

在人民内部实行民主是实现对敌人专政的前提和基础，而对敌人实行专政又是人民民主的有力保障。两者是辩证统一的关系。人民民主专政实质上就是无产阶级专政。

3. 共产党领导下的多党合作与爱国统一战线是中国人民民主专政的主要特色

爱国统一战线是指由中国共产党领导的，由各民主党派参加的，包括社会主义劳动者、社会主义事业的建设者、拥护社会主义的爱国者和拥护祖国统一的爱国者组成的广泛的政治联盟。目前我国爱国统一战线的任务是为社会主义现代化建设服务，为实现祖国统一大业服务，为维护世界和平服务。

#### （二）人民代表大会制度

人民代表大会制度是中国人民民主专政的政权组织形式（政体），是中国的根本政治制度。

1. 人民代表大会制度的主要内容

（1）国家的一切权力属于人民。人民行使国家权力的机关是全国人大和地方各级人大。各级人大都由民主选举产生，对人民负责，受人民监督。

（2）人大及其常委会集体行使国家权力，集体决定问题，严格按照民主集中制的原则办事。

（3）国家行政机关、审判机关、检察机关都由人大产生，对它负责，向它报告工作，受它监督。

（4）全国人大是最高国家权力机关；地方各级人大是地方国家权力机关。全国人大和地方各级人大各自按照法律规定的职权，分别审议决定全国的和地方的大政方针。全国人大对地方人大不是领导关系，而是法律监督关系、选举指导关系和工作联系关系。

2. 人民代表大会制度的优越性

人民代表大会制度是适合我国国情的根本政治制度，它直接体现我国人民民主专政的国家性质，是建立我国其他国家管理制度的基础。

（1）它有利于保证国家权力体现人民的意志。

（2）它有利于保证中央和地方的国家权力的统一。

（3）它有利于保证我国各民族的平等和团结。

总之，我国人民代表大会制度，能够确保国家权力掌握在人民手中，符合人民当家做主的宗旨，适合我国的国情。

（三）中国共产党领导的多党合作和政治协商制度

中国共产党领导的多党合作和政治协商制度是中华人民共和国的一项基本的政治制度，是具有中国特色的政党制度。这种政党制度是由中国人民民主专政的国家性质所决定的。

1. 多党合作制度的基本内容

（1）中国共产党是执政党，各民主党派是参政党，中国共产党和各民主党派是亲密战友。中国共产党是执政党，其执政的实质是代表工人阶级及广大人民掌握人民民主专政的国家政权。各民主党派是参政党，具有法律规定的参政权。其参政的基本点是：参加国家政权，参与国家大政方针和国家领导人人选的协商，参与国家事务的管理，参与国家方针、政策、法律、法规的制定和执行。

（2）中国共产党和各民主党派合作的首要前提和根本保证是坚持中国共产党的

领导和坚持四项基本原则。

（3）中国共产党与各民主党派合作的基本方针是"长期共存，互相监督，肝胆相照，荣辱与共"。

（4）中国共产党和各民主党派以宪法和法律为根本活动准则。

2. 多党合作的重要机构

中国人民政治协商会议，简称"人民政协"或"政协"，是中国共产党领导的多党合作和政治协商的重要机构，也是中国人民爱国统一战线组织。

中国人民政治协商会议是在中国共产党领导下，由中国共产党、各个民主党派、无党派民主人士、人民团体、各少数民族和各界的代表，台湾同胞、港澳同胞和归国侨胞的代表，以及特别邀请的人士组成，具有广泛的社会基础。

人民政协的性质决定了它与国家机关的职能是不同的。人民政协围绕团结和民主两大主题履行政治协商、民主监督和参政议政的职能。

## （四）民族区域自治制度

民族区域自治制度，是指在国家统一领导下，各少数民族聚居的地方实行区域自治，设立自治机关，行使自治权的制度。

1. 自治机关

民族自治地方按行政地位，分为自治区、自治州、自治县。自治区相当于省级行政单位，自治州是介于自治区与自治县之间的民族自治地方，自治县相当于县级行政单位。

民族自治地方的自治机关是自治区、自治州、自治县的人大和人民政府。民族自治地方的自治机关都实行人民代表大会制度。

2. 自治权

民族自治地方的自治权有以下几个方面：

（1）民族立法权。民族自治地方的人大有权依照当地的政治、经济和文化的特点，制定自治条例和单行条例。

（2）变通执行权。上级国家机关的决议、决定、命令和指标，如果不适合民族自治地方实际情况，自治机关可以报经上级国家机关批准，变通执行或者停止执行。

（3）财政经济自主权。凡是依照国家规定属于民族自治地方的财政收入，都应当由民族自治地方的自治机关自主安排使用。

（4）文化、语言文字自主权。民族自治地方的自治机关在执行公务的时候，依照本民族自治地方自治条例的规定，使用当地通用的一种或者几种语言文字。

（5）组织公安部队权。民族自治地方的自治机关依照国家的军事制度和当地的实际需要，经国务院批准，可以组织本地方维护社会治安的公安部队。

（6）少数民族干部具有任用优先权。

（五）基层群众自治制度

基层群众自治制度是指人民依法组成基层自治组织，行使民主权利，管理基层公共事务和公益事业，实行自我管理、自我服务、自我教育、自我监督的一项制度。

中国的基层群众自治制度，是在新中国成立后的民主实践中逐步形成的。党的十七大将"基层群众自治制度"首次写入党代会报告，正式与人民代表大会制度、中国共产党领导的多党合作和政治协商制度、民族区域自治制度一起，纳入了中国特色政治制度范畴。

我国的基层群众自治组织主要是居民委员会和村民委员会。

## 二、我国的基本经济制度

（一）所有制度

1.我国的所有制结构概述

我国的所有制结构是公有制为主体、多种所有制经济共同发展。这是我国社会主义初级阶段的一项基本经济制度，它的确立是由我国的社会主义性质和初级阶段的国情决定的。

（1）我国是社会主义国家，必须坚持把公有制作为社会主义经济制度的基础。

（2）我国处在社会主义初级阶段，需要在公有制为主体的条件下发展多种所有制经济。

（3）一切符合"三个有利于"的所有制形式都可以而且应该用来为社会主义服务。

（4）我国社会主义建设正反两方面的经验都表明必须坚持以公有制为主体、多种所有制经济共同发展。

2.公有制

（1）公有制的内容。公有制是生产资料归劳动者共同所有的所有经济结构形式，包括全民所有制和集体所有制。

全民所有制经济即国有经济，是国民经济的主导力量。国家保障国有经济的巩固和发展。集体所有制经济是国民经济的基础力量。国家保护城乡集体经济组织的合法的权利和利益，鼓励、指导和帮助集体经济的发展。

（2）公有制的地位。公有制是我国所有制结构的主体，它的主体地位体现在：第一，就全国而言，公有资产在社会总资产中占优势；第二，国有经济控制国民经济的命脉，对经济发展起主导作用。国有经济的主导作用主要体现在控制力上，即体现在控制国民经济发展方向，控制经济运行的整体态势，控制重要稀缺资源的能力上。在关系国民经济的重要行业和关键领域，国有经济必须占支配地位。

（3）公有制的作用。生产资料公有制是社会主义的根本经济特征，是社会主义经济制度的基础，是国家引导、推动经济和社会发展的基本力量，是实现最广大人民群众根本利益和共同富裕的重要保证。坚持公有制为主体，国有经济控制国民经济命脉，对发挥社会主义制度的优越性，增强我国的经济实力，国防实力和民族凝聚力，提高我国国际地位，具有关键性作用。

3. 非公有制

非公有制经济是我国现阶段除了公有制经济形式以外的所有经济结构形式，主要包括个体经济、私营经济、外资经济等。

个体经济，是由劳动者个人或家庭占有生产资料，从事个体劳动和经营的所有制形式。它是以劳动者自己劳动为基础，劳动成果直接归劳动者所有和支配。

私营经济，是以生产资料私有和雇佣劳动为基础，以取得利润为目的所有制形式。

外资经济，是我国发展对外经济关系，吸引外资建立起来的所有制形式。它包括中外合资经营企业、中外合作经营企业中的境外资本部分，以及外商独资企业。

非公有制经济是我国社会主义市场经济的重要组成部分，国家保护个体经济、私营经济等非公有制经济的合法的权利和利益，鼓励、支持和引导非公有制经济的发展，并对非公有制经济依法实行监督和管理。

（二）分配制度

我国现行的分配制度是以按劳分配为主体、多种分配方式并存的分配制度。这种分配制度是由我国社会主义初级阶段的生产资料所有制结构、生产力的发展水平，以及人们劳动差别的存在决定的，同时也是发展社会主义市场经济的客观要求。

按劳分配的主体地位表现在：

其一，全社会范围的收入分配中，按劳分配占最大比重，起主要作用。

其二，公有制经济范围内劳动者总收入中，按劳分配收入是最主要的收入来源。

除了按劳分配以外，其他分配方式主要还有按经营成果分配；按劳动、资本、技术、土地等其他生产要素分配。

## 第三节　公民的基本权利和义务

### 一、公民的基本权利

公民的基本权利是由一国的宪法规定的公民享有的，主要的、必不可少的权利，故有些国家又把公民的基本权利称为宪法权。

#### （一）平等权

宪法第三十三条第二款规定："中华人民共和国公民在法律面前一律平等。"这既是我国社会主义法治的一项重要原则，也是我国公民的一项基本权利。其含义有以下几点：第一，我国公民不分民族、种族、性别、职业、家庭出身、宗教信仰、教育程度、财产状况、居住期限、一律平等地享有宪法和法律规定的权利并平等地承担相应的义务；第二，国家机关对公民平等权利的保护，对公民履行义务平等的约束，平等的要求；第三，所有公民在适用法律上一律平等。不允许任何组织和个人有超越宪法和法律之上的特权；第四，法律面前一律平等还包括民族平等和男女平等。

#### （二）政治权利和自由

1.选举权与被选举权

宪法第三十四条规定："中华人民共和国年满十八周岁的公民，不分民族、种族、性别、职业、家庭出身、宗教信仰、教育程度、财产状况、居住期限，都有选举权和被选举权；但是依照法律被剥夺政治权利的人除外。"选举权与被选举权包含以下内容：（1）公民有权按照自己的意愿选举人民代表；（2）公民有被选举为人民代表的权利；（3）公民有依照法定程序罢免那些不称职的人民代表的权利。

选举权和被选举权是公民参加国家管理的一项最基本的政治权利，也是最能体现人民群众当家作主的一项权利。

2.言论、出版、集会、结社、游行、示威的自由

宪法第三十五条规定："中华人民共和国公民有言论、出版、集会、结社、游行、示威的自由。"

（1）言论自由就是宪法规定公民通过口头或书面形式表达自己的意见的自由。

（2）出版自由是公民以出版物形式表达其思想和见解的自由。

（3）集会自由是指公民享有宪法赋予的聚集在一定场所商讨问题或表达意愿的自由。

（4）结社自由是公民为一定宗旨，依照法定程序组织或参加具有连续性的社会团体的自由。

（5）游行自由是指公民采取列队行进的方式来表达意愿的自由。

（6）示威自由是指通过集会或游行、静坐等方式表达强烈意愿的自由。

我国宪法一方面保障公民享有集会、游行、示威的自由，另一方面公民也应当遵守有关的法律规定。

（三）宗教信仰自由

宪法第三十六条第一款规定："中华人民共和国公民有宗教信仰自由。"尊重和保护宗教信仰自由，是我们党和国家长期的基本政策。

（四）人身自由

宪法第三十七条规定："中华人民共和国公民的人身自由不受侵犯。任何公民，非经人民检察院批准或者决定或者人民法院决定，并由公安机关执行，不受逮捕。禁止非法拘禁和以其他方法非法剥夺或者限制公民的人身自由，禁止非法搜查公民的身体。

人身自由有广义、狭义之分。狭义的人身自由是指公民的身体自由不受侵犯。广义的人身自由还包括：公民的人格尊严不受侵犯、公民的住宅不受侵犯、公民的通信自由和通信秘密受法律保护。

人身自由不受侵犯，是公民最起码、最基本的权利，是公民参加各种社会活动和享受其他权利的先决条件。

（五）监督权

监督权是指宪法赋予公民监督国家机关及其工作人员的活动的权利，包括：

1. 批评权

公民有对国家机关和国家工作人员工作中的缺点和错误提出批评意见的权利。

2. 建议权

公民有对国家机关和国家工作人员的工作提出合理化建议的权利。

3. 控告权

公民对任何国家机关和国家工作人员的违法失职行为有向有关机关进行揭发和指控的权利。

4. 检举权

公民对于违法失职的国家机关和国家工作人员，有向有关机关揭发事实，请求依法处理的权利。

5. 申诉权

公民的合法权益因行政机关或司法机关作出的错误的、违法的决定或裁判，或者因国家工作人员的违法失职行为而受到侵害时，有向有关机关申诉理由，要求重新处理的权利。

（六）社会经济权利

1. 劳动权

劳动权是指有劳动能力的公民有获得工作并取得相应报酬的权利。

2.休息权

休息权是为保护劳动者的身体健康和提高劳动效率而休息的权利。

3.退休人员生活保障权

退休人员生活保障权是指退休人员的生活受到国家和社会的保障。

4.获得物质帮助权

获得物质帮助权是指公民在年老、疾病或者丧失劳动能力的情况下，有从国家和社会获得物质帮助的权利。

（七）文化教育权利

1.公民有受教育的权利

公民享有从国家接受文化教育的机会和获得受教育的物质帮助的权利。

2.公民有进行科研、文艺创作和其他文化活动的自由

我国宪法规定，公民有进行科学研究、文学艺术创作和其他文化活动的自由。国家对于从事教育、科学、技术、文学、艺术和其他文化事业的公民的有益于人民的创造性工作，给以鼓励和帮助。

## 🔍以案释法 07

### 公民的教育权受宪法保护

受教育权

【案情介绍】2010年，齐某某通过考试获得了山东省某大学的入学资格。录取通知书由该校发出后，由她就读的某市八中转交。同学陈某某得知后，从市八中领走录取通知书，并在其父的运作下，以齐某某的名义到大学就读直至毕业。毕业后，陈某某仍然使用齐某某的姓名，到中国银行某支行工作。齐某某发现陈某某冒用其姓名后，以姓名权、受教育权及相关权益被侵害为由，向人民法院提起民事诉讼，以陈某某、陈父、大学、市八中和市教育委员会为被告。请求法院判令被告停止侵害、赔礼道歉，并赔偿原告经济损失16万元，精神损失40万元。此案经过二审，最终由山东省高级人民法院作出判决：（1）被上诉人陈某某、陈父赔偿齐某某因受教育的权利被侵犯造成的直接经济损失7000元，大学、市八中、市教委承担连带赔偿责任；（2）被上诉人陈某某、陈父赔偿齐某某因受教育的权利被侵犯造成的间接经济损失（按陈某某以齐某某名义领取的工资扣除最低生活保障费后计算）41045元，大学、市八中、市教委承担连带赔偿责任；（3）被上诉人陈某某、陈父、大学、市八中、市教委赔偿齐某某精神损害费50000元。

【以案释法】宪法第四十六条第一款规定："中华人民共和国公民有受教育的权利和义务。"陈某某等以侵犯姓名权的手段，侵犯了齐某某依据宪法规定所享有的受教育的基本权利，并造成了具体的损害后果，应承担相应的民事责任。因此，法院判令陈某某等赔偿齐某某的复读费、为将农业户口转为非农业户口缴纳的城市增容费、为诉讼支出的律师费等直接经济损失，并判令其侵权所得的工资收入归齐某某所有。

（八）对社会特定人的权利的保护

1. 国家保护妇女的权利和利益

宪法第四十八条规定："中华人民共和国妇女在政治的、经济的、文化的、社会的和家庭的生活等各方面享有同男子平等的权利。国家保护妇女的权利和利益，实行男女同工同酬，培养和选拔妇女干部。"

2. 婚姻、家庭、老人和儿童受国家的保护

宪法第四十九条规定，"婚姻、家庭、母亲和儿童受国家的保护"，"禁止破坏婚姻自由，禁止虐待老人、妇女和儿童"。

3. 国家保护华侨、归侨和侨眷的权利和利益

宪法第五十条规定："中华人民共和国保护华侨的正当的权利和利益，保护归侨和侨眷的合法的权利和利益。"

## 二、公民的基本义务

（一）维护国家统一和各民族团结的义务

宪法第五十二条规定："中华人民共和国公民有维护国家统一和各民族团结的义务。"

（二）遵纪守法和尊重社会公德的义务

宪法第五十三条规定："中华人民共和国公民必须遵守宪法和法律，保守国家秘密，爱护公共财产，遵守劳动纪律，遵守公共秩序，尊重社会公德。"

（三）维护祖国的安全、荣誉和利益的义务

宪法第五十四条规定："中华人民共和国公民有维护祖国的安全、荣誉和利益的义务，不得有危害祖国的安全、荣誉和利益的行为。"

（四）保卫祖国，依法服兵役和参加民兵组织

宪法第五十五条规定："保卫祖国，抵抗侵略是中华人民共和国每一个公民的神圣职责。依照法律服兵役和参加民兵组织是中华人民共和国公民的光荣义务。"

（五）依法纳税的义务

宪法第五十六条规定："中华人民共和国公民有依照法律纳税的义务。"

（六）其他义务

宪法规定的公民基本义务还包括：劳动的义务；受教育的义务；夫妻双方有实行计划生育的义务；父母有抚养教育未成年子女的义务以及成年子女有赡养扶助父母的义务等。

## 第四节　国家机构的设置及功能

### 一、国家机构的概述

国家机构是国家为了实现其职能而建立起来的国家机关的总和。

我国国家机构由权力机关、行政机关、军事机关、审判机关、检察机关组成。

我国国家机构的组织和活动有五大原则：一是民主集中制原则；二是联系群众，为人民服务原则；三是社会主义法治原则；四是责任制原则；五是精简和效率原则。

### 二、权力机关

#### （一）全国人大

全国人大是全国最高的权力机关、立法机关，不只是在权力机关中的地位最高，而且在所有的国家机关中地位最高。

全国人大由省、自治区、直辖市、特别行政区和军队选出的代表组成。各少数民族都应当有适当名额的代表。全国人大每届任期五年。

全国人大的主要职权：

1. 立法权

修改宪法，制定和修改刑事、民事、国家机构的和其他的基本法律。

2. 任免权

选举、决定和任免最高国家机关领导人和有关组成人员。

3. 决定权

决定国家重大事务。

4. 监督权

监督宪法和法律的实施，监督最高国家机关的工作。

#### （二）全国人大常委会

全国人大常委会是全国人大的常设机关，是最高国家权力机关的组成部分，在全国人大闭会期间，行使最高国家权力。

全国人大常委会对全国人大负责并报告工作。全国人大选举并有权罢免全国人大常委会的组成人员。

全国人大常委会每届任期同全国人大每届任期相同，它行使职权到下届全国人大选出新的常委会为止。

#### （三）国家主席

国家主席是我国国家机构体系中的一个国家机关，和全国人大常委会结合起来行使国家职权的，对外代表中华人民共和国。

国家主席、副主席，由全国人大选举产生，任期是五年，连续任期不得超过两届。

国家主席根据全国人民代表大会的决定和全国人民代表大会常务委员会的决定，公布法律，任免国务院总理、副总理、国务委员、各部部长、各委员会主任、审计长、秘书长，授予国家的勋章和荣誉称号，发布特赦令，宣布进入紧急状态，宣布战争状态，发布动员令。

国家主席代表中华人民共和国，进行国事活动，接受外国使节；根据全国人民代表大会常务委员会的决定，派遣和召回驻外全权代表，批准和废除同外国缔结的条约和重要协定。

### （四）地方各级人大及其常委会

地方各级人大是地方权力机关。省、直辖市、自治区、县、市、市辖区、乡、民族乡、镇设立人大。县级以上的地方各级人大设立常委会，作为本级人大的常设机关。地方各级人大每届任期五年。

### 三、行政机关

#### （一）国务院

国务院即中央人民政府，是国家最高行政机关，是最高国家权力机关的执行机关，统一领导全国各级行政机关的工作。

国务院由总理、副总理、国务委员、秘书长、审计长、各部部长、各委员会主任组成，国务院组成人员的任期为五年，总理、副总理、国务委员的连续任期不得超过两届。

国务院向全国人大及其常委会负责并报告工作，总理领导国务院的工作，副总理、国务委员协助总理工作。

国务院行使以下职权：第一，国务院有权根据宪法和法律，规定行政措施，制定行政法规，发布行政决定和命令；第二，对国防、民政、科教、经济等各项工作的领导和管理权；第三，对所属部、委和地方各级行政机关的领导权及行政监督权；第四，提出议案权；第五，行政人员的奖惩权；第六，全国人大及其常委会授予的其他职权。

#### （二）地方各级人民政府

地方各级人民政府是地方国家行政机关，也是地方各级人大的执行机关。地方各级人民政府对本级人大和上一级国家行政机关负责并报告工作。县级以上的地方各级人民政府在本级人大闭会期间，对本级人大常委会负责并报告工作。地方各级人民政府都受国务院统一领导，负责组织和管理本行政区域的各项行政事务。

## 四、军事机关

中央军委是中国共产党领导下的最高军事领导机关，统帅全国武装力量（解放军、武装警察部队、民兵、预备役）。

中央军委由主席、副主席、委员组成，实行主席负责制。主席由全国人大选举产生，副主席和军委委员根据主席的提名由大会决定，大会闭会期间，由人大常委会决定。中央军委的每届任期五年，主席和副主席可以终身任职。

中央军委实行主席负责制，军委主席直接对全国人大和全国人大常委会负责。

## 五、审判机关

人民法院是国家的审判机关，依法独立行使审判权，不受行政机关、团体和个人的非法干预。人民法院体系由最高人民法院、地方人民法院（高级法院、中级法院、基层法院）、专门人民法院（军事法院、海事法院、铁路运输法院）构成。

最高人民法院是国家最高的审判机关，地方人民法院是地方的审判机关，专门人民法院是专门审判机关。最高人民法院监督地方各级人民法院和专门人民法院的审判工作，上级人民法院监督下级人民法院的审判工作。

最高人民法院对全国人大和全国人大常委会负责。地方各级人民法院对产生它的国家权力机关负责。

最高人民法院由院长、副院长、庭长、副庭长、审判员等若干人组成。最高人民法院的院长由全国人大选举产生，任期五年，连任不得超过两届。

## 六、检察机关

人民检察院是国家的法律监督机关，依法独立行使检察权，不受行政机关、社会团体和个人的干涉。

人民检察院体系由最高检察院、地方检察院和专门检察院构成。

最高人民检察院是最高检察机关，领导地方各级人民检察院和专门人民检察院的工作，上级人民检察院领导下级人民检察院的工作。

最高人民检察院对全国人大和全国人大常委会负责。地方各级人民检察院对产生它的国家权力机关和上级人民检察院负责。

最高人民检察院由全国人大选举产生的检察长、副检察长、检察员组成，最高检察长任期五年，连任不得超过两届。

# 第五节　国家宪法日和宪法宣誓制度

## 一、国家宪法日

### （一）国家宪法日的设立

党的十八届四中全会通过的《中共中央关于全面推进依法治国若干重大问题的决定》提出，将每年12月4日定为国家宪法日。

2014年11月1日，十二届全国人大常委会十一次会议通过的《全国人民代表大会常务委员会关于设立国家宪法日的决定》，正式将12月4日设立为国家宪法日。决定在宪法日，国家通过多种形式开展宪法宣传教育活动。

### （二）国家宪法日的设立目的及意义

宪法是国家的根本法，是治国安邦的总章程，具有最高的法律地位、法律权威和法律效力。全面贯彻实施宪法，是全面推进依法治国、建设社会主义法治国家的首要任务和基础性工作。全国各族人民、一切国家机关和武装力量、各政党和各社会团体、各企业事业组织，都必须以宪法为根本的活动准则，并且负有维护宪法尊严、保证宪法实施的职责。任何组织或者个人都不得有超越宪法和法律的特权，一切违反宪法和法律的行为都必须予以追究。国家宪法日设立的目的，是为了增强全社会的宪法意识，弘扬宪法精神，加强宪法实施，全面推进依法治国。设立国家宪法日，有助于树立宪法权威，维护宪法尊严；有助于普及宪法知识，增强全社会宪法意识，弘扬宪法精神；有助于扩大宪法实施的群众基础，加强宪法实施的良好氛围，发扬中华民族的宪法文化。

## 二、宪法宣誓制度

### （一）宪法宣誓制度的确立及意义

2015年7月1日，十二届全国人大常委会十五次会议通过了《全国人民代表大会常务委员会关于实行宪法宣誓制度的决定》，以国家立法形式确立了我国的宪法宣誓制度，该决定自2016年1月1日起施行。决定指出：宪法是国家的根本法，是治国安邦的总章程，具有最高的法律地位、法律权威和法律效力。国家工作人员必须树立宪法意识，恪守宪法原则，弘扬宪法精神，履行宪法使命。

宪法宣誓制度的确立及实行，具

有非常重要的意义。实行宪法宣誓制度有利于树立宪法权威；有利于增强国家工作人员的宪法观念，激励和教育国家工作人员忠于宪法、遵守宪法，维护宪法。宪法宣誓仪式是庄严神圣的，宣誓人员通过感受宪法的神圣，铭记自己的权力来源于人民、来源于宪法。在履行职务时就可以严格按照宪法的授权行使职权，发现违反宪法的行为，就能够坚决地捍卫宪法、维护宪法。实行宪法宣誓制度也有利于在全社会增强宪法意识。通过宪法宣誓活动，可以强化全体公民对宪法最高法律效力、最高法律权威、最高法律地位的认识，可以提高全体社会成员自觉遵守宪法，按照宪法规定行使权利履行义务。

**（二）宪法宣誓制度的适用主体**

根据决定的规定，宪法宣誓制度的适用主体主要有：

各级人大及县级以上各级人大常委会选举或者决定任命的国家工作人员，以及各级人民政府、人民法院、人民检察院任命的国家工作人员，在就职时应当公开进行宪法宣誓。

全国人大选举或者决定任命的国家主席、副主席，全国人大常委会委员长、副委员长、秘书长、委员，国务院总理、副总理、国务委员、各部部长、各委员会主任、中国人民银行行长、审计长、秘书长，中央军委主席、副主席、委员，最高人民法院院长，最高人民检察院检察长，以及全国人大专门委员会主任委员、副主任委员、委员等，在依照法定程序产生后，进行宪法宣誓。

在全国人大闭会期间，全国人大常委会任命或者决定任命的全国人大专门委员会个别副主任委员、委员，国务院部长、委员会主任、中国人民银行行长、审计长、秘书长，中央军委副主席、委员，在依照法定程序产生后，进行宪法宣誓。

全国人大常委会任命的全国人大常委会副秘书长，全国人大常委会工作委员会主任、副主任、委员，全国人大常委会代表资格审查委员会主任委员、副主任委员、委员等，在依照法定程序产生后，进行宪法宣誓。宣誓仪式由全国人大常委会委员长会议组织。

全国人大常委会任命或者决定任命的最高人民法院副院长、审判委员会委员、庭长、副庭长、审判员和军事法院院长，最高人民检察院副检察长、检察委员会委员、检察员和军事检察院检察长，国家驻外全权代表，在依照法定程序产生后，进行宪法宣誓。宣誓仪式由最高人民法院、最高人民检察院、外交部分别组织。

国务院及其各部门、最高人民法院、最高人民检察院任命的国家工作人员，在就职时进行宪法宣誓。宣誓仪式由任命机关组织。

地方各级人大及县级以上地方各级人大常委员会选举或者决定任命的国家工作人员，以及地方各级人民政府、人民法院、人民检察院任命的国家工作人员，在依照法定程序产生后，进行宪法宣誓。

### （三）宪法宣誓誓词内容

根据决定的规定，宪法宣誓誓词为："我宣誓：忠于中华人民共和国宪法，维护宪法权威，履行法定职责，忠于祖国、忠于人民，恪尽职守、廉洁奉公，接受人民监督，为建设富强、民主、文明、和谐的社会主义国家努力奋斗！"

### （四）宪法宣誓形式

根据决定的规定，宪法宣誓应举行宪法宣誓仪式，根据情况，可以采取单独宣誓或者集体宣誓的形式。单独宣誓时，宣誓人应当左手抚按《中华人民共和国宪法》，右手举拳，诵读誓词。集体宣誓时，由一人领誓，领誓人左手抚按《中华人民共和国宪法》，右手举拳，领诵誓词；其他宣誓人整齐排列，右手举拳，跟诵誓词。

宣誓场所应当庄重、严肃，悬挂中华人民共和国国旗或者国徽。

负责组织宣誓仪式的机关，可以根据决定并结合实际情况，对宣誓的具体事项作出规定。

## 第六节　国家安全法和全民国家安全教育

国家安全是国家发展的最重要基石、人民福祉的最根本保障。

党的十八大以来，习近平总书记站在国家发展和民族复兴的战略高度，准确把握国家安全的新特点新趋势，提出总体国家安全观重大战略思想，谋划走出一条中国特色的国家安全道路，为新形势下维护国家安全确立了重要遵循。以设立全民国家安全教育日为契机，以总体国家安全观为指导，全面实施国家安全法，深入开展国家安全宣传教育，切实增强全民国家安全意识，是加强国家安全的必然要求，具有重要现实意义。

### 一、总体国家安全观的提出

1992年十四大、1997年十五大、2002年十六大，都曾不同程度地提到了国家安全，但只有2004年9月十六届四中全会通过的《中共中央关于加强党的执政能力建设的决定》，才第一次比较系统地论述了国家安全问题，并首次提出要"抓紧构建维护国家安全的科学、协调、高效的工作机制"。

2007年10月，十七大报告把相关提法概括成"健全国家安全体制"八个字。2012年十八大时，相关内容与"国家安全战略"合为一体，被表述为"完善国家安全战略和工作机制"。

在十八届三中全会上，针对设立国家安全委员会的必要性和迫切性，习近平总书记对我国国家安全形势的概括是：当前，我国面临对外维护国家主权、安全、发展利益，对内维护政治安全和社会稳定的双重压力。各种可以预见和难以预见的风险因素明显增多。鉴于当下形势，十八届三中全会公报正式提出了"完善国家安全体制"。至此，"完善国家安全体制"成了一个最准确的表述。

2013年11月12日，党的十八届三中全会公报指出，中央将设立国家安全委员会，完善国家安全体制和国家安全战略，确保国家安全。设立国家安全委员会，提出"总体国家安全观"是对2004年9月十六届四中全会首次提出并在后来多次强调的"构建"或"健全""国家安全工作机制"及"完善国家安全体制"的落实和发展。

2014年1月24日，中共中央政治局召开会议，研究决定国家安全委员会设置。国家安全委员会作为中共中央关于国家安全工作的决策和议事协调机构，统筹协调涉及国家安全的重大事项和重要工作。至此，我国就拥有了应对国内外综合安全和制定国家安全战略的顶层运作机制。

2014年4月，中央国家安全委员会第一次全体会议召开，习近平将保证国家安全明确列为头等大事，"总体国家安全观"首次被系统地提出。

2014年4月15日，中央国家安全委员会首次会议的召开，标志着富有中国特色的国家安全机制开始正式运转。习近平在国家安全委员会第一次会议上指出，当前我国国家安全内涵和外延比历史上任何时候都要丰富，时空领域比历史上任何时候都要宽广，内外因素比历史上任何时候都要复杂，必须坚持总体国家安全观。

2015年5月，全国国家安全机关总结表彰大会召开，习近平对"国安干部"提出"坚定纯洁、让党放心、甘于奉献、能拼善赢"16个字的标准要求。

2015年7月，十二届全国人大常委会十五次会议通过国家安全法，将每年4月15日确定为全民国家安全教育日。2015年7月通过的国家安全法就是把党中央维护国家安全的这一新方针政策法律化、制度化，赋予其法律约束力。

## 二、新国家安全法应运而生

党的十八大以来，以习近平同志为总书记的党中央团结带领全党全国各族人民，协调推进"四个全面"战略布局，各方面工作都取得新的重大进展，开创了中国特色社会主义建设事业新局面。在新的历史条件下，习近平总书记以强烈的忧患意识和敏锐的洞察力，深刻分析我国国家安全所面临的国际国内形势，提出了总体国家安全观这一重大战略思想。按照党中央的统一部署，全国人大常委会积极稳步推进国家安全立法工作。经过三次审议，十二届全国人大常委会十五次会议通过了新制定的国家安全法。2015年7月1日，国家主席习近平签署第二十九号主席令予以公布，自公布之日起施行。国家安全法的制定和实施，对于完善和发展中国特色社会主义制度，推进国家安全治理体系和治理能力现代化，如期实现全面建成小康社会，实现中华民族伟大复兴的中国梦，具有十分重大而深远的现实意义和历史意义。国家安全法适应了国家安全形势发展变化的迫切需要，具有鲜明的时代特征。国家安全法明确了总体国家安全观的指导地位，为走出一条中国特色国家安全道路奠定了法律基础。国家安全法确立了国家安全工作领导体制机制，为实现维护国家安全各领域任务提供了制度保障。国家安全法为构建中国特色国家安全法律制度体系，推进国家安全各项工作法治化提供了基础支撑。

### 三、新国家安全法贯彻总体国家安全观

国家安全法作为中国特色国家安全法律制度体系中的一部综合性、全局性、基础性的法律，内容非常丰富，内涵也十分深刻。

#### （一）坚持中国共产党对国家安全工作的领导

坚持中国共产党的领导，是我国宪法确立的基本原则。坚持走中国特色国家安全道路，最根本的就是旗帜鲜明地坚持党对国家安全工作的领导，这是确保国家安全工作正确政治方向的根本政治原则，任何时候任何情况下都不能动摇。国家安全法第四条规定："坚持中国共产党对国家安全工作的领导，建立集中统一、高效权威的国家安全领导体制。"第五条规定："中央国家安全领导机构负责国家安全工作的决策和议事协调，研究制定、指导实施国家安全战略和有关重大方针政策，统筹协调国家安全重大事项和重要工作，推动国家安全法治建设。"

#### （二）坚持以总体国家安全观指导国家安全工作

国家安全法第三条规定："国家安全工作应当坚持总体国家安全观，以人民安全为宗旨，以政治安全为根本，以经济安全为基础，以军事、文化、社会安全为保障，以促进国际安全为依托，维护各领域国家安全，构建国家安全体系，走中国特色国家安全道路。"遵循这一指导原则，国家安全法规定了政治安全、人民安全、国土安全、军事安全、经济安全、文化安全、社会安全、科技安全、信息安全、生态安全、资源安全、核安全，以及新型领域安全等方面的安全任务；规定了国家安全工作应当遵循维护国家安全与经济社会发展相协调和统筹各领域安全的原则。从而，构建起集各领域安全于一体的国家安全体系。

#### （三）坚持国家安全一切为了人民、一切依靠人民

总体国家安全观强调以人民安全为宗旨。国家安全法第一条开宗明义将"保护人民的根本利益"作为立法目的；将"尊重和保障人权，依法保护公民的权利和自由"作为国家安全工作应当坚持的重要原则；规定了维护人民安全，就是维护和发展最广大人民的根本利益，保卫人民安全，就要创造良好的生存发展条件和安定工作生活环境；并在多处规定要保护人民生命健康、财产安全和公民的其他合法权益。这

些规定，充分体现了维护人民安全是国家安全的终极目的。同时也明确了，人民是维护国家安全的中坚力量，做好国家安全工作，必须紧紧依靠人民，取得人民的拥护和支持。国家安全法规定了中国公民有维护国家安全的责任，并专章规定了公民、组织维护国家安全的义务和权利，这是维护国家安全的群众基础和社会基础。

### （四）坚持维护国家核心利益和国家其他重大利益安全

习近平总书记强调，"任何时候任何情况下，都决不放弃维护国家正当权益、决不牺牲国家核心利益。""任何外国不要指望我们会拿自己的核心利益做交易，不要指望我们会吞下损害我国主权、安全、发展利益的苦果。"国家安全法第二条科学界定了国家安全的定义。明确规定："国家安全是指国家政权、主权、统一和领土完整、人民福祉、经济社会可持续发展和国家其他重大利益相对处于没有危险和不受内外威胁的状态，以及保障持续安全状态的能力。"这里，既明确了国家安全法的调整范围，又鲜明地亮出了维护国家核心利益和其他重大利益的底线。

我们要着眼于实现国家长治久安和中华民族伟大复兴的中国梦，立足为"十三五"发展提供安全保障，以新发展理念为引领，紧紧围绕党的十八届五中全会确定的目标任务，通盘谋划国家安全各项工作，整体推进国家安全法的全面贯彻实施。依据法定职责权限，落实维护国家安全的责任。要在党中央统一领导下，把贯彻实施国家安全法作为重要政治任务，各司其职，密切配合，勇于担当，认真落实维护国家安全的法定职责。深入开展国家安全宣传教育，不断增强全民国家安全意识。切实增强广大党员干部维护国家安全的法律意识和责任感。抓紧将国家安全教育纳入国民教育体系，推动国家安全教育进学校、进教材、进课堂。在全社会开展形式多样、群众喜闻乐见的国家安全法宣传教育活动，使国家安全观念深入人心。加强国家安全相关立法，加快形成国家安全法律制度体系，为维护我国国家安全提供坚实的法治保障。

### 四、增强法治观念 维护国家安全

国家安全法明确了维护国家安全的基本原则、任务和基本制度，不仅确认建立集中统一、权威高效的国家安全领导体制，而且以法律形式确立了国家安全工作的相关制度，规定了国家机关、公民和组织维护国家安全的职责、权利和义务，是一部综合性、全局性、基础性法律，为构建国家安全法律体系奠定了坚实基础和基本遵循。国家安全法确立了党的领导，社会主义法治原则，协调统筹原则，标本兼治、预防为主、专群结合原则，互信、互利、平等、协作原则等基本原则。

国家安全法专章对维护国家安全的任务作了规定，涉及中国特色社会主义建设"五位一体"总体布局的方方面面，涵盖政治、国土、军事、经济、文化、社会、科技、网络、生态、资源、核及海外利益等多个领域；同时提出，根据经济社会发展和国家发展利益的需要，不断完善维护国家安全的任务。

贯彻实施国家安全法，应当增强法治观念，依法维护国家安全。首先，在立法领域，应当抓紧制定配套法律法规，形成覆盖全面、运行良好的国家安全法律体系。当前，网络安全、能源安全、金融安全等问题是国家安全面临的紧迫问题，也是国家安全立法要优先解决的问题。要加快制定网络安全、生物生态安全、核安全和战略资源储备、紧急状态等方面的法律。加强陆地国土安全、海洋安全、科技安全、公共决策的风险评估等方面的立法工作，修改完善各领域法律法规。

其次，在执法领域，所有机构、组织都必须认真实施法律，切实履行法定的职责和义务，依法维护国家安全。对于违反国家安全法的行为，必须严肃追究、严厉惩治。要加大对国家安全各项建设的投入，在国家安全战略物资储备等方面，采取必要措施，提供强有力的保障。

最后，在守法领域，要通过多种形式开展国家安全宣传教育活动，培育全体公民的国家安全意识。与经济快速发展形成对比，我国公民的国家安全意识相对滞后。长期的和平环境使一些人产生了麻痹思想，忧患意识淡化。为此，必须通过国家安全观教育、爱国主义教育、主权意识教育、公民国家责任教育、法律意识教育等方式，牢固树立起国家利益和国家安全高于一切的中华民族集体认同，将国家安全教育纳入国民教育体系和公务员教育培训体系，扩大国家安全意识教育的社会覆盖面，增强全民国家安全意识，动员全社会的力量，共同维护国家安全。

**五、将国家安全宣传摆在重要位置**

**（一）重视国家安全宣传**

制定实施国家安全法，是贯彻习近平总书记总体国家安全观的重要举措，是建立和完善中国特色社会主义国家安全法制体系的核心工作。按照中央统一部署，中宣部把国家安全法宣传教育列入2016年宣传思想工作重点，积极调动全系统的力量，为国家安全法的贯彻实施营造良好舆论氛围和社会环境。中央和地方媒体认真做好法律审议通过的程序性报道，深入解读国家安全法主要内容，及时回应外界关切热点。

结合培育和践行社会主义核心价值观、实施"七五"普法规划等工作，在全社会大力弘扬社会主义法治精神，深入开展国家安全形势教育，大力宣传国家安全法等国家安全和公共安全领域的法律法规，普及国家安全法律知识，引导干部群众认清国家安全形势、增强危机忧患意识、树立国家安全观念，积极支持配合国家安全机关履行职责，有效抵制各种危害国家安全的行为。

国家安全法明确将每年4月15日定为全民国家安全教育日，这是宣传普及国家安全法的有利契机。中央主要媒体在显著位置刊播习近平总书记重要批示，报道了有关部门披露的一批涉国家安全案件，制作刊播一批短小精悍、活泼易懂的新媒体产品。中央重点新闻网站和主要商业网站推出专题，提高全民国家安全教育日的知晓度，增强全社会对国家安全的关注度。

我们要把国家安全作为头等大事，将国家安全法宣传教育摆到更加重要位置，以总体国家安全观为指导，以全民国家安全教育日活动为契机，创新方式方法，加大工作力度，深入开展国家安全宣传教育，切实增强全民国家安全意识。当前，贯彻落实国家安全法任务艰巨繁重。要紧扣全民国家安全教育日、国家安全法实施周年等重要时间节点，组织开展系列内容丰富、形式多样、注重实效的宣传教育活动，比如主题展览、知识竞赛、影视歌曲、典型评选等，主流媒体集中刊播相关专题报道、评论和理论文章，定期公布有关案例，注重通过多媒体平台提高宣传教育的实际效果，特别注意体现贴近性，让人民群众实实在在体会到国家安全与自己切身相关，提高全民维护国家安全的主动性和参与度。

结合贯彻落实《中组部、中宣部、司法部、人力资源和社会保障部关于完善国家工作人员学法用法制度的意见》，推动各地各部门把国家安全相关法律法规作为领导干部日常学法、用法的重要内容，纳入具体学习计划和法律培训等工作安排，确保学习时间，促进领导干部学习国家安全相关法律法规经常化、制度化。

（二）国家安全法宣传重点

总体国家安全观，是我们党维护国家安全理论和实践的重大创新，是新形势下指导国家安全工作的强大思想武器和行动指南。认真学习、系统宣传总体国家安全观，对于应对我国国内外安全挑战、维护国家长治久安具有深远意义。各级司法行政机关要做好总体国家安全观的学习贯彻和宣传教育工作，深入宣传总体国家安全观提出的时代背景、重大意义和丰富内涵，深入宣传人民安全是国家安全的根本宗旨，进一步坚定贯彻落实总体国家安全观、走中国特色国家安全道路的信心和决心。

1. 深入宣传普及国家安全法以及反恐怖主义法、反间谍法等法律法规

深入宣传普及国家安全法以及反恐怖主义法、反间谍法等法律法规，是推动依法维护国家安全的基础性工作。国家安全法等法律颁布以来，司法部结合全国"七五"普法规划的研究制定，推动将国家安全法等法律法规纳入"七五"普法规划重要内容。印发了《关于深入开展〈国家安全法〉宣传教育活动的通知》，对首个全民国家安全教育日系列宣传和国家安全法在全社会的宣传普及作出部署安排。全国普法办组织专家学者录制了国家安全法微视频公开课，会同有关部门编写权威普法资料，准确解读、广泛普及国家安全法律知识。以国家安全法为主要内容，组织开展全国百家网站法律知识竞赛活动、动漫微电影作品征集活动，取得明显效果。各级司法行政机关要推动把国家安全法的宣传普及纳入"七五"普法规划，大力宣传国家安全法的立法宗旨和主要内容，大力宣传反恐怖主义法、反间谍法等与维护国家安全密切相关法律法规。要精心组织好全民国家安全教育日系列宣传活动，坚持

日常宣传和集中宣传相结合，推动国家安全法的宣传普及不断深入。

2. 强化维护国家安全法治意识是依法维护国家安全的重要前提

强化维护国家安全法治意识是依法维护国家安全的重要前提。各级司法行政机关要在普及国家安全法律知识的同时，更加注重培养维护国家安全法治意识，努力营造全民尊法学法守法用法的良好氛围。要推动国家安全法进机关、进乡村、进社区、进学校、进企业、进单位，促进国家安全法宣传教育向面上拓展、向基层延伸。要抓好国家工作人员特别是领导干部这个"关键少数"，把国家安全相关法律作为国家工作人员学法用法重要内容，纳入党委（党组）理论学习中心组学习内容，督促国家工作人员学习掌握国家安全相关法律知识，牢固树立总体国家安全观，依法履行维护国家安全职责。要坚持国家安全教育从青少年抓起，通过在各类青少年法治教育基地中增加国家安全法主题内容，组织开展国家安全教育专题活动等，引导青少年从小树立维护国家安全意识。要注重以案释法，结合公开发布的典型案例，组织开展警示教育，从社会公众易于理解接受的角度，生动直观地普及宣传国家安全法。要积极推进国家安全法律法规宣传方式方法创新，注重综合运用传统媒体和互联网以及微信、微博、客户端等新媒体新技术，扩大覆盖面、增强渗透力，提高针对性和实效性。

### （三）把国家安全教育纳入国民教育体系

国家安全法颁布以来，教育部坚持以总体国家安全观为指导，全面加强和深化教育系统国家安全工作。

认真落实"将国家安全教育纳入国民教育体系"的法定要求。把国家安全法教育纳入《青少年法治教育大纲》，编写国家安全教育学生读本，系统规划和科学安排国家安全教育的目标定位、原则要求、实施路径。发挥课堂教学主渠道作用，分阶段、分层次安排国家安全教育内容，构建大中小学有效衔接的国家安全教育教学体系。会同有关部门研究建设国家安全教育教学资源库，已开设15门直接相关的在线开放课程，为学生提供更多的学习资源。深入实施中国特色新型高校智库建设推进计划，组织开展国家安全专题研究，为维护国家安全提供智力支持。

扎实做好教育系统维护国家安全工作。坚持党对国家安全工作的领导，各省级党委教育工作部门和75所直属高校党委全部建立统筹落实本地本校维护国家安全和学校稳定工作的领导小组及办公室。扎实做好学校安全工作，会同公安部每年至少召开一次全国学校安全工作电视电话会议，完善人防、物防、技防措施，2015年发生在校园的危害公共安全事件同比下降35%。切实加强与各有关部门的协调配合，准确把握教育系统国家安全形势，全面开展风险调查评估、监测预警，有效防范和处置各种渗透破坏活动。积极参与国家安全相关重点领域工作协调机制，抓好有关工作落实。教育系统特别是高校连续27年保持稳定，成为全社会维护稳定的积极力量。

加快培养国家安全工作专门人才和特殊人才。开设与国家安全相关的信息安全、信息对抗、保密管理等3个本科专业，共布点115个。2015年设立"网络空间安全"一级学科，29所高校新增列或调整设立博士学位授权点，系统培养高层次网络安全人才。鼓励有关学位授予单位按照有关规定，加强国家安全各领域的人才培养工作。组织国家安全相关专业教学指导委员会，制定完善教学质量国家标准，作为专业准入、专业建设和专业评价的依据。联合有关部门实施"卓越工程师教育培养计划"，建立高校与行业企业联合培养人才的新机制，有针对性地培养适应国家安全工作需要的高素质工程技术人才。

多种形式开展国家安全宣传教育活动。各地各校大力宣传国家安全法，广泛开展国家安全知识竞赛、专题讲座、主题班会等活动，积极参与国家安全法律知识普及周、全国大学生信息安全竞赛等活动，引导师生牢固树立国家安全意识、坚决维护国家安全、坚定拥护中国共产党领导和中国特色社会主义制度。教育部正会同有关部门研究建立面向学生的国家安全校外教育项目和教育基地，进一步增强国家安全教育的针对性和实效性。

## 以案释法 ⑧

### 为境外人员非法提供国家秘密危害国家安全

【案情介绍】某年3月，被告人吴某与前来北京采访此届人大五次会议新闻的境外某报记者梁某相识。梁某为了获取大会领导人演讲的报告稿，唆使吴某进行搜集。同年10月4日上午，吴某利用工作之便，将本单位有关人员内部传阅的某位中央领导在该次全国人大会上的报告送审稿（绝密级），私自复印一份，携带回家。当日下午，吴某按事先约定的地点将该报告稿非法提供给梁某。尔后，梁某使用私自安装的传真机将此报告稿全文传到境外报社。10月5日，该境外报纸全文刊登了这个报告稿。10月21日，梁某与吴某在约定地点见面，梁付给吴某人民币外汇兑换券5000元。

【以案释法】北京市检察院以吴某为境外人员非法提供国家秘密罪，向北京市中级人民法院提起公诉。北京市中级人民法院依法不公开审理此案。该院认为，被告人吴某身为国家工作人员，为谋私利，违反国家保密法规，为境外人员非法提供国家核心机密，危害国家安全，被告人的行为已构成为境外人员非法提供国家秘密罪，其犯罪性质恶劣，情节、后果特别严重。依照刑法的规定，判决被告人吴某为境外人员非法提供国家秘密罪成立，判处吴某无期徒刑，剥夺政治权利终身，同时，查获的赃款予以没收。

# 第七节　立法法修正解读

2000年3月15日，九届全国人大三次会议通过立法法。2015年3月15日，十二届全国人民代表大会三次会议根据《关于修改〈中华人民共和国立法法〉的决定》进行了修正。

## 一、立法法修正的必要性和指导思想

立法是国家的重要政治活动，立法法是关于国家立法制度的重要法律。我国现行立法法自2000年颁布施行以来，对规范立法活动，推动形成和完善中国特色社会主义法律体系，推进社会主义法治建设，发挥了重要作用。实践证明，立法法确立的立法制度总体是符合国情、行之有效的。但是，随着我国经济社会的发展和改革的不断深化，人民群众对加强和改进立法工作有许多新期盼，以习近平同志为总书记的党中央提出了新要求，立法工作面临不少需要研究解决的新情况、新问题。立法工作关系党和国家事业发展全局，在全面建成小康社会、全面深化改革、全面依法治国、全面从严治党的战略布局中，将发挥越来越重要的作用。为了适应立法工作新形势新任务的需要，贯彻落实党的十八大和十八届三中、四中全会精神，总结立法法施行以来推进科学立法、民主立法的实践经验，适时修改立法法，是十分必要的。这对于完善立法体制，提高立法质量和立法效率，维护国家法制统一，形成完备的法律规范体系，推进国家治理体系和治理能力现代化，建设社会主义法治国家，具有重要的现实意义和长远意义。

修改立法法的指导思想是，贯彻落实党的十八大和十八届三中、四中全会精神，高举中国特色社会主义伟大旗帜，以马克思列宁主义、毛泽东思想、邓小平理论、"三个代表"重要思想、科学发展观为指导，深入学习贯彻习近平总书记系列重要讲话精神，坚持党的领导、人民当家作主、依法治国有机统一，以提高立法质量为重点，深入推进科学立法、民主立法，更好地发挥立法的引领和推动作用，发挥人大及其常委会在立法工作中的主导作用，完善以宪法为核心的中国特色社会主义法律体系，全面推进依法治国，建设社会主义法治国家。

## 二、富有时代特征的立法理念

立法法修正案在十二届全国人大三次会议上高票通过，为推进全面依法治国进程提供了立法规范上的直接前提。这次立法法的修改，确立了今后立法工作的理念、体制和程序，需要贯彻实施好。新立法法富有时代特征的立法理念。

法治的理念。立法法着眼进一步增进地方法治的适应性、能动性，突出立法的引领和规范功能。在立法与改革之间的关系上以更加融合的视角看待全面深化改革和全面依法治国之间的依存性、互动性；更加强调法治作为治国理政的基本方略，在调整立法权限、注重立法质量、落实法律保留、实现税收法定、加强立法监督、严格立法边界、约束行政立法、规范司法解释诸方面无不基于法治思维，努力护佑良法产出、调控立法供给。

科学的理念。立法法明确将提高立法质量作为立法的一项基本要求，在总则中做出规定，并以"具有针对性和可执行性"作为立法质量和成效的基本指标。立法法修改还增加法律通过前评估、法律清理、制定配套规定、立法后评估等一系列推进科学立法的措施。

民主的理念。这体现在通过立法规划和计划、先期介入立法起草、协调乃至主持起草等来确保人大主导立法，更加重视和发挥人大代表在立法中的作用，拓宽公民有序参与立法的途径，开展立法协商，完善立法论证、听证、法律草案公开征求意见等制度上。

### 三、确立更加合理完备的立法体制

立法法的修改着力于从健全立法体制出发激活立法动力、树立立法规矩。进一步强化立法权力和立法权利两轮驱动的格局。对公民的立法知情权、参与权、表达权、监督权予以规定，疏浚和拓宽了立法参与权的表达路径，这方面的一个显豁亮点，是规定了审查请求权等立法监督权利。

#### （一）在制度层面保证立法主导权归人大

法律面前人人平等

这是对人民代表大会制度的健全。其中还进一步突出人大代表在实现科学立法、民主立法，实现人大主导中的地位和角色，巩固和充实包括税收法定在内的、关系到公民基本权利的最高国家权力机关专门立法权，积极而又审慎地对待地方立法权的普遍扩容，维护宪法权威和法制统一。

#### （二）严格授权立法体制，实现授权与限权的统一

具体规定了授权决定应当明确包含授权的目的、事项、范围、期限和被授权机关实施授权决定应当遵循的原则。实施授权决定不超过五年，实施期限届满前六个月应当报告实施情况。进一步明确了中央与地方的立法权限，赋予设区的市相应的地方立法权，地方立法体制更加完善。在我们这样一个处于梯度发展和改革深化的大国，地方立法确有必要。一方面，要权力下移、权力释放、立法扩容，使得地方性的事务通过地方立法的途径实现法律的治理、纳入法治的轨道。地方立法绝不是可有可无，许多法律、行政法规需要地方性法规加以细化和补充，使之能够得到更好的贯彻实施。另一方面，"根据本行政区域的具体情况和实际需要"是地方立法最重要的前提，必须坚守"在不同宪法、法律、行政法规相抵触的前提下"这条底线。

而"地方性"或曰因地制宜则是地方立法的生命线和活力源。

### （三）切实强化了立法监督体制

首先严格界定了部门规章和地方政府规章边界。将部门规章限定在"应当属于执行法律或者国务院的行政法规、决定、命令的事项"，突出了部门规章的执行性，严格明确不得法外设权，既是对公民权利与行政权力关系上的一个刚性标准，又为立法监督中的备案审查、主动审查和申请审查等提供了最基本的衡量标准。立法法还进一步限缩了司法解释的创设空间。

### （四）树立民主科学规范的立法程序

首先，在立法法修改过程中，对立法进行全程化的调整，使之切实成为具有社会反映能力、信息收集能力、民意表达能力、利益协调能力、议程设置能力、法案设计能力和意志形成能力的人民意志汇集和凝聚的过程。并由此科学设计了立法提案程序、立法建议程序、法案起草程序、立法规划程序、项目调整程序、立法听证程序、影响评估程序、立法协商程序、立法审议程序和法案表决程序，以及法律公布程序等。

其次，在全国人大及其常委会立法程序上，纳入了立法规划与计划程序，细化了全国人大有关的专门委员会、常委会工作机构的立法程序环节和工作机制方法，规定其可以提前参与有关方面的法律草案起草工作；对涉及综合性、全局性、基础性等事项的法律草案，可以由全国人大有关的专门委员会或者常委会工作机构组织起草，并健全立法机关和社会公众沟通机制，征求人大代表意见建议制度。还针对审议和表决机制进行了富有前瞻性的规定。

再次，在行政法规制定程序上进一步强调其开放性和参与性，进一步防范和破除部门本位主义的侵扰，突出政府层面的法规创制决定权和政府法制机构的协调、审查权能与职责。

最后，强化了备案审查程序。规定了主动审查报送备案的规范性文件和审查申请人反馈与公开机制这两个更加凸显立法监督权威和效能的重要制度创新。

### （五）扎实的新法实施准备工作

在制度建置上，以立法法的"升级版"为依据，进一步修改完善立法机关的议事规则，制定、修订完善各地地方立法条例或地方立法程序规定，注重与民族区域自治法、地方人大和地方政府组织法之间的衔接，深入研究设区的市立法权行使的条件与方案，将立法法的实施与法治政府建设、法治地方建设结合起来。

在实施条件上，切实加强立法工作者队伍建设，加强立法智库建设，加强立法调查研究、代表联系点和基层立法观测点建设，积极探索大数据应用在保障立法的科学化、民主化的方法，夯实包括技术条件在内的立法法实施的社会基础。

更要抓住干部特别是领导干部这个实行法治的"关键少数"，切实强化领导干部对实施立法法的认知和认同，扎实推动立法法的实施，推进法治中国进程。有些修改是总结多年来立法工作中的好经验、好做法，比如一次性表决，多个同类的法律修改可以一并表决或者分别表决等等。有些修改是将原有的规定进一步完善，如授权立法的进一步规范等等。

## 四、新法修改的六大亮点

十二届全国人大三次会议2015年3月15日举行全体会议，会议经表决通过了关于修改立法法的决定。这是中国15年来首次修改立法法。修改后的立法法关于授予设区的市地方立法权、规范授权立法、明确税收法定原则等六大亮点引发关注。

### （一）规范授权立法，使授权不再放任

修改后的立法法规定：授权决定应当明确授权的目的、事项、范围、期限以及被授权机关实施授权决定应当遵循的原则等。授权的期限不得超过五年，被授权机关应在授权期满前六个月，向授权机关报告授权实施情况。

### （二）授予设区的市地方立法权

目前，中国设区的市有284个，按照现行立法法规定，享有地方立法权的有49个，尚没有地方立法权的235个。此次立法法修改依法赋予设区的市地方立法权，这意味着具有地方立法权的市实现扩围。

修改后的立法法还相应明确了地方立法权限和范围，明确设区的市可以对"城乡建设与管理、环境保护、历史文化保护等方面的事项"制定地方性法规。

### （三）明确细化"税收法定"原则

中共十八届三中全会决定提出落实税收法定原则的明确要求。修改前的立法法第八条规定了只能制定法律的事项，"税收"是在该条第八项"基本经济制度以及财政、税收、海关、金融和外贸的基本制度"中规定。

修改后的立法法将"税收"专设一项作为第六项，明确"税种的设立、税率的确定和税收征收管理等税收基本制度"只能由法律规定。这意味着，今后政府收什么税，向谁收，收多少，怎么收等问题，都要通过全国人大及其常委会的立法决定。

我国现行的18种税中，只有个人所得税、企业所得税和车船税等3种税是由全国人大及其常委会制定法律开征，其他15种税都是国务院制定暂行条例开征的，其收入占税收总收入的70%。

据全国人大常委会法工委介绍，改革开放初期，当时考虑到我国法制建设尚处于起步阶段，建立现代税制的经验和条件都不够，全国人大及其常委会于1984年和1985年先后两次把税收立法权授予国务院，由此，"条例"或"暂行条例"成了大多数税收的征收依据。十八届三中全会、四中全会明确提出落实税收法定原则。

### （四）界定部门规章和地方政府规章边界

修改后的立法法对于部门规章和地方政府规章权限进行规范。通过修法，一些地方限行、限购等行政手段就不能那么"任性"了。为进一步明确规章的制定权限

范围，推进依法行政，修改后的立法法规定，部门规章规定的事项应当属于执行法律或者国务院的行政法规、决定、命令的事项。没有法律或者国务院的行政法规、决定、命令的依据，部门规章不得设定减损公民、法人和其他组织权利或者增加其义务的规范，不得增加本部门的权力或者减少本部门的法定职责。国务院部门和地方政府制定任何规章，只要没有上位法律、法规依据的，不能减损公民权利，也不能随意增加公民的义务。

（五）加强备案审查

规范性文件备案审查是保证宪法法律有效实施、维护国家法制统一的重要制度。修改后的立法法明显加强了备案审查力度，明确规定主动审查，如规定：有关的专门委员会和常务委员会工作机构可以对报送备案的规范性文件进行主动审查。

再如，新的立法法还提出审查申请人反馈与公开机制，规定全国人大有关的专门委员会和常委会工作机构可以将审查、研究情况向提出审查建议的国家机关、社会团体、企业组织以及公民反馈，并可以向社会公开。

（六）对司法机关制定的司法解释加以规范

针对目前实践中司法解释存在的诸多问题，此次立法法修改，对司法解释也做了约束性规定。

这方面的规定包括：最高法院、最高检对审判工作、检察工作中具体应用法律的解释，应当主要针对具体的法律条文，并符合立法的目的、原则和原意；最高法院、最高检作出具体应用法律的解释，应当报全国人大常委会备案；除最高法院、最高检外，其他审判机关和检察机关，不得作出具体应用法律的解释等。

## 🔍 以案释法 ⑨

### 法律规定出现冲突时如何适用

【案情介绍】原告李某通过了某市人事局组织的2007年考试录用公务员的笔试和面试。2007年7月26日，市人事局按湘人发（2007）33号文件和国人部发（2005）1号《公务员录用体检通用标准（试行）》规定，委托该市四三〇医院对已通过面试和笔试的考生进行体检，原告李某体检结论为"不合格"。2007年8月3日，人事局以同样的体检依据，委托该市另一家医院对李某进行复检，结论为：肝功能无损害，大三阳，无症状和体征，根据湘人发（2005）31号文件附1第七项可诊断慢性活动性乙肝，不合格。体检后，市人事局电话通知原告：体检不合格，不予录用。但在2007年3月1日，人事部办公厅、卫生部办公厅下发国人厅发（2007）25号《关于印发〈公务员录用体检操作手册〉（试行）的通知》则明确"单纯大、小三阳而无肝脏生化异常者，不应按现症肝炎患者对待，而应按乙型肝炎病原携带者对待，作合格结论。"在体检时，原告要求市人事局按国人厅发（2007）25号文件规定的标准执行，而市人事局不同意适用该文件。为此原告向法院起诉。

【以案释法】本案最关键的是法律规定出现冲突时如何适用的问题。法律的效力，一般说来，法律高于行政法规、地方性法规、规章；行政法规的效力高于地方性法规、规章；地方性法规的效力高于本级和下级地方政府规章。省、自治区的人民政府制定的规章的效力高于本行政区域内的较大的市的人民政府制定的规章。关于地方性法规和部门规章的效力问题，我国立法法的规定非常具有操作性："地方性法规、规章之间不一致时，由有关机关依照下列规定的权限作出裁决：（一）同一机关制定的新的一般规定与旧的特别规定不一致时，由制定机关裁决；（二）地方性法规与部门规章之间对同一事项的规定不一致，不能确定如何适用时，由国务院提出意见，国务院认为应当适用地方性法规的，应当决定在该地方适用地方性法规的规定；认为应当适用部门规章的，应当提请全国人民代表大会常务委员会裁决；（三）部门规章之间、部门规章与地方政府规章之间对同一事项的规定不一致时，由国务院裁决。根据授权制定的法规与法律规定不一致，不能确定如何适用时，由全国人民代表大会常务委员会裁决。"在本案中，国家人事厅和卫生厅联合发布的国人厅发（2007）25号《关于印发〈公务员录用体检操作手册〉（试行）的通知》显然是根据立法法的规定，依法律和国务院的行政法规、决定、命令，在其部门的权限范围内，制定的部门规章，又因为涉及了两个以上国务院部门职权范围的事项，所以两个部门联合制定了规章。部门规章在与上位法没有冲突的情况下，适用于全国范围。而湘人发（2007）33号文件是由湖南省委组织部和湖南省人事厅共同制定的，并非一个地方性法规，只是地方政府一个部门的规范性文件，它的效力自然劣于部门规章。所以，当这两个文件发生冲突的时，适用部门规章，也就是国人厅发（2007）25号文件，是无疑的。何况湘人发（2007）33号文件也明确指出要适用更早的部门规章国人部发（2005）1号文件，而国人厅发（2007）25号文件只是国人部发（2005）1号文件所列各项体检标准的细化，并没有增加新的规定。

思考题

1. 宪法的根本性体现在哪些方面？
2. 我国政党制度的基本内容有哪些？
3. 我国公民的基本权利和基本义务分别有哪些？
4. 设立国家宪法日的重大意义是什么？
5. 为什么说国家安全是头等大事？
6. 新修订的立法法有哪些亮点？

# 第五章　教育法的基本原理

本　章　要　点

　　教育法律法规是我国依法治教的重要保障，也是教育事业发展的法律基础，这就要求我们的教育工作者必须对教育法有着深刻的了解和掌握。本章从教育法的含义和特点、教育法的渊源、教育法的基本原则、教育法的体系和作用、教育法的法律关系等几方面来阐述教育法律法规的基本原理。

## 第一节　教育法概述

### 一、教育法的含义

　　教育法的含义有广义和狭义之分。广义的教育法是有关教育方面的法令、条例、规则、规章等规范性文件的总称，也是对人们的教育行为具有法律约束力的行为规则的总和。它是由国家政府权力机关制订，以国家暴力机器为后盾而实施的，对人们接受教育的权利和义务起着保护和规范的作用。狭义的教育法专指1995年3月18日八届全国人大三次会议通过，自1995年9月1日起施行的《中华人民共和国教育法》。该法对教育的基本制度、学校、教师、学生和其他教育机构以及其他教育工作者、受教者和教育事业的社会关系等作了详细的规定。

### 二、教育法的特点

　　教育法依其主体的广泛性、调整范围的复杂性以及违反教育法所承担法律责任的特殊性，而具有其自身的特点。主要是以下三个方面：

#### （一）主体的复杂性

　　教育活动包括兴办教育、管理教育、实施教育、接受教育、参与和支持帮助教育等诸多方面。这些活动涉及教育行政管理机关、其他国家机关、社会组织（包括学校、事业单位、农村集体组织）、社会团体和几乎每个家庭和公民。这些公民、法人、组织都是教育法调整的对象，都在教育活动中享有广泛的权利和承担多方面的义务，使教育法的主体呈现复杂性。

## （二）调整范围的广泛性

从教育对象上看，我国宪法赋予了每个中国公民受教育的权利，教育已经变得同广大人民群众的切身利益息息相关。义务教育法规定，每个适龄儿童、少年都必须接受九年制义务教育。随着教育事业的发展，大多数初中毕业生要接受普通高中和各种形式的职业学校教育和职业培训，不同类型教育相互沟通、相互衔接。教育部从2001年起取消了报考普通高等学校的年龄和婚否限制，这意味着终身教育体系正在形成。在这些教育活动中，接受各种形式、不同层次的教育和培训对象都享有教育的权利和承担相应教育的义务。

> 我国宪法赋予了每个中国公民受教育的权利……

从调整的教育法律关系上看，在建立社会主义市场经济的条件下，伴随着办学体制、管理体制、投入体制、招生就业制度、学校内部管理体制等方面的全面改革，教育领域中的社会关系发生了重大变化。这些社会关系的调整已远非计划经济条件下仅采取行政措施和政策所能解决的，这些社会关系有着深刻的利益背景和复杂的利益体系，充满着利益矛盾与冲突。在市场经济条件下，只能以体现国家意志的法律对各种利益关系加以调整。这是教育法调整范围的重要方面。

## （三）法律后果的特殊性

### 1. 注重保护受教育者，尤其是青少年学生

教育法的核心是保障公民的受教育权，尤其是保护权利能力和行为能力不一致的儿童、少年。对学生错误行为的处理主要是采取批评教育的方式。比如，对不按时入学或流失的适龄儿童，主要是进行耐心的说服教育，只要他们入学或返校就读即可，对他们本人并不进行处罚，而是要处罚其家长或其他监护人。

### 2. 注重保护教师的特殊职业权利

在教育活动中，教师享有教师法所规定的特殊权利，包括教育权、教学权、科学研究权、指导学生发展权、带薪休假权、进修培训权等。教师对学生进行正当教育，而学生由于自身原因造成财产损失或人身伤害的，教师不承担法律责任。当然，如果教师有过错，如体罚或变相体罚学生，则要承担相应责任。

### 3. 注重维护学校的正当权益

教育是国家的公共事业，学校是培养人的主要场所，教育法对之给予特殊的保护。教育法规定任何组织或者个人不得侵占、克扣、挪用义务教育经费，不得扰乱教学秩序，不得侵占、破坏学校的场地、房屋和设备。对违反者，要根据不同情况，

分别给予行政处分或行政处罚；造成损失的，责令赔偿损失；情节严重构成犯罪的，依法追究刑事责任。在具体处理过程中，一般应该从快、从严，体现对学校正当权益的特殊重视。

## 第二节 教育法的渊源

当代中国法的渊源主要为以宪法为核心的各种制定法，包括宪法、法律、行政法规、地方性法规、经济特区的规范性文件、特别行政区的法律法规、规章、国际条约、国际惯例等。这是由我国国家和法的本质所决定的。依据教育法的本质和我国国家政治制度、民族文化传统、社会发展阶段等因素，我国教育法的渊源不是指法的历史渊源、理论渊源、政治渊源等，而是国家机关制定发布的规范性法律文件。如宪法、教育相关法律、教育行政法规、部门教育规章、地方性教育法规、地方性教育规章以及教育国际条约。

### 一、宪法

宪法是国家的根本大法，在我国法的渊源体系中占据首要地位，具有最高的法律效力，是我国全部立法工作的基础和根本，一切规范性文件皆不能与宪法相抵触。只有全国人民代表大会有宪法的制定和修改权。

宪法作为教育法的法源，规定了教育教学活动的基本法律规范。宪法规定了教育的性质和国家管理教育的原则；教育的目的和任务；公民有受教育的权利和义务；父母的教育义务；国务院、县级以上各级人民政府和民族自治地方的自治机关领导和管理教育工作的权限；对特殊群体的教育保护原则；不得利用宗教进行妨碍国家教育制度的活动；对从事教育事业的公民的有益于人民的创造性工作给予鼓励和帮助等。

### 二、教育相关法律

教育相关法律是最高国家权力机关——全国人大及其常委会制定的教育规范性文件，其效力仅次于宪法。教育相关法律又分为两种形式：教育基本法和基本法以外的法律。

宪法第十九条规定了教育的性质和国家管理教育的原则……

### （一）教育基本法

教育基本法是指自1995年9月1日起颁布施行的《中华人民共和国教育法》。该法规定了我国教育地位、性质、方针和教育活动的基本原则，教育基本制度，学校、教师、学生等教育关系主体的法律地位及其权利义务，教育投入与条件保障，教育对外交流与合作，以及保护教育关系主体合法权益的法律措施。

### （二）基本法以外的教育法律

《中华人民共和国民办教育促进法》（2002年12月28日中华人民共和国九届全国人大常委会三十一次会议通过，自2003年9月1日起施行。2013年6月29日中华人民共和国十二届全国人大常委会三次会议修订并执行。）

《中华人民共和国义务教育法》（1986年4月12日由六届全国人大四次会议通过，自1986年7月1日起施行。2006年6月29日十届全国人大常委会二十二次会议修订，自2006年9月1日起施行。2015年4月24日十二届全国人大常委会十四次会议修订并施行。）

《中华人民共和国学位条例》（1980年2月12日五届全国人大常委会十三次会议通过，根据2004年8月28日十届全国人大常委会十一次会议《全国人大常委会关于修改〈中华人民共和国学位条例〉的决定》修正。）

《中华人民共和国高等教育法》（1998年8月29日九届全国人大常委会四次会议通过，自1999年1月1日起施行。2015年12月27日十二届全国人大常委会十八次会议通过，自2016年6月1日起施行。）

《中华人民共和国职业教育法》（1996年5月15日八届全国人大常委会十九次会议通过，自1996年9月1日起施行。）

《中华人民共和国教师法》（1993年10月31日八届全国人大常委会四次会议通过，自1994年1月1日起施行。）

此外，全国人大或其常委会发布的关于教育的具有规范性内容的决议和决定，也属于教育法律规范的范畴，与教育法律有同等效力。如，1985年1月21日六届全国人大常委会九次会议通过的《关于教师节的决定》就属于此类。

### 三、教育行政法规

教育行政法规，是由国家最高行政机关即国务院制定的关于教育的规范性文件，其效力仅次于宪法和教育相关法律。我国目前生效的教育行政法规，形式和内容都比较规范的主要有：《中华人民共和国义务教育法实施细则》（1992年2月29日经国务院批准，国家教育委员会令第19号发布）；《扫除文盲工作条例》（1988年2月5日国务院发布）；《残疾人教育条例》（1994年8月23日国务院发布）；《学校体育工作条例》（1990年2月20日经国务院批准，国家教育委员会令第8号发布）；

这是新颁布的教育行政法规。

《学校卫生工作条例》（1990年6月6日经国务院批准，国家教育委员会令第10号发布）；《教师资格条例》（1995年12月12日国务院发布）；《幼儿园管理条例》（1989年8月20日经国务院批准，国家教育委员会令第4号发布）；《普通高等学校设置暂行条例》（1986年12月15日国务院发布）；《高等教育自学考试暂行条例》（1988年3月3日国务院发布，2014年7月9日国务院第五十四次常务会议修改，2014年7月29日国务院第653号令发布实施）；《征收教育费附加的暂行规定》（1986年4月28日国务院发布，1990年6月7日国务院令第60号修改，2005年8月20日国务院令第448号再次修改，2011年1月8日国务院令第588号第三次修改）；《民办教育促进法实施条例》（2004年2月25日国务院令第399号发布）；《中外合作办学条例》（2003年3月1日国务院令第372号发布，2013年7月18日国务院令638号修改）。

### 四、部门教育规章

部门教育规章是指国务院各部委（主要是国家教委）根据法律和行政法规在本部门权限内所制定的关于教育的规范性文件。如，教育部印发的《中小学教师违反职业道德行为处理办法》、财政部和教育部印发的《出国留学经费管理办法》、教育部印发的《关于进一步加强中小学校长培训工作的意见》、教育部印发的《实施教育行政许可若干规定》、教育部和财政部印发的《高等学校勤工助学管理办法》等。

### 五、地方性教育法规

地方性教育法规是由地方人大或其常委会制定的关于教育的规范文件。立法法第七十二条规定："省、自治区、直辖市的人民代表大会及其常务委员会根据本行政区域的具体情况和实际需要，在不同宪法、法律、行政法规相抵触的前提下，可以制定地方性法规。设区的市的人民代表大会及其常务委员会根据本市的具体情况和实际需要，在不同宪法、法律、行政法规和本省、自治区的地方性法规相抵触的前提下，可以对城乡建设与管理、环境保护、历史文化保护等方面的事项制定地方性法规，法律对设区的市制定地方性法规的事项另有规定的，从其规定。设区的市的地方性法规须报省、自治区的人民代表大会常务委员会批准后施行。省、自治区的人民代表大会常务委员会对报请批准的地方性法规，应当对其合法性进行审查，同宪法、法律、行政法规和本省、自治区的地方性法规不抵触的，应当在四个月内予以批准。"

### 六、地方性教育规章

地方性教育规章也称政府教育规章，由地方政府制定。有关法律规定，省、自治区、直辖市以及省、自治区人民政府所在地的市和经国务院批准的较大市的人民政府，可以根据法律和行政法规，制定规章。地方性教育规章的效力低于同级的地方性教育法规的效力。

### 七、教育国际条约

国际条约或者协定也是我国教育法的重要渊源，经过我国正式签署、批准或加入的条约或者协定，在我国必须得到遵守。

## 第三节 教育法的基本原则

教育法的基本原则，是全部教育法所应遵循的基本要求和价值准则，是制定和执行教育法的出发点和基本依据。我国教育法的基本原则首先应与我国总体法的原则相一致，即教育法要以合宪原则、民主原则、实事求是原则、法制统一原则等总体原则为指导，教育法的制定不能违背这些总体原则。在此基础上，教育法又应反映教育的自身特点和规律，不能简单地用总体法的原则来代替。因此，根据我国教育事业发展的需要，教育法还应遵循以下基本原则：

### 一、教育的方向性原则

教育法第三条规定："国家坚持以马克思列宁主义、毛泽东思想和建设有中国特色社会主义理论为指导，遵循宪法确定的基本原则，发展社会主义的教育事业。"这一规定既指明了我国教育事业的指导思想、基本原则和性质，又指明了我国教育发展应当坚持的社会主义方向。

坚持教育的社会主义方向，包含着依法约束人们在教育活动中继承和弘扬中华民族优秀的历史文化传统，以及吸收人类文明发展的一切优秀成果。教育法第七条规定："教育应当继承和弘扬中华民族优秀的历史文化传统，吸收人类文明发展的一切优秀成果。"这一规定体现了我国教育法在坚持教育的方向性原则中，对中华民族优秀的历史文化传统和人类文明发展的一切优秀成果的高度重视。

### 二、教育的公共性原则

教育法第八条第一款规定："教育活动必须符合国家和社会公共利益。"这一规定确立了我国教育的公共性原则。教育的公共性原则主要表现为以下几个方面：

第一，根据教育法第二十六条规定，开办学校或其他教育机构不得以营利为目的，必须坚持学校和教育事业的公益性原则。自古以来，学校就是公共服务机构，不直接对社会提供物质产品，具有非营利性。正因为学校是非营利性机构，所以学校的教育教学、管理活动及收费活动等都是免征营业税的。虽然，开办学校不以营利为目的，但不否认学校可以收费或盈利，如果通过办学所得来的资金用于学校发展基金、教职员工福利、改善办学条件等方面，是符合教育法第二十六条之规定的；但用于举办主体（学校的股东）之间的分红、非教育教学目的的再投资等行为，以及明显超过培养成本的高收费行为都是违反教育法第二十六条之规定的。

第二，教育法第八条第二款规定："国家实行教育与宗教相分离。任何组织和个人不得利用宗教进行妨碍国家教育制度的活动。"我国坚持国民教育与宗教相分离的原则，任何公共性原则体现在不得利用其妨碍国家国民教育制度的实施。

第三，教育法第十二条规定："国家通用语言文字为学校及其他教育机构的基本教育教学语言文字，学校及其他教育机构应当使用国家通用语言文字进行教育教学。民族自治地方以少数民族学生为主的学校及其他教育机构，从实际出发，使用国家通用语言文字和本民族或者当地民族通用的语言文字实施双语教育。国家采取措施，为少数民族学生为主的学校及其他教育机构实施双语教育提供条件和支持。"汉语言文字是我国普遍通用的官方语言文字，也是国际认定的联合国工作语言文字之一。因而，将汉语言文字规定为我国学校及其他教育机构的基本教学语言文字，不仅能够满足我国大多数人和地区的教学需要，也有利于教育的普及和教育事业的发展。同时，允许少数民族学生为主的学校及其他教育机构可以使用本民族或者当地通用的语言文字进行教学，这既是对少数民族的尊重，又给予其发展自己语言文字的自由。因此，在教学语言文字上的法律规定，体现了我国教育的公共性原则。

### 三、教育的平等性原则

教育的平等性原则可以从以下两个方面进行理解：

#### （一）受教育机会平等原则

教育法第九条规定："中华人民共和国公民有受教育的权利和义务。公民不分民族、种族、性别、职业、财产状况、宗教信仰等，依法享有平等的受教育机会。"这一规定确立了公民受教育机会平等的基本原则。受教育机会平等原则一般包括受教育起点上的机会平等、受教育过程上的机会平等和受教育结果上的机会平等三个层面。

#### （二）扶持特殊地区和人群教育原则

教育机会平等权在实践中的体现并不是绝对的，而是相对的。我国地域辽阔，人口众多，区域之间的经济、文化、教育发展存在一定的落差，这直接或间接地造成了受教育机会不平等的现象。少数民族地区和偏远的贫困地区经济发展较为落后，教育水平相对较低，教育法则规定国家对这些地区及人群给予特殊的帮助和扶持。残疾儿童、女童、有违法犯罪行为的未成年人等，也应享有平等的受教育权。

### 四、教育的终身性原则

教育法以法律的形式肯定了终身教育原则，其中第十一条第一款规定："国家适应社会主义市场经济发展和社会进步的需要，推进教育改革，推动各级各类教育协调发展、衔接融通，完善现代国民教育体系，健全终身教育体系，提高教育现代化水平。"另外，第二十条第三款规定："国家鼓励发展多种形式的继续教育，使公民接受适当形式的政治、经济、文化、科学、技术、业务等方面的教育，促进不同类型学习成果的互认和衔接，推动全民终身学习。"第四十二条规定："国家鼓励学校及其他教育机构、社会组织采取措施，为公民接受终身教育创造条件。"

### 五、统一性与多样性相结合的原则

统一性原则要求有关教育的法律由法定的国家机关统一制定、统一实施，形成层次有序、协调统一的教育法律体系，使教育法在全国有普遍的适用性、权威性和效力性。在法律效力上坚持"下位法服从上位法""后定法优于先定法""特别法优于一般法"的原则。同时，我国又是一个统一的多民族国家，在行政区域划分上有省、自治区、直辖市和特别行政区。东、中、西部经济不平衡，文化呈现多样性。因此，在教育法的制定和适用上应考虑到各地的特殊性。依照宪法拥有地方立法权的机关在不违背社会主义教育法的统一性原则下，可因地制宜地制定适合地方教育发展的地方性教育法规和政府规章，以及民族自治地方的单行条例。

## 第四节　教育法的体系和作用

### 一、教育法的体系

教育法体系，是指教育法作为一个专门的法律部门，按照一定的原则组成一个相互协调、完整统一的整体。它是教育法按照一定的纵向和横向联系组成的，覆盖各级各类教育和教育的主要方面，不同层级、不同效力的教育法律规范的体系。

教育法的纵向结构与教育法的渊源是一致的。我国教育法依制定机关和法律效力的不同可分为宪法中有关教育的规定、教育法律、教育行政法规、部委教育规章、地方性教育法规、地方性教育规章等。

教育法的横向结构是从教育法所调整的不同部门来分类的，在我国主要包括义务教育法、职业教育法、高等教育法、学位法、教师法等。

从我国教育立法的现状看，教育法律体系尚不完备，应进一步加强教育立法工作。

### 二、教育法的作用

教育法的作用在具体实施过程中可以从两方面进行分析：一是教育法的规范作

用，二是教育法的社会作用。

**（一）教育法的规范作用**

1. 指引作用

法对社会关系的调整是通过法律规范实现的。法作为人们的行为规范明确地规定了人们的行为规则。它明确地规定了人们应该怎样行为、禁止怎样行为和可以怎样行为，从而为人们的行为指出了方向。

2. 评价作用

法律作为一种行为规范，它是判断、衡量人们行为是否合法的标准。

3. 教育作用

法是人们的行为规范，它对于人们应该做什么，不该做什么都具有鲜明的教育作用。

4. 预测作用

由于法具有严格而稳定的规范性，这样可以使人们预先知道从事某一种行为或不从事某种行为必然发生的法律后果，从而调整人们的行为。

5. 强制作用

法律的强制作用具有两方面的含义：其一，法对人们应该做什么、禁止做什么和可以做什么加以规定，而且还要使人们必须去接受，这体现了法的强制性特征；其二，违反法律规定的行为要受国家强制力的制裁。

**（二）教育法的社会作用**

教育法有着独特的社会作用，表现在以下五个方面：

第一，保证我国教育的正确方向。我国教育法的首要作用就在于通过立法的形式切实保障教育为社会主义建设服务的方向，也就是要保障我国教育的社会主义性质，保障党对教育事业的领导，保障培养出适合社会主义建设需要的人才，提高劳动者和全民族的素质。

第二，保障和促进我国教育事业的发展。教育法保证了我国公民受教育的权利与义务，教育法对我国教育事业的发展起着重要的保障与促进作用。

第三，保障按教育规律办教育。由于我国教育法的社会主义性质与教育的客观规律在本质上是完全一致的，所以教育法应该是教育客观规律的体现。通过教育立法将按照教育规律办教育的一般要求转化为法律规范，以避免教育工作中的随意性。

第四，保障有关各方在教育上的合法权益。教育法律法规明确规定和保障与教育相关各方的权利与义务。在教育活动中，各方享有什么权利，承担什么义务，教育法都作了具体规定，这样教育法就可以保障有关各方在教育上的合法权益，充分发挥他们的积极性，同时可以防止和制裁违法行为。

第五，可以极大地提高教育管理的效率。教育管理是管理者通过组织协调教育队伍，充分发挥教育人力、财力、物力等信息的作用，利用各种有利条件高效地实现教育管理目标的活动过程。

## 第五节　教育法的法律关系

### 一、教育法律关系的概念

教育法律关系是指教育法律规范在调整教育社会关系中所形成的教育活动主体之间的权利与义务关系。教育法律关系是教育关系的一种。在教育活动中，教育活动主体之间可结成各种教育关系，如教与学的关系，教师与家庭、社会的关系等。但并非所有的教育关系都会转化成为教育法律关系。教育法律关系与其他教育关系的区别就在于它是一种由具有法律强制性的行为规则所规范或调整的教育关系。可见，教育法律关系的产生以教育法律规范的存在为前提，只有适用教育法律规范调整的教育关系才能转化成为教育法律关系。

### 二、教育法律关系的分类

教育法律关系从不同角度可以分为不同类别：

依据教育法律关系主体的社会角色不同，可以分为教育内部的法律关系和教育外部的法律关系。教育内部的法律关系主要是指以教育法律规范调整的教育系统内部各类教育机构、教育工作人员、教育对象之间的关系，如学校与教师的关系、学校及其管理人员与教育行政管理机关及其工作人员之间的关系等。教育外部的法律关系主要是指适用教育法律规范调整的教育系统与其外部社会各方面之间发生的法律关系，这种联系的具体表现也是多种多样的。

依据主体之间关系的类型可以区分为隶属型教育法律关系和平权型教育法律关系。隶属型教育法律关系是以教育管理部门为核心向外辐射，与其他主体之间形成的教育法律关系。这类教育法律关系具有纵向隶属的特征，是管理主体与管理对象之间的关系。隶属型教育法律关系通常是指教育行政法律关系，但具有区别于一般行政法律关系的独特特征。平权型教育法律关系是两个具有平等法律地位的教育关系主体之间产生的教育法律关系，通常视为教育民事法律关系。这类教育法律关系与一般民事法律关系一样，具有横向平等的特征。

根据教育法律规范的职能，可以区分为调整性教育法律关系和保护性教育法律关系。调整性教育法律关系是按照调整性教育法律规范所设定的教育关系模式，主体的教育权利能够正常实现的教育法律关系。保护性教育法律关系是在教育主体的权利和义务不能正常实现的情况下，通过保护性教育法律规范，采取法律制裁手段而形成的教育法律关系。

### 三、教育法律关系的构成要素

教育法律关系由教育法律关系的主体、客体和内容三个要素构成。

#### （一）教育法律关系的主体

我国教育法律关系的主体可分为三类：

1. 自然人

自然人，即个人主体。公民是自然人中最基本的、数量上占绝对优势的主体。教师、学生、学生家长、其他公民等皆可在教育法律关系中成为个人主体。

2. 集体主体

集体主体包括两类：一类是国家机关，包括权力机关、行政机关、审判机关和检察机关等，它们在职权范围内活动，能够成为宪法关系、行政法关系、诉讼法关系等多种法律关系的主体；另一类是社会组织，如学校、社会团体、企事业单位等。

3. 国家

国家作为一个整体，是某些重要法律关系的参加者，既可以作为国家所有权关系、刑法关系的主体，又可以成为国际法关系的主体。

#### （二）教育法律关系的客体

教育法律关系的客体一般包括物质财富、非物质财富、行为三个大的方面。教育领域中存在的法律纠纷，往往都是因之而引起的。

1. 物质财富

物质财富简称物，它既可以表现为自然物，如森林、土地、自然资源等，也可以表现为人的劳动创造物，如建筑、机器、各种产品等；既可以是国家和集体的财产，也可以是公民个人的财产。物一般可分为动产与不动产两类：不动产包括土地、房屋和其他建筑设施，如学校的场地，办公、教学、实验用房及其必要的附属建筑物；动产包括资金和教学仪器设备等。教育资金包括国家教育财政拨款、社会捐资等，其表现形式为货币以及其他各种有价证券，如支票、汇票、存折、债券等。

2. 非物质财富

非物质财富包括创作活动的产品和其他与人身相联系的非财产性的财富。前者也被称作智力成果，在教育领域中主要指包括各种教材、著作在内的成果，各种有独创性的教案、教法、教具、课件、专利、发明等。其他与人身相联系的非物质财富包括公民（如教师、学生和其他个人主体）或组织（如教育行政管理机关、学校和其他组织）的姓名或名称，公民的肖像、名誉、身体健康、生命等。

### 3. 行为

行为是指教育法律关系主体实现权利义务的作为与不作为。一定的行为可以满足权利人的利益和需要，可以成为教育法律关系的客体。在教育领域中，教育行政管理机关的行政行为、学校的管理行为和教育教学行为都是教育法律关系赖以存在的最基本的行为。学校、教师、学生的物质财富、非物质财富以及这些主体依法进行的教育行为和教育活动都受法律的承认和保护，都是教育法律关系的重要客体。

### （三）教育法律关系的内容

权利与义务构成法律关系的内容。所谓权利，是指公民依法享有的权益，它表现为享有权利的公民有权作出一定的行为和要求他人作出相应的行为。所谓义务，是指公民依法应当履行的某种责任，它表现为负有义务的公民必须作出一定的行为或禁止作出一定的行为。权利和义务，作为法律关系是同时产生而又相对应存在的。任何人在法律上既是权利的主体，又是义务的主体，既平等地享有权利，又平等地履行义务。只享有权利不履行义务或只履行义务不享有权利，在法律上和事实上都是不存在的。权利的实现要求义务的履行，义务的履行要求权利的实现。

在任何一种法律关系中，权利人享受权利依赖于义务人承担义务，否则权利人的权利就会受到侵害。权利与义务表现的是同一行为，对一方当事人来讲是权利，对另一方来讲就是义务，权利和义务所指向的对象（即法律关系的客体）也是同一的。比如在债权债务法律关系中，权利和义务指向的都是同一个客体。权利与义务的统一性还表现在不能一方只享受权利不承担义务，另一方只承担义务不享受权利，法律面前人人平等的法律原则要求任何一个法律关系主体在享受权利的同时也必须承担相应的义务。另外，权利与义务的统一性还表现在，有些法律关系中尤其是在行政法律关系中，权利与义务具有交叉性。如学校校长依法管理学校，这既是校长的法定权利，也是校长的法定义务；再如适龄儿童接受九年制义务教育，既是其权利，又是其义务。

> 思考题
>
> 1. 教育法的特点是什么？
> 2. 教育法的基本原则有哪些？
> 3. 教育法的社会作用是什么？

# 第六章　教育行政管理制度

本　章　要　点

　　教育行政行为在法律上也可以称为教育行政管理，是政府行政管理的职能之一，是教育行政管理机关的重要职责。我国的宪法、行政法、教育法、义务教育法、高等教育法以及职业教育法等法律明确规定了政府教育行政管理机关在教育事业中的职责以及行使职责时的基本原则和具体制度。本章主要论述教育行政行为的概念和特征、教育行政行为的分类、教育行政行为的效力、教育行政管理机关、教育行政执法等内容。

## 第一节　教育行政行为概述

### 一、教育行政行为的概念和特征

　　行政管理是指国家组织为履行其行政职能依法在组织系统内部所实行的各项组织管理活动。根据对行政管理概念的理解，教育行政行为可以理解为教育行政管理机构为履行其教育行政职能依法在教育组织系统内部实行的各项教育管理活动。

　　教育行政行为有以下特征：

（一）教育行政行为是教育行政管理机构作出的

　　根据现行的法律法规和规章的规定，有三类主体可以作出教育行政行为：

　　一是国务院和地方各级人民政府担负教育行政管理职能的专门机关及其工作人员，它是国家各级政府的组成部门，专门从事教学行政管理工作。

　　二是法律法规授权部分组织在一定的范围内以自己的名义实施的教育行政管理，如根据《中华人民共和国学位条例》的规定，国务院设立学位委员会，负责领导全国学位授予工作。学位委员会直属于国务院，它是典型的根据法律法规的授权，以自己的名义实施教育行政管理的机构。

　　三是教学行政管理机构根据法律法规和规章的规定，将自己的部分行政管理职能委托其他行政机构实施，但应当签署实施行政许可委托书。受委托的行政机构在委托的范围内实施教育行政管理职能，其产生的法律责任由委托机关承担。

### （二）教育行政行为的裁量性

依法行政是现代社会的基本要求，但这并非是指法律为行政行为设定每一细节，也不意味着行政机关只能机械行事。事实上法律无论如何严密，都不可能规定到每一行政行为的每个细节。法律具有相对的稳定性，一旦制定即不能随意修改，而现代国家社会经济急剧发展变化，教育领域也是如此，法律如果没有给行政机关一个自由裁量的余地，会造成行政机关无法高效实施管理，甚至还会给国家和社会利益造成重大损失。当然，行政行为的自由裁量性与从属法律性并非对立，而是矛盾的对立统一。自由裁量也是在法律法规范围内的自由裁量，而并非无限制，从属法律也不是僵化地执行法律，而是充分运用其主观能动性，领会并把握相应法律、法规的立法目的，积极、灵活地执行法律。

### （三）教育行政行为的单方性

教育行政管理机关在其法定授权范围内，可自行决定和直接实施教育行政行为，而无需与行政相对方协商或征得相对方的同意。教育行政行为的单方性不仅表现在教育行政管理机关依职权进行的行政行为（如教育行政管理机关对违反国家有关规定举办学校的有权予以撤销，有违法所得的没收违法所得等），也体现在教育行政管理机关应教育行政相对人的申请而实施的行为（如颁发办学许可证等）。虽然这些行为是依相对方提出申请而作出的，但相对方的申请是否被准许都由教育行政管理机关依法自行决定，而无需与相对方协商或讨价还价。

### （四）教育行政行为的效力先定性

效力先定，是指教育行政行为一经作出，就推定其符合法律规定，在未被宣布无效之前，对教育行政管理机关本身和相对方以及其他国家机关都具有拘束力，任何个人或团体有义务遵守和服从。这种效力先定性源于行政行为是为了维护公共秩序及公共利益，它需要这种特权来保障其公共秩序及公共利益的实观。

### （五）教育行政行为具有强制性

教育行政管理机关是以国家名义实施的行为，是以国家强制力保障实行的，当教育行政管理机关的行政行为在执行时遇到妨碍，可以采用一切行政权力和手段，或依法借助其他国家机关的强制手段，保证其行政行为的畅通，保障其教育行政行为的实现。

## 二、教育行政行为的分类

教育行政行为根据不同的标准可以作不同的分类。具体有：

## （一）内部教育行政行为与外部教育行政行为

以适用与效力范围为标准，教育行政行为可分为内部教育行政行为与外部教育行政行为。内部教育行政行为，是指教育行政管理机关作出的只对教育行政组织内部产生法律效力的行政行为，如行政处分及上级行政机关对下级行政机关下达的行政命令等。外部教育行政行为，是指教育行政管理机关对外实施教育行为管理，针对公民、法人或其他组织所作出的教育行政行为。如教育行政许可行为、教育行政处罚行为等。内部教育行政行为不得适用行政复议程序和提起行政诉讼；外部教育行政行为在符合法律受案范围的情况下，可以适用行政复议程序和行政诉讼程序。

## （二）抽象教育行政行为与具体教育行政行为

以教育行政行为的对象是否特定为标准，教育行政行为可分为抽象教育行政行为与具体教育行政行为。抽象教育行政行为，是指以不特定的人或事为管理对象，制定具有普遍约束力的规范性文件的行为，如制定教育行政法规和教育行政规章的行为。具体教育行政行为，是指在教育行政管理过程中，针对特定的人或事采取具体措施的行为，一般包括教育行政许可行为、教育行政处罚行为、教育行政强制行为等。

## （三）依职权的教育行政行为与依申请的教育行政行为

以教育行政管理机关是否可以主动作出行政行为为标准，教育行政行为可分为依职权的行政行为和依申请的行政行为。依职权的教育行政行为，是教育行政管理机关依据法定职权，无须相对方的申请而主动实施的教育行政行为，如学校违反国家有关规定向受教育者收取费用的，由教育行政管理机关责令退还所收费用；对招收学生工作中徇私舞弊的，由教育行政管理机关责令退回招收的人员，对直接负责的主管人员和其他直接责任人员依法给予行政处分，等等。依申请的教育行政行为，是指教育行政管理机关必须有相对方的申请才能实施的教育行政行为，即相对方的申请是教育行政行为开始的先行程序和必要条件，如颁发办学许可证等。

## （四）羁束教育行政行为与自由裁量教育行政行为

以受法律拘束的程度为标准，教育行政行为可分为羁束教育行政行为和自由裁量教育行政行为。羁束教育行政行为是法律规范对其范围、条件、标准、形式、程序等作出较详细、具体、明确规定的教育行政行为。教育行政管理机关没有自行选择、裁定的余地。例如，教育行政管理机关审批高等学校，只能根据相关法律法规规定的设置标准、学校名称、规模等进行审批。在这方面，教育行政管理机关没有选择、裁量的余地，教育行政管理机关违反羁束的规定，就构成违法行为，要承担违法后果。自由裁量教育行政行为，是指法律规范仅对行为目的、范围等作原则规定，而将具体条件、标准、幅度、方式等留给教育行政管理机关自行选择、决定。应该说在羁束教育行政行为中通常也存在一定的自由裁量成分，法律法规不可能对行政行为在所有情况下的所有处置方法都作详细、具体、明确的规定。而自由裁量也不是无限制的自由裁量，不能违反授权法的目的和超越法律规定的自由裁量范围。

## 第二节　教育行政行为的效力

### 一、教育行政行为的效力概述

教育行政行为的效力通常理解为教育行政行为具备合法要件后，对教育行政法律关系当事人权利义务所发生的影响。但从教育行政的实际情况来看，也应包括教育行政行为成立后，未经法定程序确认其合法性之前对教育行政法律关系当事人权利义务所发生的影响。

教育行政行为的效力一般可分为公定力、确定力、拘束力和执行力四个方面。

（一）公定力

公定力，是指教育行政主体在其职权范围内所为的行为，一经形成，在原则上即应推定为合法，在未经法定机关通过法定程序撤销或宣布为无效之前，任何人不得否定其效力。

（二）确定力

确定力，也称为不可变更力，是指教育行政行为一经作出，其内容非依法律程序不得随意变更的效力。表现在两个方面：

第一，对教育行政相对人的确定力。教育行政行为一经作出后，教育行政相对人必须服从。教育行政相对人如果对教育行政主体的教育行政行为不服，可以在法定的期限内向特定的行政机关申请撤销、变更或在法定期限内依法申请复议或起诉，期间过后该行为即取得合法效力。

第二，对教育行政主体的确定力。教育行政主体对自己所作的教育行政行为，不得随意撤销或变更。如果发现该行为确有法定的撤销或变更的理由，必须由有权的行政机关依法定程序撤销或变更并向教育行政相对人说明。

（三）拘束力

拘束力，是指教育行政行为一经作出，其内容必须得到遵从、不得违反的效力。拘束力表现在两方面：

第一，对教育行政相对人的拘束力。教育行政行为一经作出，教育行政相对人即负有服从和遵守行为内容的义务。

第二，对教育行政主体的拘束力。教育行政主体本身必须受到教育行政行为的拘束，教育行政主体的上级机关也必须服从该行政行为的拘束，否则就构成越权或侵权。

### （四）执行力

执行力，是指教育行政行为一经作出，其内容必须完全地、实际地得到履行，当事人不得延误或抗拒的效力。我国行政法学界习惯上认为执行力是针对行政相对人的，即相对人如不履行法定义务，行政主体即可依法采取强制措施，促使相对人履行义务，或申请人民法院强制执行。但实际上，执行力也可针对行政主体，如果根据行政行为的内容，行政主体负有某种义务而又拒不履行或拖延履行，行政相对人也可通过法定方式敦促行政主体履行其义务。

## 二、教育行政行为的合法要件

教育行政行为的有效要件，也称教育行政行为的合法要件，是教育行政行为产生最终的法律效力，而不是推定效力所必须具备的基本条件。一般地说，教育行政行为生效所必须具备的要件主要有：

### （一）主体合法

主体合法，是指作出教育行政行为的主体必须合法。它主要包括：第一，机关合法，即作出教育行政行为的主体必须是依法设立，能以自己的名义行使行政职权的行政主体；第二，人员合法，即具体实施教育行政行为的人员必须是有法定的行政职务，能对外行使行政职权的行政公务人员；第三，委托合法，教育行政主体将其职权委托给其他组织和个人时，必须依法定程序和条件进行。

### （二）权限合法

权限合法，是指教育行政主体必须在法律规定的职权范围内实施教育行政行为。这种法定的职权范围主要包括行政管辖事项、行政管辖区域、行政管辖级别、行政手段和方法等。教育行政主体所作的教育行政行为，在这些方面必须与法律的规定完全相符；受委托执行公务的组织或个人也必须在委托权限内行使职权，否则就构成越权。

### （三）内容合法、适当

内容合法、适当，是指教育行政行为的内容必须符合法律规定，并且客观公正、切实可行。其具体要求为：合法，即教育行政行为应符合法律法规的规定和社会公共利益，否则应属无效教育行政行为；适当即教育行政行为的内容必须符合实际，切实可行。教育行政机关对教育进行管理，有法律法规规定时，要符合法律法规的规定；无法律法规规定时，必须考虑公平、合理，否则该教育行政行为不能合法有效成立。

## （四）意思表示完全真实

意思表示真实，是指对于单方行政行为，教育行政主体所作的教育行政行为必须完全、真实地反映其本意，不能在有重大误解和受欺诈、被威胁的情况下作出；对于双方教育行政行为，教育行政相对人的意思表示也应符合上述要求。意思表示不真实的教育行政行为，不能产生合法的效力。

## （五）程序合法

程序合法，是指教育行政主体必须依照法定的形式和程序实施教育行政行为。其具体要求为：

其一，必须符合与该种教育行政行为性质相适应的程序要求。例如，教育行政规章的制定程序为规划、起草、征求意见、审查、审议、发布等。教育行政处罚的程序为调查取证、告知、裁决等，这些都是相应行政行为的法定程序。

其二，必须符合程序的一般要求，如说明理由规则、表明身份规则、听取意见规则等。如当事人提出陈述、申辩意见的，教育行政机关必须充分听取当事人的意见，并对当事人提出的事实、理由和证据进行复核，成立的应予采纳。当事人提出举行听证要求的，教育行政机关应按照行政处罚法第四十二条规定，组织听证。教育行政机关违反法定程序，其行为也属无效或应当予以撤销的理由之一。

## 三、教育行政行为的生效要件

教育行政行为生效的要件，或者称之为教育行政行为的生效规则，是指教育行政行为发生实际法律效力在时间或者方式上应当具备的条件。教育行政行为的依法成立，并不立即对相对人产生实质的效力。在我国，教育行政行为的生效要件主要有下列几种：

第一，即时生效。即时生效，是指教育行政行为一经作出即具有效力，对教育行政机关和教育行政相对人立即产生效力。这种情况下，教育行政行为的作出、完成与相对人知晓之间不存在时间上的差异，当场作出立时生效。

第二，受领生效。所谓受领生效，是指教育行政行为须为特定的相对人受领后，才开始生效。教育行政机关将教育行政行为的内容直接地、明确地告知相对人，使其对教育行政行为的内容知悉、了解后，行为才得以生效。

第三，告知生效。告知生效，是指教育行政机关向不特定相对人或者无法直接送达的相对人送达教育行政决定时所采用的送达方式。

第四，附条件生效。附条件生效，是指教育行政行为的生效需要具备一定的条件，在所附条件满足时，教育行政行为才开始生效。

## 四、教育行政行为的无效、撤销和废止
### （一）教育行政行为的无效

教育行政行为的无效是指教育行政行为自始至终不发生法律效力，对相对方没

有拘束力。导致教育行政行为无效的原因，包括教育行政行为内容违法；教育行政机关不明确、不盖印章，使行政相对方在认为侵犯其合法权益时，无法对之申请复议或提起行政诉讼等。

### （二）教育行政行为的撤销

教育行政行为的撤销是对已经发生法律效力的教育行政行为，因违法或不当，由有权机关予以撤销。教育行政行为的撤销不同于教育行政行为的无效，无效的教育行政行为自始至终无效，而被撤销的教育行政行为自始不发生法律效力。

教育行政行为撤销的原因主要包括：行为主体不合法、越权、滥用职权、行为主体存在主观瑕疵、行为内容违法或明显不当、程序违法，等等。

教育行政行为被依法撤销后，即不再具有任何效力。行为已造成相应后果的，有关机关还应该采取措施使其恢复到行为实施之前的状态。具体来说，行为撤销前，教育行政主体通过该行为赋予相对人的权益应予收回，但相对人无过错的，这种收回应以不造成相对人其他损害为限；教育行政主体通过该行为加于相对人的义务应予撤销；造成相对人损害的，应予赔偿，但相对人也有过错的除外。

### （三）教育行政行为的废止

教育行政行为的废止，是指已发生法律效力的行政行为，因具有法律情形而依法定程序宣布废止，使其失去法律效力。教育行政行为自废止之日起失去效力。

教育行政行为废止的原因主要有：第一，形势的发展和情况的变化已使其没有继续存在的必要；第二，作出该行为所依据的法律、法规、政策等被废止、修改，使其失去存在的依据。

教育行政行为废止的方式主要有两种，一是有权机关依法明令宣布废止并说明理由，二是以新的教育行政行为取代原有的教育行政行为并使之废止。

教育行政行为的废止与撤销的主要区别在于：被废止的行为本来是合法的，因而行为废止前所产生的法律效果仍然有效，行为从废止之日起丧失效力；被撤销的行为本身是违法的，从成立之日起就不应产生法律效力，因而，除了从被撤销之日起丧失效力外，还应否定其被撤销前发生的一切效果。

## 第三节　教育行政管理机关

### 一、教育行政管理机关概述

教育行政管理机关是依宪法、组织法的规定而设置的，依法享有并运用国家教育行政权，负责对国家各项教育事务进行组织、管理、监督和指挥的国家机关。教育行政管理机关具有国家行政机关的以下几个基本特征：

## （一）具有高度的政治性

国家行政机关是国家政治统治的重要工具，是体现统治阶级意志并代表一定阶级的利益，因而它具有鲜明的政治性。教育行政管理机关也是如此。

## （二）具有执行性

国家教育行政管理机关是权力机关的执行机关，其活动、内容与目的必须依据权力机关制定的法律严格执行，接受其监督并向其负责。有些教育行政管理机关也可依法制定教育行政法律规范，为教育行政管理活动设立行为准则，但其前提不得违背权力机关的意志，不能违反宪法和法律的规定。

## （三）具有相对独立性

国家教育行政管理机关的活动是对外进行行政管理并受到国家强制力保障的。为了确保教育行政管理机关高效地完成管理国家教育事务的任务，教育行政管理机关必须保证自身拥有组织系统上的独立性及依法行使职权的独立性。

## （四）具有专业性和服务性

现代行政的特点，要求行政机关对纷繁复杂的行政事务施行科学有效的管理，而具备专门性、技术性能力是其圆满完成任务的必备条件。

## （五）具有适应性

教育行政管理机关的任务是管理国家的教育事务。面对国内外教育改革的发展，教育行政管理机关必须采取随机应变、机敏适宜的措施，要针对国内国际教育改革所带来的巨大变化加快政府职能的转变，自觉适应这一变化，如要加强宏观方面的调控和管理，强化服务、引导、平衡、协调等职能。

## 二、教育行政管理机关的法律地位

教育行政管理机关的法律地位是教育行政管理机关在国家教育行政管理中权利和义务的综合体现。其主要表现在：

第一，以管理者的身份同相对人发生行政法律关系。教育法第八十二条规定，学校或其他教育机构违反法律、行政法规的规定，颁发学位、学历或者其他学业证书，由教育行政部门宣布该证书无效，责令收回或者予以没收，有违法所得的，没收违法所得；情节严重的，责令停止相关招生资格一年以上三年以下，直至撤销招生资格、颁发证书资格；对直接负责的主管人员和其他直接责任人员，依法给予处分。

第二，以平等身份同相对人发生权利与义务关系。这种关系不是行政机关与相对人之间的管理与被管理的隶属关系，而是具有明显教育特征的民事关系，如基于教育合同而产生的法律关系。

教育行政管理机关无论以何种身份参加教育法律关系，都是在同级人民政府的领导下，独立行使国家行政职能的行政法律关系主体。具体体现在：

第一，教育行政管理机关是同级人民政府的组成部分，对同级人民政府负责。其行政权力不得违反教育法律和同级人民政府的决定、指示、命令，否则该行为无效，将被撤销。同时，地方各级教育行政管理机关非经授权不得代行本级人民政府的权力。

第二，教育行政管理机关在遵守宪法和教育法律法规的前提下，根据需要，有权独立行使主管事项的决定权，不必请示人民政府。

第三，教育行政管理机关专门行使教育行政权，不受其他机关的非法干涉。

第四，各级教育行政管理机关都是相对独立的行政法律关系主体。教育行政管理机关上级对下级虽然有执法监督、业务指导关系，但下级教育行政管理机关也有权以自己的名义独立处理自己职权范围内的教育行政事务，并承担相应的法律责任。

教育行政管理机关作为一种公务主体，使上下级教育行政管理机关之间存在一种公务关系。这就是说：一是上下级教育行政管理机关之间不存在从属关系，他们都是独立的行政法人；二是上下级教育行政管理机关之间存在执法监督关系，即上级教育行政管理机关通过行政复议等途径可以撤销下级教育行政管理机关违法或不当的决定，达到监督的目的；三是上级教育行政管理机关在公务职责范围内可以对下级教育行政管理机关进行指导，主要是指导其贯彻党的教育方针、政策及国家的教育法，同时也对专门业务进行指导。

### 三、我国的教育行政管理机关

广义的教育行政管理机关，是指一切具有教育行政管理职能的行政机关和法律法规授权组织；狭义的教育行政管理机关，是指各级人民政府设立的专门从事教育行政管理工作的教育行政部门。本节的教育行政管理机关是指狭义的教育行政管理机关。

### （一）教育部

我国主管全国教育工作的行政部门称教育部，它所担负的主要职责是：

第一，贯彻执行中国共产党和国家的方针、政策，研究教育理论，总结实践经验，制订教育工作的具体政策、行政法规和学制等重要制度，制订教育事业的长远规划和年度计划，并督促、检查和组织实施。

第二，制订普通教育（包括幼儿教育、小学教育、中学教育、中等师范教育、特殊教育等）的具体方针、政策等重要规章制度；制订教学计划、教学大纲等基本文件，组织编审教材和教学参考书；制订普通学校师资管理的原则、办法和师资培训规划，指导、督促、检查普通教育工作，组织经验交流。

第三，会同有关部门制订职业技术教育的具体政策、发展规划和重要规章制度，指导、督促、检查职业技术教育工作。

第四，会同有关部门制订高等教育的具体政策、发展规划和重要规章制度，规定各类高等学校的培养目标、质量要求和专业目标；制订教学计划、教学大纲的原则，组织制订参考性的教学计划和教学大纲，统一规划、组织高等院校教材的编选、审查和出版工作；制订高等院校干部和教师管理的方针、原则、办法及培训规划和实施计划；指导高等院校的思想政治工作、教学工作、科研工作等；统一指导和组织全国高等院校的招生工作；统一管理全国研究生的培养工作，督导高等院校的学位授予工作。

第五，协同有关部门指导全国职工教育，农民教育，电视、广播大学和各种形式高等学校的工作以及高等教育自学考试工作；制订机关、团体办学及民办学校的具体政策和管理办法。

第六，制订少数民族教育的具体方针、政策和重要规章制度，组织少数民族文字教材的编译出版工作，指导、督促、检查少数民族教育工作。

第七，负责与各建交国家政府间进行教育合作和交流，管理教育部门的国际学术交流及援外、外援的有关计划、组织和人员往来的工作等。教育部设有主管高等教育、中等教育、初等教育、师范教育、计划、科技、外事、基建等工作的司、局，并设中央教育科学研究所、教材出版社、电化教育馆等事业单位。除教育部外，中央其他各部、委等业务部门也都设有相应的教育行政机构，主管本部门或本系统各级各类教育事业。

### （二）地方教育行政部门

地方教育行政部门，是指我国各级地方政府对教育事业进行组织、领导和管理的机构或部门。

我国的地方教育行政部门分为省、市、县三级，它受同级人民政府统一领导，并受上级教育行政部门的领导或者业务指导。根据《中华人民共和国地方各级人民代表大会和地方各级人民政府组织法》规定，地方各级教育行政部门的设置，由本级人民政府报请上级人民政府批准建立。

我国的地方教育行政部门的基本任务和职能是：贯彻执行中央的教育方针、政策和法令以及上级教育行政部门的教育工作指示；负责本地区教育事业发展计划、基本建设、教育经费、干部和教师的管理工作；领导本地区各级各类学校的教育和教学工作，并对厂矿学校举办的学校进行业务指导。

# 第四节　教育行政执法

## 一、教育依法行政的基本要求

国务院《全面推进依法行政实施纲要》对行政机关依法行政提出了六项基本要求：合法行政、合理行政、程序正当、便民高效、诚实守信、权责统一。这是衡量所有行政部门依法行政的基本标准。教育行政部门同样要按照这六项基本要求来规范自身的行政管理行为。

### （一）合法行政

合法行政是教育行政活动必须遵循的首要原则，其他原则都可以被理解为这一原则的扩展与延伸，与这一原则相比，其他原则都处于从属、补充的地位。合法行政原则的含义主要包括法律保留与法律优先两个方面。

所谓法律保留，指的是所有的教育行政活动均只能在法律授权的范围内进行。法律保留的具体含义包括：一是依法只能由法律规定的事项，教育行政机关除非获得授权，不得对此作出任何规定；二是在没有立法文件进行规定的情况下，教育行政机关不得作出影响公民、法人和其他组织权利义务的行为。

所谓法律优先，指的是所有教育行政活动均不得违背现有法律的规定。法律优先的具体含义包括：一是教育行政机关制定的任何文件、作出的任何决定都必须符合现有法律的规定，不得与其相抵触；二是对于法律授予的职权，教育行政机关应当严格按照法定的程序在法定的范围内行使；三是对于法律规定的义务与职责，教育行政机关应当积极有效地履行或执行。

### （二）合理行政

所谓合理，即合乎理性。合理行政原则，指的是所有教育行政活动，尤其是教育行政机关根据其裁量权作出的活动，都必须符合理性。法律原则中所讲的合理，指的是符合最基本的、最起码的理性，而不是十全十美的、尽善尽美的理性，即符合一个理智健全的人所应当达到的合理与适当即可。

具体而言，合理行政原则包括几个方面的具体内容：第一，公平公正对待，即当教育行政机关面对同等情形或基本相似的情形时，应当作出同等的或者相近的处理，不得出现明显的偏差或歧视；第二，考虑相关因素，即教育行政机关在实施其活动时，必须考虑也只能考虑与该事件有关的各种因素，不得考虑无关因素而影响其决定；第三，符合适当比例，即教育行政机关为实现某一行政目标而采取的手段，

应当以必要为限度，在可以实现行政目的的各种手段中选择对当事人合法权利影响最小的手段。因此，比例原则也称最小侵害原则。

### （三）程序正当

在教育行政法律规范中，程序性规范占据着极大比例，因此程序正当也是法律上对教育行政活动提出的基本要求。程序正当的具体内容也可以被分解为几个方面：

第一，信息公开，又称情报公开，指的是教育行政机关应向社会大众公开其活动的依据、过程以及结果。当然，涉及国家秘密和依法受到保护的商业秘密、个人隐私的信息不在公开之列。

第二，公众参与，指的是教育行政机关作出重要的规定或者决定时，应当听取公众意见，尤其是应当听取直接相对人与其他利害关系人的陈述或者申辩。需要注意的是，公众对行政程序的参与，并不意味着他们最终能够和教育行政机关一起作出决定，最终的决定权仍掌握在教育行政机关手里。

第三，公务回避，公务回避的要求包括两个方面：一是指当教育行政机关工作人员与其处理的公务本身存在着利害关系时，应该回避，这可以被看作是由实体原因引起的回避；二是指教育行政机关工作人员与其处理的公务虽无利害关系，但由于其他原因可能影响其客观中立时，也应当回避，这可以被看作是由于程序原因引起的回避。

### （四）高效便民

高效便民原则是针对教育行政活动的效率所提出的要求，因为一个"好"的行政机关，其行为既应当是合法的，也应当是有效的。

高效便民原则具体包括两个方面的要求：第一，行政效率，即教育行政机关应当积极、迅速、及时地履行其职责，实现其职能，严守时限规定，并不断降低行政成本；第二，便利当事人，即教育行政机关应当尽可能减少当事人的程序性负担，节约当事人的办事成本。

### （五）诚实信用

行政法上的诚实守信原则与民法上的诚实信用原则在外观上有一定的相似之处，但切不可混同。因为民法上的诚信是双向的，即民事活动的当事人都应当对其他当事人保持诚信；而行政法上的诚信则是单向的，仅指行政机关应当对相对人保持诚信。这一原则之所以并不包括对行政相对人诚实信用的要求，其原因就在于如果相对人对行政机关作出欺瞒或反复的行为，行政机关自可依法对其加以制裁，因而无须对此另行约束；而行政机关一旦欺骗或者失信，则势必对行政相对人造成极大的损害，因此需要在法律上强调对此类行为的禁止。

诚实守信原则包括两个方面的要求：

第一，诚实，即信息真实，这要求教育行政机关无论是面对特定对象，还是普通公众，它所提供的信息都应当是真实、有效的，教育行政机关不能通过提供虚假信息对当事人或社会公众加以欺骗。

第二，信用，即信赖保护，指的是教育行政机关的规定或者决定一旦作出，就不能轻易更改，如果确因国家利益、公共利益的需要而必须改变时，除了必须有充分的法律依据并遵循法定程序之外，还应当给予权益受损的人以一定的补偿。信赖保护的核心在于公民对政府的信任，基于政府的权威。政府行为一旦作出，往往能够获得公民的信赖，而公民基于这种信赖又可能采取相应行动并产生一定利益。一旦这种信赖因政府行为的变更而受到损害，就可以要求政府补偿。

## （六）权责统一

权责要统一，是指教育行政机关拥有的职权应与其承担的职责相适应，拥有多大的权力就应当承担多大的责任，不应当有无责任的权力，也不应当有无权力的责任。教育行政机关违法或者不当行使职权时，应当依法承担法律责任。

权责统一原则由两个方面的内涵构成：

第一，行政效能，指的是教育行政活动的实施应当达到其既定目标，为了保证行政目标的顺利实现，法律法规应当赋予教育行政机关以一定的执法手段，并通过这些手段的运用排除其在职能实现过程中遇到的障碍。

第二，行政责任，指的是当教育行政机关违法或者不当行使职权时，应当依法承担法律责任，从而实现权力和责任的统一，这一要求是行政赔偿制度建立的理论基础。

权责统一原则的内涵，也可以被概括为：执法有保障、有权必有责、用权受监督、违法受追究、侵权须赔偿。

## 二、教育规划的制定和实施

百年大计，教育为本。教育是民族振兴、社会进步的基石，是提高国民素质、促进人的全面发展的根本途径，寄托着亿万家庭对美好生活的期盼。强国必先强教。优先发展教育、提高教育现代化水平，对实现全面建设小康社会奋斗目标、建设富强民主文明和谐的社会主义现代化国家具有决定性意义。教育部根据教育法第二十六条的规定和党的十七大关于"优先发展教育，建设人力资源强国"的战略部署，为促进教育事业科学发展，全面提高国民素质，加快社会主义现代化进程，制定了《国家中长期教育改革和发展规划纲要（2010—2020年）》。这里重点介绍该规划纲要的指导思想、工作方针、战略目标、战略主题以及该纲要的实施。

## （一）指导思想

高举中国特色社会主义伟大旗帜，以邓小平理论和"三个代表"重要思想为指导，深入贯彻落实科学发展观，实施科教兴国战略和人才强国战略，优先发展教育，完善中国特色社会主义现代教育体系，办好人民满意的教育，建设人力资源强国。

全面贯彻党的教育方针，坚持教育为社会主义现代化建设服务，为人民服务，与生产劳动和社会实践相结合，培养德智体美全面发展的社会主义建设者和接班人。

全面推进教育事业科学发展，立足社会主义初级阶段基本国情，把握教育发展阶段性特征，坚持以人为本，遵循教育规律，面向社会需求，优化结构布局，提高教育现代化水平。

（二）工作方针

教育规划的工作方针是优先发展、育人为本、改革创新、促进公平、提高质量。

1. 把教育摆在优先发展的战略地位

教育优先发展是党和国家提出并长期坚持的一项重大方针。各级党委和政府要把优先发展教育作为贯彻落实科学发展观的一项基本要求，切实保证经济社会发展规划优先安排教育发展，财政资金优先保障教育投入，公共资源优先满足教育和人力资源开发需要。充分调动全社会关心支持教育的积极性，共同担负起培育下一代的责任，为青少年健康成长创造良好环境。完善体制和政策，鼓励社会力量兴办教育，不断扩大社会资源对教育的投入。

2. 把育人为本作为教育工作的根本要求

人力资源是我国经济社会发展的第一资源，教育是开发人力资源的主要途径。要以学生为主体，以教师为主导，充分发挥学生的主动性，把促进学生健康成长作为学校一切工作的出发点和落脚点。关心每个学生，促进每个学生主动地、生动活泼地发展，尊重教育规律和学生身心发展规律，为每个学生提供适合的教育。努力培养造就数以亿计的高素质劳动者、数以千万计的专门人才和一大批拔尖创新人才。

3. 把改革创新作为教育发展的强大动力

教育要发展，根本靠改革。要以体制机制改革为重点，鼓励地方和学校大胆探索和试验，加快重要领域和关键环节改革步伐。创新人才培养体制、办学体制、教育管理体制，改革质量评价和考试招生制度，改革教学内容、方法、手段，建设现代学校制度。加快解决经济社会发展对高质量多样化人才需要与教育培养能力不足的矛盾、人民群众期盼良好教育与资源相对短缺的矛盾、增强教育活力与体制机制约束的矛盾，为教育事业持续健康发展提供强大动力。

4. 把促进公平作为国家基本教育政策

教育公平是社会公平的重要基础。教育公平的关键是机会公平，基本要求是保障公民依法享有受教育的权利，重点是促进义务教育均衡发展和扶持困难群体，根本措施是合理配置教育资源，向农村地区、边远贫困地区和民族地区倾斜，加快缩小教育差距。教育公平的主要责任在政府，全社会要共同促进教育公平。

5. 把提高质量作为教育改革发展的核心任务

树立科学的质量观，把促进人的全面发展、适应社会需要作为衡量教育质量的根本标准。树立以提高质量为核心的教育发展观，注重教育内涵发展，鼓励学校办出特色、办出水平，出名师，育英才。建立以提高教育质量为导向的管理制度和工作机制，把教育资源配置和学校工作重点集中到强化教学环节、提高教育质量上来。制定教育质量国家标准，建立健全教育质量保障体系。加强教师队伍建设，提高教师整体素质。

### （三）战略目标

到2020年，基本实现教育现代化，基本形成学习型社会，进入人力资源强国行列。

#### 1. 实现更高水平的普及教育

基本普及学前教育；巩固提高九年义务教育水平；普及高中阶段教育，毛入学率达到90%；高等教育大众化水平进一步提高，毛入学率达到40%；扫除青壮年文盲。新增劳动力平均受教育年限从12.4年提高到13.5年；主要劳动年龄人口平均受教育年限从9.5年提高到

11.2年，其中受过高等教育的比例达到20%，具有高等教育文化程度的人数比2009年翻一番。

#### 2. 形成惠及全民的公平教育

坚持教育的公益性和普惠性，保障公民依法享有接受良好教育的机会。建成覆盖城乡的基本公共教育服务体系，逐步实现基本公共教育服务均等化，缩小区域差距。努力办好每一所学校，教好每一个学生，不让一个学生因家庭经济困难而失学。切实解决进城务工人员子女平等接受义务教育问题。保障残疾人受教育权利。

#### 3. 提供更加丰富的优质教育

教育质量整体提升，教育现代化水平明显提高。优质教育资源总量不断扩大，更好的满足人民群众接受高质量教育的需求。学生思想道德素质、科学文化素质和健康素质明显提高。各类人才服务国家、服务人民和参与国际竞争能力显著增强。

#### 4. 构建体系完备的终身教育

学历教育和非学历教育协调发展，职业教育和普通教育相互沟通，职前教育和职后教育有效衔接。继续教育参与率大幅提升，从业人员继续教育年参与率达到50%。现代国民教育体系更加完善，终身教育体系基本形成，促进全体人民学有所教、学有所成、学有所用。

#### 5. 健全充满活力的教育体制

进一步解放思想，更新观念，深化改革，提高教育开放水平，全面形成与社会主义市场经济体制和全面建设小康社会目标相适应的充满活力、富有效率、更加开放、有利于科学发展的教育体制机制，办出具有中国特色、世界水平的现代教育。

## （四）战略主题

坚持以人为本、全面实施素质教育是教育改革发展的战略主题，是贯彻党的教育方针的时代要求，其核心是解决好培养什么人、怎样培养人的重大问题，重点是面向全体学生、促进学生全面发展，着力提高学生服务国家与人民的社会责任感、勇于探索的创新精神和善于解决问题的实践能力。

### 1. 坚持德育为先

立德树人，把社会主义核心价值体系融入国民教育全过程。加强马克思主义中国化最新成果教育，引导学生形成正确的世界观、人生观、价值观；加强理想信念教育和道德教育，坚定学生对中国共产党领导、社会主义制度的信念和信心；加强以爱国主义为核心的民族精神和以改革创新为核心的时代精神教育；加强社会主义荣辱观教育，培养学生团结互助、诚实守信、遵纪守法、艰苦奋斗的良好品质。加强公民意识教育，树立社会主义民主法治、自由平等、公平正义理念，培养社会主义合格公民。加强中华民族优秀文化传统教育和革命传统教育。把德育渗透于教育教学的各个环节，贯穿于学校教育、家庭教育和社会教育的各个方面。切实加强和改进未成年人思想道德建设和大学生思想政治教育工作。构建大中小学有效衔接的德育体系，创新德育形式，丰富德育内容，不断提高德育工作的吸引力和感染力，增强德育工作的针对性和实效性。加强辅导员、班主任队伍建设。

### 2. 坚持能力为重

优化知识结构，丰富社会实践，强化能力培养。着力提高学生的学习能力、实践能力、创新能力，教育学生学会知识技能，学会动手动脑，学会生存生活，学会做人做事，促进学生主动适应社会，开创美好未来。

### 3. 坚持全面发展

全面加强和改进德育、智育、体育、美育。坚持文化知识学习与思想品德修养的统一、理论学习与社会实践的统一、全面发展与个性发展的统一。加强体育，牢固树立健康第一的思想，确保学生体育课程和课余活动时间，提高体育教学质量，加强心理健康教育，促进学生身心健康、体魄强健、意志坚强。加强美育，培养学生良好的审美情趣和人文素养。加强劳动教育，培养学生热爱劳动、热爱劳动人民的情感。重视安全教育、生命教育、国防教育、可持续发展教育。促进德育、智育、体育、美育有机融合，提高学生综合素质，使学生成为德智体美全面发展的社会主义建设者和接班人。

> 教育规划纲要是21世纪我国第一个中长期教育规划纲要。

### （五）纲要的实施

教育规划纲要是21世纪我国第一个中长期

教育规划纲要，涉及面广、时间跨度大、任务重、要求高，必须周密部署、精心组织、认真实施，确保各项任务落到实处。

1. 明确目标任务，落实责任分工

贯彻实施《教育规划纲要》，是各级党委和政府的重要职责。各地区各部门要在中央统一领导下，按照《教育规划纲要》的部署和要求，对目标任务进行分解，明确责任分工。国务院教育行政部门负责《教育规划纲要》的组织协调与实施，各有关部门积极配合，密切协作，共同抓好贯彻落实。

2. 提出实施方案，制定配套政策

各地要围绕《教育规划纲要》确定的战略目标、主要任务、体制改革、重大措施和项目等，提出本地区实施的具体方案和措施，分阶段、分步骤组织实施。各有关部门要抓紧研究制定切实可行、操作性强的配套政策，尽快出台实施。

3. 鼓励探索创新，加强督促检查

充分尊重人民群众的首创精神，鼓励各地积极探索，勇于创新，创造性地实施《教育规划纲要》。各地在实施《教育规划纲要》中好的做法和有效经验，要及时总结，积极推广。对《教育规划纲要》实施情况进行监测评估和跟踪检查。

4. 广泛宣传动员，营造良好环境

广泛宣传党的教育方针政策，广泛宣传优先发展教育、建设人力资源强国的重要性和紧迫性，广泛宣传《教育规划纲要》的重大意义和主要内容，动员全党全社会进一步关心支持教育事业的改革和发展，为《教育规划纲要》的实施创造良好社会环境和舆论氛围。

## 三、教育依法行政的形式

### （一）教育行政处罚

教育行政处罚，是指教育行政机关或其他行政主体，依照法定权限和程序对违反有关教育法律规范，但尚未构成犯罪的相对方给予行政制裁的具体行政行为。教育行政处罚具备以下特征：

一是教育行政处罚的主体是教育行政机关或法律法规授权的其他行政主体。虽然教育行政处罚权主要属于教育行政机关，但如果经由法律授权或教育行政机关委托，教育行政处罚权的实施亦可由被授权、被委托的组织行使。受委托组织应以委托教育行政部门的名义作出处罚决定，委托教育行政对受委托组织实施处罚的行为进行监督，并对其处罚行为的后果承担法律责任。教育行政部门委托实施处罚，应当与受委托组织签订《教育行政处罚委托书》，并依法规定双方实施处罚的权利与义务。

二是教育行政处罚的对象是违反教育法律规范的公民、法人或其他组织。只有相对方实施了教育法律法规规定的必须处罚的行为才能进行处罚，法律法规未作规定的不能处罚。

三是教育行政处罚的性质是一种以惩戒违法为目的的具有制裁性的具体行政行为。它具体表现在对违法相对方权益的限制、剥夺，或让其履行新的义务。它不同于刑事制裁、民事制裁。

教育行政处罚既有与其他行政法设立的行政处罚相同的处罚形式，也有其他行政法未设立的行政处罚形式。归纳起来，教育行政处罚共有以下几种：

1. 行为罚

行为罚是限制和剥夺违法相对方某种行为能力或资格的处罚措施，有时也称能力罚。在教育法中，有以下几种表现形式：

（1）责令停止招生。这是限制相对方办学权利的一种制裁。

（2）撤销违法举办的学校和其他教育机构。这是禁止相对方从事办学权的处罚。

（3）取消颁发学历、学位和其他学业证书的资格。这是禁止相对方从事某种资格的处罚。《教育行政处罚暂行实施办法》规定，学校或其他教育机构违反法律、行政法规的规定，颁发学位、学历或者其他学业证书，由教育行政部门宣布该证书无效，责令收回或者予以没收，有违法所得的，没收违法所得；情节严重的，取消其颁发证书的资格。

（4）撤销教师资格。这是对违法的相对人给予剥夺从事教育教学权利的制裁。教师有下列情形之一的，由教育行政部门给予撤销教师资格，自撤销之日起五年内不得更新申请认定教师资格的处罚：一是弄虚作假或以其他欺骗手段获得教师资格的；二是品行不良，侮辱学生，影响恶劣的。受到剥夺政治权利或因故意犯罪受到有期徒刑以上刑事处罚的，永远丧失教师资格。

（5）停考、停止申请认定资格。这是限制相对方某种行为的处罚。参加高等教育自学考试的考生，有下列情形之一并情节严重的，由各省、自治区、直辖市高等教育自学考试委员会同时给予警告或停考一至二年的处罚：一是以虚报或伪造、涂改有关材料及其他欺诈手段取得考试资格的；二是在考试中有夹带、传递、抄袭、换卷、代考等考场舞弊行为的；三是破坏报名点、考场、评卷地点秩序，使考试工作不能正常进行或以其他方法影响、妨碍考试工作人员使其不能正常履行责任以及其他严重违反考场规则的行为。

（6）吊销办学许可证。这是禁止违法相对方从事办学权的处罚。例如，社会力量举办的学校或其他教育机构管理混乱，教学质量低下，造成恶劣影响，情节严重的或经整顿后仍达不到要求的，由审批的教育行政部门吊销办学许可证。

## 2. 财产罚

财产罚，是使被处罚人的财产权利和利益受到损害的行政处罚。这种处罚在于使违法者缴纳一定数额的金钱或者没收其一定财物，也是一种行之有效的行政处罚。财产罚的具体形式主要有：罚款、没收财物（没收非法所得或没收违法所得）。

（1）罚款。这是教育行政部门强制违法相对方承担金钱给付义务的处罚形式，是整个行政处罚中应用最为广泛的一种形式，在教育行政处罚中占有十分重要的地位。罚款直接涉及相对方的财产权，因此教育法对罚款的规定比较严格。对于适用罚款的条件、罚款幅度、程序都有比较明确的规定，教育行政机关在适用这项处罚时应特别注意严格依法办事。

（2）没收财物。这是教育行政机关依法将违法相对人的部分或全部违法收入、物品或其他非法占有的财物收归国家所有的处罚方式，包括没收违法所得，没收违法颁发、印制的学历证书、学位证书及其他学业证书。如教育法中规定，学校或其他教育机构违反法律、行政法规的规定，颁发学位、学历或者其他学业证书的，由教育行政部门宣布该证书无效，责令收回或者予以没收；有违法所得的，没收违法所得。

## 3. 申诫罚

申诫罚是教育行政机关对违法相对方的名誉、荣誉、信誉或精神上的利益造成一定损害以示警诫的行政处罚，又称为声誉罚或精神罚。其主要形式有警告、通报批评等。

（1）警告。它是行政机关对违法者实施的一种书面形式的谴责和告诫。警告是行政处罚中最轻的一种，适用于情节轻微或未构成实际危害结果的违法行为。它既具有教育性质，又具有制裁性性质，目的是向违法者发出警告，避免其再犯。

（2）通报批评。它是教育行政机关以公开、公布的方式，使被处罚人的名誉权受到损害，既制裁、教育违法者，又可广泛教育他人的一种行政处罚形式。通报批评比警告的适用范围广、影响大。

## （二）教育行政许可

教育行政许可是教育行政机关应行政相对方的申请，通过颁发许可证、执照等形式，依法赋予行政相对方从事某种教育活动的法律资格或实施某种教育行为的法律权利的行政行为。它具有以下特征：教育行政许可是一种依申请的具体行政行为，没有相对方的申请，教育行政机关不能主动予以许可；教育行政许可是一种采用颁发许可证、执照等形式授权的要式行政行为。

教育行政许可的程序是教育行政机关实施教育行政许可的步骤、方式、顺序和时限，是行政许可制度中不可缺少的重要组成部分。

## 1. 受理申请

申请是教育行政机关实施教育行政许可的前提程序。申请人向教育机关申请行政许可，除提交申请书以外，还要同时提交法律法规规定的其他有关文件材料。

2. 审查

教育行政机关在收到相对方的行政许可申请后，应在法律、法规、规章规定的期限内对申请人的申请及所附材料进行审查，确定其是否具备取得相应行政许可证明的法定条件。

3. 作出是否颁发有关证照的决定

教育行政机关经过对行政许可申请人的申请及有关材料进行审查后，若确认其符合法定条件，即应在规定期限内作出向申请人颁发有关证照的决定。若经审查认为不符合法定条件，则应作出不予许可的决定，并向申请人说明理由。申请人不服的，可依法申请复议或提起行政诉讼。若教育行政机关在法定期限届满时尚未予以明确答复的，申请人可依法申请复议或提起行政诉讼。

4. 吊销程序

教育行政机关对于以欺骗、违法手段取得的许可证或超越许可范围的活动及违法行为，一经查处应及时吊销其许可证，并责令其中止一切正在进行的许可事项。

5. 暂扣程序

对于违反许可规定，有轻微违法行为或者紧急情况的，教育行政机关可暂时扣押许可证件，责令其改正；超过限定期限不改正的，吊销许可证。

6. 救济程序

教育行政机关吊销、暂扣、变更、修改或收回许可证前，应给予许可证持有人书面通知，说明采取措施的理由。对于教育行政机关实施的核发、拒绝发放、暂扣、修改、变更许可证等行为，申请人或利害关系人不服的，可以申请复议或直接起诉。

（三）教育行政奖励

教育行政奖励，是指教育行政部门为表彰先进，调动和激发教育系统主体的积极性和创造性，依照法定条件和程序，对为教育事业作出突出贡献的相对人给予物质或者精神奖励的具体行政行为。

教育行政奖励的原则包括：物质奖励与精神奖励相结合的原则；公平、平等原则；奖励与行为相适应原则。

（四）教育行政给付

教育行政给付又称行政资助，是指政府及其教育行政部门依据教育行政法律法规和国家有关政策，对学生、教师或者学校等相对人给予一定的物质利益或权益的具体行政行为。

### （五）教育行政监督检查

教育行政监督检查，是指教育行政部门为实现行政管理职能，对相对人是否遵守教育法律法规和具体行政行为所进行的执法检查。一般有以下几种方法：检查、调阅审查、调查、查验、检验、鉴定等。

### （六）教育申诉的处理

教育申诉是教育法、教师法规定的学生、教师的救济权利，同时也是教育行政部门行政执法的内容。教育法第四十三条第四款规定，对学校给予的处分不服向有关部门提出申诉，对学校、教师侵犯其人身权、财产权等合法权益，提出申诉或者依法提起诉讼。

思考题

1. 教育行政行为的合法要件是什么？

2. 教育行政行为的生效要件是什么？

3. 教育行政管理机关具有哪些国家行政机关的基本特征？

# 第七章  学校法律制度

## 本 章 要 点

学校是一个有计划、有组织地进行系统教育的组织机构。学校法律制度的存在，是为了用法律来规范学校各方管理和运行。学校法律制度是以"法"为教育指导，依法民主、自主管理，促进学生、教职工、学校等和谐、可持续发展的一套完整制度体系。

## 第一节  学校的权利与义务

学校作为一种特殊的社会组织，与其他教育机构在法律关系领域中所具有的地位和资格是不同的。根据我国教育法第二十九条规定的学校所享有的权利内容分析，学校所享有的权利有异于民法上的或行政法上的权利，它是一种在法律上享有独立自主地进行教育教学管理和实施教育活动资格的权利，称其"办学自主权"。

### 一、学校的定义

学校是指经教育行政主管机关批准，登记注册，以实施学制系统内基本教育的组织机构。

我国目前的基础教育包括幼儿教育、小学教育、普通中学教育（初中、高中）。国务院根据每个阶段教育对象和培养目标的不同而设立不同类型的学校，并针对各教育阶段内学校的招生对象、学习年限等成立幼儿园、小学、初级中学、高级中学或完全中学以及各类中等专业学校、职业学校、技工学校、普通高等学校、具有颁发学历证明资格的成人学校和其他专门实施学历性教育的教育机构。

初等教育学校主要包括普通小学和成人初等学校。前者以招收6～7周岁的儿童入学为主，修业年限为5～6年。成人初等学校主要为了扫除文盲，以语文、数学两科的学习为主，让文盲和半文盲学会1500～2000个常用字为扫盲标准。

中等教育学校主要包括初中、高中学校，各类职业学校、技工学校和成人中等学校等。其中初中修业年限为3～4年，高中修业年限为3年；职业高中、技工学校一般只招收初中毕业生，修业年限为2～3年；中等专业学校招收初中毕业生的修业年限一般为3～4年，招收高中毕业生的修业年限一般为2年；成人中等专业技术学校实行脱产或半脱产学习，修业年限一般为2～3年。

高等教育主要包括大学教育、成人高等教育、自学考试学校教育以及研究生教育等。大学主要招收具有高中毕业文化程度的青年入学，修业年限一般为4年，部分专业和少数重点学校为5年；成人高等学校主要包括广播电视大学、函授、夜校或独立的函授学院等，修业年限为4～5年；高等教育自学考试学校按学科考试，合格者发给单科成绩证明书，累积分达到毕业要求者颁发毕业证书；研究生制度，由各高等院校和有关科研单位招收攻读硕士学位或博士学位的研究生，修业年限为2～3年。

除此之外，社会上其他从事教育教学活动的学校，可称为其他教育机构，如英语口语学校、考研培训班等。

## 🔍 以案释法 ⑩

## 归国华侨依法举办学校

【案情介绍】陈某是归国华侨，一直热心于教育事业。2010年，陈某向广平科技大学捐款2000万元，成立陈某助学金，赢得社会各界的一致好评。2011年5月，陈某了解到当地具有专门技能的职业技术人才十分紧缺，经过慎重考虑，决定与广平科技大学合作，兴办圆梦职业技术学院，培养适应当地社会发展需要的高职人才。副市长赵某对陈某的做法给予了高度肯定，并出席了圆梦职业技术学院的成立仪式。圆梦职业技术学院成立后，每年招收学员数千名，培养了大批既具有一定知识，又具有专业技能的高职人才。

【以案释法】教育法第二十六条第二款规定，国家鼓励企业事业组织、社会团体、其他社会组织及公民个人依法举办学校及其他教育机构。县级以上地方各级人民政府应当举办发挥骨干和示范作用的职业学校、职业培训机构，对企业事业单位、社会团体、其他社会组织及公民个人依法举办的职业学校和职业培训机构给予指导和扶持。本则案例中，陈某发展职业教育的做法得到了当地政府官员的支持，符合法律的相关规定。

## 二、学校的基本权利

学校作为依法实施教育教学活动的专门机构，它为教育法所确认、设定和保护，为了更好地完成其基本职能，学校必须享有不同于其他社会组织的特定权利。宏观地说，学校的权利是指其为了实现办学宗旨而独立自主地进行教育教学管理、实施教育教学活动的资格和能力。

### （一）按照章程自主管理

我国教育法规定，学校有按照章程自主管理的权利。学校是按照特定的章程来进行自主管理的，随着人类的进步和知识经济的飞速发展，人性和个人的权利越来越被重视，学校实行自主管理是时代的要求。学校的正常运行，离不开办学宗旨、主要任务、内部管理体制及财务活动等重要因素。因此，一个全面而规范的自律性文件是不可或缺的，这个"文件"就是学校自主管理的基本依据，亦称为"学校的章程"。有了它，学校不但可以行使自主管理的权利，还可以有效地巩固学校的法律地位。也就是说，学校章程是办学的必备条件，有了它学校才能建立、完善自己的管理系统。

### （二）组织实施教育教学活动

学校组织、实施各种教学活动是学校的基本权利和义务。百年育人，教育教学活动是学校的职责。不同类型的学校有权根据国家有关教学计划、教学大纲和课程标准等方面的规定，因校制宜，自主组织学校教育教学活动的实施。如新一轮基础教育课程改革，摒弃全国"万校一书""万人一面"的培养方式，根据本校的实际情况，由学校来编写自己的教材，因地制宜。不但充分调动了地方和学校的积极性，也增强教育的针对性，对学生身心发展起到了极大的促进作用。这种一举多得的新改变，是学校教育教学权的良好体现。

### （三）招收学生或者其他受教育者

学生是学校的重要组成部分，学校享有学生招收权。学校作为培养学生的重要主体，有权根据自身的办学宗旨、培养目标、办学条件和办学能力，依据国家有关规定进行招生，任何组织和个人都不得非法干预。与此同时，学校招生工作必须符合国家有关规定，不得违背公共道德和法律规定。

### （四）对受教育者进行学籍管理，实施奖励或者处分

对于学校来说，针对受教育者的年龄层次、类别不同，学校对学生享有的管理

权范围也越来越广,但学校不能为此随意扩大自己的权利。如严禁侵害学生人身权、财产权等合法权益。义务教育法第二十七条规定,对违反学校管理制度的学生,学校应当予以批评教育,不得开除。

普通高等学校在校三年级以上学生,可凭学校出具的在籍学习证明报考。

学校有权根据主管部门的学籍管理规定,针对各类学生制定有关入学与报名注册、纪律与考勤、休学与复学、转学、退学等方面的管理办法,实施学籍管理活动。除此之外,学校还有权根据国家有关学生奖励、处分的规定,结合本校的实际情况,对不同的学生制定具体的奖励与处分办法。如果受教育者违反了学校的校纪校规,学校在相关法律法规规定下,可以给予受教育者警告、校园通报、记过等处分。

**（五）对受教育者颁发相应的学业证书**

学业证书制度是我国教育基本制度之一。根据教育法第二十二条的规定,当受教育者完成了一定阶段、一定范围和一定程度的知识技能学习,达到了国家规定的教育标准之后,受教育者所在学校或其他教育机构向受教育者颁发证明其完成规定学业的学业证书。这是学校自主实施教育教学活动所享有的必然权利。从保护受教育者合法权益角度讲,这也是学校应尽的义务。

1995年9月1日,教育法施行,其中第二十二条规定了国家实行学业证书制度,只有经国家批准设立或者认可的学校及其他教育机构,按照国家有关规定,符合条件的才有权发放学业证书。受教育者必须按规定经过一定的考核,通过鉴定,才能获得学业证书。这为维护国家教育的正常活动和学历证书的严肃性、公正性、权威性提供了法律保障。

**（六）聘任教师及其他职工,实施奖励或者处分**

学校有权根据自身的办学条件、办学能力和师资力量等实际情况,在国家及主管部门的有关规定下制定本校的教师及其他职工聘任办法。如学校自主对教师的聘任、解聘、奖励、处分等。

教师法第十七条规定,学校与聘任教师属于双方平等的地位,由学校和教师签订聘任合同,明确规定双方的权利、义务和责任。聘任教师对办学自主性的提高,教师教书育人的积极性,教学质量的提高和教师合理流动具有重要意义。

学校以及其他教育机构在聘任教师时,应当根据教师职责要求和教师本人的业绩、表现,自主对其进行奖励和处分等具体管理活动,即学校对教师依法享有管理权。教育法、教师法等法律法规对学校聘任教师的权限都有相应的规定,如义务教育法第二十四条第三款规定:"学校不得聘用曾经因故意犯罪被依法剥夺政治权利或者其他不适合从事义务教育工作的人担任工作人员。"

（七）管理、使用本单位的设施和经费

为进一步规范办学行为，全面落实学校的常规管理，学校对其占有的教室、宿舍、教学仪器、场地等设施设备以及其他有关财产享有管理、使用权，并可对其占有的财产进行销售买卖。在上级有关规定下，学校的资产设施应该最大化发挥学校财产的教育功能，结合学校实际，保证设施的安全管理和使用。在符合国家和社会公共利益以及益于学校发展的前提条件下，尽可能做到最新、最全的资源配备供师生使用。同时，学校对于各项财产应做到及时维护，安全使用，做好防盗、防火等工作。

（八）拒绝任何组织和个人对教育教学活动的非法干涉

义务教育法第二十三条规定："各级人民政府及其有关部门依法维护学校周边秩序，保护学生、教师、学校的合法权益，为学校提供安全保障。"这是为维护学校正常的教育教学秩序，抵制非法干涉而确立的一项重要权利。因为主体和客体的特殊性，学校享有对来自国家机关、企事业单位、社会团体及个人的非法干涉等予以抵制和拒绝的权利。此外，学校也可请求其他教育性机关单位对相关干涉事宜进行治理。如一些机关、团体、单位违反法律法规相关规定，对学校作出乱收费、乱罚款、随意停课或补课等不利于教育教学活动的行为，学校有权予以拒绝。

## 🔍 以案释法 ⑪

### 学校有权拒绝任何组织和个人对教育教学活动的非法干涉

【案情介绍】某周一，某厂欲为其新产品在省里获奖而召开庆祝会。为增添喜庆气氛，特地花五千元租用了明光小学的学生鼓乐队为其演奏。会后，又让这些小学生们身披印有该厂广告的缎带，走街串巷，吹吹打打，为获奖的新产品进行宣传。时逢六月天，两个小时走下来，学生们个个汗流浃背，小脸通红。

【以案释法】根据教育法第二十九条的规定，学校有权拒绝任何组织和个人对教育教学活动的非法干涉。本案中，厂家在学校正常的教育教学时间里"租用"学生鼓乐队参加厂里的庆祝活动，违反了教育相关法律法规的规定，侵犯了学生的受教育权。学校没有拒绝厂家对教育教学活动的非法干涉，而是擅自让鼓乐队的学生停课去参加该厂的庆祝活动，也违反了相关法律规定，侵犯了学生的受教育权。

（九）法律、法规规定的其他权利

学校除了享有法人组织所享有的现行法律、行政法规以及地方性法规赋予的权利的同时，还享有有关学校法律法规规定的权利。由此可见，学校是不同于其他社会组织而独特存在的，这也是学校办学自主权的实际体现。但是这并不意味着学校在行使权利时可以不遵守法律法规，就本质来说，学校享受的权利可以称为"公共权利"，既不能违反和滥用，也不能放弃和转让，否则将会承担相应的法律责任。

### 三、学校的基本义务

学校的基本义务是指学校在其开展的教育活动中所需要履行的法律义务。义务，与权利相对，是指其主体在政治、法律和道义上应尽的某种责任。学校的基本义务主要包括两点：第一，教育教学活动的义务实施开展；第二，保障和提供每一个学生的受教育权和教职人员的合法权益维护。

学校的基本义务如下：

**（一）遵守法律、法规**

我国宪法第五条明确规定："一切国家机关和武装力量、各政党和各社会团体、各企业事业组织都必须遵守宪法和法律。一切违反宪法和法律的行为，必须予以追究。任何组织或者个人都不得有超越宪法和法律的特权。"学校作为有目的、有系统的教育组织机构，必须遵循宪法和国家权利机关制定的法律法规，这不仅是教育机构特定的行为约束，也是其实现办学宗旨的教育保障。

**（二）贯彻国家的教育方针，执行国家的教育教学标准，保证教育教学质量**

学校所执行的国家教育教学标准是指国家对各类学校的办学软硬件设施、教学内容、教学质量等必须达到的标准要求。其指导着教育教学活动的有序开展，是国家教育水平的集中体现，也是规范学校及其他教育机构教学活动、教学质量的准绳。

教育法第五条规定："教育必须为社会主义现代化建设服务、为人民服务，必须与生产劳动和社会实践相结合，培养德、智、体、美等方面全面发展的社会主义建设者和接班人。"这要求了学校等教育机构组织在进行教育教学活动中，要以实现社会主义现代化为办学目标，要走生产与劳动实践相结合的办学宗旨，要让受教育者不仅学到科学文化知识，更要积极投身于社会实践，最终成为德、智、体、美等全面发展的复合型人才。

**（三）维护受教育者、教师及其他职工的合法权益**

受教育者、教师及其他职工是学校及其他教育机构的重要主体，是保障教育教学组织得以正常运行的基石。学校及其他教育机构不得侵犯受教育者、教师和其他教职工的合法权益。如，不得以任何理由拒绝符合入学条件的受教育者入学；不得克扣、拖欠教师和其他教职工的工资。如有学校以外的行政机关、社会组织或者个人侵犯该校学生或者教师的合法权益，学校应当依法维权，在合法的方式下积极协助有关机关查处违法行为，维护学生、教师和其他职工的合法权益。

（四）以适当方式为受教育者及其监护人了解受教育者的学业成绩及其他有关情况提供便利

学校及其他教育机构通过设立家长接待日、建立家长联系记录、召开家长会议、组织教师家访、找学生个别谈心等方式，保障家长及其他监护人、学生本人的知情权，使家长及时了解学生的情况，与学校更好地配合，完成教育教学任务。同时，学校及其他教育机构在保障其知情权时，也应当注意方式方法，不得采取非法的、不适当的方式侵犯学生的隐私权、名誉权等合法权益，不能伤害学生的自尊心，应避免影响学生学习和身心健康的情况发生。

（五）遵循国家有关规定收取费用并公开收费项目

学校及其他教育机构收取的费用，主要是学费和杂费。学校及其他教育机构必须按照国家的有关规定的项目和标准，从办学的公益性质出发，遵循公平、合理的原则收取费用。不得超标准高收费，不得擅自超范围乱收费。同时，要向社会公开收费项目、数额、账目，以便于社会公众和家长对学校收费的监督。

（六）依法接受监督

学校及其他教育机构从事的是社会公益事业，是否按照其办学宗旨并遵循社会公益原则，除了学校自身依法办学、加强管理以外，依法接受监督是一个重要的保障手段。学校及其他教育机构对依法进行的监督工作和活动，应当积极予以配合，不得拒绝，更不能妨碍检查、监督工作的正常进行。要根据有关的监督意见切实改进学校教育工作，保障教育教学任务的顺利完成。

# 第二节　学校的教育规范

教学规范是为了完善教职工在学校的教学活动中的职责，实现学校教学工作的科学、规范化管理，保证人才培养目标的早日实现。教学是学校的中心工作，学校的一切工作必须服从和服务于教学这一中心，因此教学规范是学校优化教学、提高教学质量的直接体现。

## 一、教学课程管理规范

### （一）严格遵守、执行课程计划

目前学校所执行的课程方案计划都是由国家教育部颁布的。此计划是国家对学生素质结构的硬性规定，是国家对未来人才素质的基本要求，它代表着国家意志，是义务教育阶段学校课程计划的唯一依据。学校教学工作的开展必须严格遵守教育部或省教育厅颁布的课程计划，开足课时，开齐课程，不得以任何名义增加或缩减规定的课程、课时。

### （二）严禁节假日补课

一直以来，各级教育行政部门明令禁止义务教育阶段学校节假日补课的行为。一些学校却依然违反政令，此举不仅违反了教育法，且具有安全隐患增多、补课费用支付违纪、质量竞争不公平、加重学生课业负担等多种弊端。为此，各地教育主管部门须明确要求学校积极对传统教学进行改革，最大限度地提高课堂教学效率，杜绝"台上台下两手抓"，做到从向时间要质量的不科学做法转变到向管理要质量、向课堂要质量的正确轨道上来。

### （三）认真落实文体活动锻炼

"每天锻炼一小时，健康生活一辈子"，学生每天由于学习、生活等压力往往得不到充分的休息，文体活动的调节是唯一可以放松心理和生理的助推器。学校应尽量安排每天在放学或晚餐前的文体活动时间。当天没有体育课的安排体育锻炼，当天有体育课的安排其他文娱活动，并从文体活动时间中每周安排一次课外阅读。但在实际教学过程中却有部分学校将"文体活动"全部或部分地变成了文化课，这种做法一定要予以纠正。各学校对文体活动不仅要保证时间，而且要认真组织，提高活动质量，严防安全事故。

### 二、教育资源均衡配置

2013年11月12日，中共十八届三中全会全体会议通过《中共中央关于全面深化改革若干重大问题的决定》。决定提出，统筹城乡义务教育资源均衡配置，实行公办学校标准化建设和校长教师交流轮岗，不设重点学校重点班；推进考试招生制度改革，探索招生和考试相对分离、学生考试多次选择，从根本上解决一考定终身的弊端。

学校应该全面贯彻党的教育方针，坚持立德树人，加强社会主义核心价值体系教育，完善中华优秀传统文化教育，形成爱学习、爱劳动、爱祖国活动的有效形式和长效机制，增强学生社会责任感、创新精神、实践能力。强化体育课和课外锻炼，促进青少年身心健康、体魄强健。改进美育教学，提高学生审美和人文素养。大力促进教育公平，健全家庭经济困难学生资助体系，构建利用信息化手段扩大优质教育资源覆盖面的有效机制，逐步缩小区域、城乡、校际差距。

### 三、教学制度的研究

学校要建立"以校为本"的教学研究制度，组织教师参与教学改革，从教学实践中提出教研课题，开展教育教学研究活动，推广优秀的教研成果和成功的教学经验。

（一）强化教研队伍建设

教学研究队伍很关键，直接影响到研究的质量和效果。为此，联校成立了新的教学研究机构，把各学校的教学骨干聘为联校兼职教研员，成立了语文、数学、英语、综合四个学科教研组，以此来加强联校的教学研究工作。联校将组织教研组成员深入学校开展课堂教学改革工作，从课堂教学达标、教学研究活动、公开示范课、教学评价等方面入手，积极开展工作，充分发挥教研骨干队伍作用，推进全面教育教学改革工作。各学校也都要建立自己的教研骨干队伍，联校、学校联动，全方位开展教学研究工作，打造一支业务精、示范性强、教研能力突出的教研队伍。

（二）精选研究课题，保障落实措施

课题研究与实践是教育科学研究之生命所在。离开课题，教研工作就会陷入盲目性。为了保证教研工作健康持久地开展，学校在抓好常规教学管理的基础上，从优化师资队伍、实施素质教育的高度出发，从更新教育观念入手，发动各学科骨干教师充分论证和挖掘教学中存在的突出问题，形成课题，进行研究。

（三）相互交流，成果共享

教研成果是一所学校办学水平和教师素质的集中体现。重视成果的汇集不仅反映了对人才和知识的尊重，而且达到在更大的范围内进行推广和交流的目的，各学校要积极鼓励教师编写教学资料、撰写教学论文和教学反思、整理教学案例等，学校可以将教师获奖和发表的文章汇编成册，形成学校的教育教学成果集。这样不仅可以很好地保存文集、汇集成果，还可以互相交流，共享成果。

# 第三节　与学校相关的法律责任

学校是教学教育单位，承担着一切与学校息息相关的教育、管理责任，学校应依照教育法规实施开展教育教学工作，为教职工和受教育者创造一个安全、有秩序的教育环境。

学校管理一般包括对学校的管理责任、对教职工的管理责任、对学生的管理责任、开展办学的责任、举办考试的责任和证书颁发的责任等。

## 一、学校管理的法律责任

### （一）与招生有关的法律责任

招生一般是指各个学校和培训机构招收新学生，分为学前招生、小学招生、中学招生、普通高考招生、自学考试招生、艺体招生、成人高考招生、研究生招生、中职中专招生、非学历招生等。

为了全面落实教育，教育部积极推进中小学招生制度改革，加强初中就近入学制度建设，科学划分学区片，合理配置优质教育资源，为就近入学创造良好条件。普通高中招生以综合评价、择优录取为原则，学业考试成绩和综合素质的评价结果是普通高中招生的主要依据。高校招生在每年的7月至9月举行，通过全国统一高中考试进行招录，学校根据当年报考的情况来划定录取分数线，最终决定录取的新生。

从2003年开始，教育部深化高校录取制度改革，进一步扩大高校在招生中的自主权，由各地中学推荐在某方面有特殊才能、培养潜质或综合素质突出的优秀人才，高校自己组织考试，通过笔试和面试两轮考试确定自主招生的对象。除此之外，还包括计划外招生等。

教育法规定，违反国家有关规定招收学员的，由教育行政部门责令退回招收的学员，退还所收费用；对直接负责的主管人员和其他直接责任人员，依法给予行政处分。

**（二）与收费有关的法律责任**

为了切实规范学校收费行为，保障受教育者的合法权益，促进教育事业的蓬勃发展，义务教育法、教育法和其他相关法律法规结合我国现实国情，制定了学校统一收费制度。

学校的收费项目必须按国家政策规定的标准上报物价部门批准（备案）后合法的《收费许可证》标准执行，不得擅自立项目、扩大收费范围及提高收费标准。收费票据管理应符合财政、物价、教育部门的相关规定。学校收费必须使用由财政部门、税务部门领取的合法票据，不得在外自购、自制收据收费。

教育法规定："学校及其他教育机构违反国家有关规定向受教育者收取费用的，由教育行政部门责令退还所收费用；对直接负责的主管人员和其他直接责任人员，依法给予行政处分。"

## 🔍 以案释法 ⑫

### 学校不得违反国家规定向受教育者收取费用

【案情介绍】这天，小学三年级的王明回家对父母说："学校让我们订一套练习题，每人要交两百元。"王明的父母觉得这套练习题的价格太高，就向王明的同学杨林的父母询问。杨林的父母也得知了这件事，和王明的父母一起去附近的图书批发市场询问了价格。图书批发市场里的这套练习题只卖六十二元，学校订购的价格比市场上卖的价格要高出两倍多。王明的父母和杨林的父母向市教委反映了这件事。

市教委经过调查，发现该学校通过向学生推销练习题等方式获得回扣。市教委对该学校的做法进行了通报批评，处分了有关责任人员，并且要求学校立即清退已收取的费用。

【以案释法】我国义务教育具有公益性、统一性、义务性。实施义务教育的中小学校，经费由国家财政拨款，更应当把全部精力用于教育和培养学生，而不是通过向学生推销产品和服务赚取利润。近年来，教育乱收费问题已成为众矢之的，党中央、国务院三令五申，教育部也明确规定，学校不得违反国家规定收取费用，不得以向学生推销或者变相推销商品、服务等方式谋取利益，任何组织和个人不得向学校非法收取或者摊派费用，并公布了举报电话12358。

### （三）与校舍及设施有关的法律责任

教育法第七十三条规定："明知校舍或者教育教学设施有危险，而不采取措施，造成人员伤亡或者重大财产损失的，对直接负责的主管人员和其他直接责任人员，依法追究刑事责任。"

## 🔍 以案释法 ⑬

### 学校将在洪水中浸泡了十几天的不符要求的校舍投入使用

【案情介绍】春季，乡里要新建一所小学，乡政府公开招标。经过多轮竞标，一家建筑公司以较低的价格竞标成功。但之后建材市场价格猛涨，该公司发现学校工程基本没有利润，也许还要赔本。该公司负责人决定略微降低工程质量标准，以保证盈利。夏季，该乡连续遭受暴雨灾害袭击，河水猛涨，被淹十几天。新建的小学校舍也在洪水中浸泡了十几天，但仍被投入使用。

【以案释法】学生是祖国未来的建设者，教师是学生的领路人，是"人类灵魂的工程师"。重视学生和教师的生命安全就是重视教育事业，就是重视祖国的未来。学校教学设施建设质量要符合国家规定的办学标准，确保学生和教师的安全。本案中，学校明知浸泡在水中十几天的校舍有危险仍投入使用，给学生和教师的生命安全造成严重的威胁。该校负责人应依法受到处罚。

### 二、与教职人员相关的法律责任

### （一）教职人员的人身安全

教师法规定，侮辱、殴打教师的，根据不同情况，分别给予行政处分或者行政处罚；造成损害的，责令赔偿损失；情节严重，构成犯罪的，依法追究刑事责任。""对依法提出申诉、控告、检举的教师进行打击报复的，由其所在单位或上级机关责令改正；情节严重的，可以根据具体情况给予行政处分。

### （二）教师其他合法权益

教师法规定，地方人民政府对违反本法规定，拖欠教师工资或者侵犯教师其他合法权益的，应当责令其限期改正。违反国家财政制度、财务制度，挪用国家财政用于教育的经费，严重妨碍教育教学工作，拖欠教师工资，损害教师合法权益的，由上级机关责令限期归还被挪用的经费，并对直接责任人员给予行政处分；情节严重，构成犯罪的，依法追究刑事责任。

### 三、与学生相关的法律责任

教育法规定，在国家教育考试中作弊的，由教育行政部门宣布考试无效，对直接负责的主管人员和其他直接责任人员，依法给予行政处分。结伙斗殴、寻衅滋事、扰乱学校及其他教育机构教育教学秩序或者破坏校舍、场地及其他财产的，由公安机关给予治安管理处罚；构成犯罪的，依法追究刑事责任。

### 四、与办学相关的法律责任

教育法规定，违反国家有关规定，举办学校或者其他教育机构的，由教育行政部门予以撤销；有违法所得的，没收其违法所得；对直接负责的主管人员和其他直接责任人员，依法给予行政处分。

### 五、与举办考试有关的法律责任

教育法规定，非法举办国家教育考试的，由教育行政部门宣布考试无效；有违法所得的，没收其违法所得；对直接负责的主管人员和其他直接人员，依法给予行政处分。

### 六、与颁发证书有关的法律责任

教育法规定，学校或者其他教育机构违反本法规定，颁发学位证书、学历证书或者其他学业证书的，由教育行政部门或者其他有关行政部门宣布证书无效，责令收回或者予以没收；有违法所得的，没收违法所得；情节严重的，责令停止相关招生资格一年以上三年以下，直至撤销招生资格、颁发证书资格；对直接负责的主管人员和其他直接责任人员，依法给予处分。

**思考题**

1. 学校的基本权利有哪些？
2. 学校的基本义务是什么？
3. 如何均衡配置教育资源？

# 第八章　学生法律制度

本 章 要 点

　　作为社会中的一名成员，学生的首要身份是国家公民，其地位由我国宪法、民法及其他一系列法律法规所确认。其次，作为学校这一特定环境中的一员，学生具有不同于一般国家公民的地位，其地位由我国教育法、义务教育法及其他有关教育的法律法规所确认，这种地位体现了学生作为"受教育者"这一角色的本质特征。

## 第一节　学生的权利与义务

### 一、学生作为受教育者的权利

　　一般来说，教育法讲学生的权利与义务，主要是从学生作为学校中的受教育者这一特定身份出发的，但除了这些权利以外，学生在学校内还享有一名公民或未成年人应享有的权利，如人身权、财产权、通信自由与通信秘密权等权利。教育法第四十三条对学生享有的权利做了如下规定：

　　**（一）参加教育教学计划安排的各种活动，使用教育教学设备、图书资料**

　　学生在学校有参加任何以学校名义安排的教育教学活动的权利，在师生、同学彼此之间的积极互动下，才能保障学生更好、更全面、更及时地完成各项学习任务，只有这样才能实现"生产与劳动实践相结合的办学宗旨"。学校的硬件资产设备的投入和使用都是为学生而设立，在这些物资设备的帮助下，学生才能更快捷、更方便地解决、完成学习中所遇到的瓶颈和任务要求，以保证学习的顺利进行，可以说学生是这些物质设备、设施的"主人"。

　　**（二）按照国家有关规定获得奖学金、贷学金、助学金**

　　为了促进学生学习的积极性和对家庭经济困难学生的有偿、无偿帮助，学生在学校，通过自己的学业成绩和品行等可按照国家有关规定获得奖学金、贷学金、助学金。每个享有受教育权的学生都有获得这"三金"的权利，其中奖学金是对学业优秀学生的一种鼓励；贷学金即贷款助学，和助学金异曲同工，主要是让贫困家庭学生获得均等的教育机会，以保证他们完成相应的学业。

（三）在学业成绩和品行上获得公正评价，完成规定的学业后获得相应的学业证书、学位证书

学业成绩和品德行为是学生在校受教育期间的直观反映，可以说公正评价既是学校学生管理和学生学业的重要环节，同时也是学生依法享有的权利。教师对学生的评价应是认真负责、公平合理、实事求是的，不能因为一己之利而违心，影响公正评价效果，影响学生权益的维护。如果学生认为教师的评价失实，有权通过正当途径加以纠正。在学生按规定读完某个阶段相应的学业后，学校应及时授予该生完成此阶段学业的相关证书，如结业证、毕业证、学位证。

## 🔍 以案释法 ⑭

### 受教育者有权利在学业成绩和品行上获得公正评价

【案情介绍】2011年9月，满怀激动的心情，刘涛开始了大学生活。由于第一次远离家门，同学之间也不熟悉，刘涛显得有些孤僻。第一学期期末，刘涛参加完考试，就和老师告别，踏上了回乡的列车。除夕前夕，刘涛收到了学校寄来的成绩单和在校品行评定表。刘涛的各科成绩一般，没有太高的分数，但也没有不及格。但是，品行评定表中却赫然印着一个"差"字，这让刘涛无法接受。刘涛觉得，自己在校期间虽然算不上优秀，但也循规蹈矩，怎么就得了个"差"呢？更可气的是，父母在看到刘涛的品行评定表后不断质问刘涛，让刘涛感到很苦恼。第二学期开学，刘涛了解到，这是班长李晓所为。刘涛和李晓因一件小事曾发生口角。期末考试结束后，辅导员老师要求班干部对同学进行操行评定，李晓抓住机会给了刘涛一个"差"。

【以案释法】法律规定，受教育者在入学、升学、就业等方面依法享有平等的权利。受教育者可以参加教育教学计划安排的各种活动，按照国家有关规定获得奖学金、贷学金、助学金，在学业成绩和品行上获得公正评价，对学校、教师侵犯其人身权、财产权等合法权益的行为提出申诉或者依法提起诉讼。受教育者应当履行下列义务：第一，遵守法律法规；第二，遵守学生行为规范，尊敬师长，养成良好的思想品德和行为习惯；第三，努力学习，完成规定的学习任务；第四，遵守所在

学校或者其他教育机构的管理制度。本案例中，刘涛作为受教育者，有权在品行上获得公正评价，班长李晓借机报复的行为是不对的。

**（四）对学校给予的处分不服，向有关部门提出申诉，对学校、教师侵犯其人身权、财产权等合法权益，提出申诉或者依法提起诉讼**

当学生在学校受到侵害时，有权向有关部门提出申诉。学校、教师侵犯其人身权、财产权等合法权益时，可向教育行政部门提出申诉或者依法提起诉讼，这是公民申诉权或诉讼权在学生身上的体现。学生的申诉权是指学生的合法权益因教育行政机关或学校作出的错误的、违法的决定或处理，或者因上述机构工作人员的违法失职行为而受到损害时，向有关机构申诉理由，要求重新处理的权利。

**（五）法律法规规定的其他权利**

学生作为公民，同样享有宪法、民法所赋予的一切权利，同时还享有未成年人保护法、妇女权益保护法等赋予的权利。

需要指出的是，学生在享有权利的同时，还应当履行相应的义务，学生的权利与义务是统一的。

**二、学生作为受教育者的义务**

学生的义务是指学生依照教育法及其他有关法律法规，在校受教育过程中必须履行的义务。由于学校及其他教育机构的类型差别、在读学生的年龄差别，学生的具体义务也不尽相同。教育法第四十四条对各级各类学校及其他教育机构的学生的基本义务作了以下几个方面的规定：

**（一）遵守法律、法规**

我国教育法第四十四条第一项明确规定，受教育者有遵守法律法规的义务。作为国家公民，学生首先要遵守国家的法律法规，这是必须履行的基本义务。法律法规是国家、社会组织和公民一切活动的基本准则，任何组织和公民都必须遵守。我国宪法第三十三条规定，任何公民享有宪法和法律规定的权利，同时必须履行宪法和法律规定的义务，中华人民共和国公民在法律面前一律平等，任何公民都必须遵守法律法规，有法必依、违法必究。遵守法律法规是宪法赋予每个社会公民的义务，是合格公民的基本素养。学生作为公民，遵守法律法规规定的义务是不可推卸的责任。

遵守法律法规，对学生来说，还要强调另一层意思，就是要遵守有关教育的法律、法规和规章。我国已颁布实施了《中华人民共和国教育法》《中华人民共和国学位条例》《中华人民共和国义务教育法》《中华人民共和国教师法》《中华人民共和国职业教育法》《中华人民共和国高等教育法》等有关教育的法律以及《扫除文盲工作条例》《高等教育自学考试暂行条例》《全国中小学勤工俭学暂行工作条例》《学校体育工作条例》《学校卫生工作条例》《残疾人教育条例》等教育行政法规。此外，国务院教育行政部门单独或与其他部委联合制定、施行了若干有关教育的规章，地方立法机构也依法制定了大量的地方性教育法规和规章，这些教育法律、法规和规章都涉及了学生的权利和义务。作为最广泛的教育法律关系主体，学生必须同教育者一起加以遵守，做到知法、守法。

（二）遵守学生行为规范，尊敬师长，养成良好的思想品德和行为习惯

这里的学生行为规范特指国家教育行政管理机关制定、颁发的关于学生行为准则的统一规定，它包括《小学生日常行为规范》《中学生日常行为规范》《高等学校学生行为准则》以及《小学生守则》《中学生守则》《高等学校学生守则》等。这些规章集中体现了国家对学生不同阶段，即小学生、中学生和高等学校学生政治、思想、品德等方面的基本要求，各级各类学校的学生应当遵守相应的行为规范。其他教育机构学生应参照这些学生规范，自觉养成良好的思想品德和行为习惯。

尊敬师长是遵守学生行为规范的具体要求，是良好的思想品德和行为修养的具体体现，也是我国培养学生成为在德、智、体、美等方面都得到发展的有社会主义觉悟的有文化的社会主义事业的建设者和接班人的教育方针的具体要求。在教育教学活动中，教师是文化知识的传播者，承担着教书育人、培养社会主义事业建设者和接班人、提高民族素质的使命，理应受到学生和全社会的尊重。尊敬师长是中华民族的传统美德，也是社会文明进步的重要标志，学生要养成良好的思想品德和行为习惯，提高自身素养，就应当继承发扬这一美德。

（三）努力学习，完成规定的学习任务

所谓"努力学习"是指学生在学习中应该明确学习目的，刻苦认真学习；遵守课堂纪律，不迟到，不早退，不无故缺课；上课专心听讲，勇于提出问题，敢于发表自己的见解，积极回答教师的提问；认真复习，按时独立完成各科作业；遵守考试纪律，考试不作弊；完成各个阶段的必修课程，努力取得优良成绩等。

学生的使命就是学习，每个学生都要尽自己的能力努力学习，学习科学文化知识，认真完成规定的学业，以便成为德智体全面发展的社会主义事业的建设者和接班人，这是学生区别于其他公民的一项特定义务。学生以学为主，学生作为专门的学习者进入学校就意味着其主要任务是学习，意味着承担接受教育、完成学业的责

任。对于义务教育阶段的学生来说，这是在享有受教育权利的同时应承担的义务。履行完成学业的义务是学生享有获得学业证书及学位证书的权利的前提。

任何一个教育阶段的学习任务都包括两种：一种是结果性的或称终结性的，即某一教育阶段教育计划规定的学生在该教育阶段结束时应完成的学习任务；一种是过程性的，是学生为完成某一教育阶段的学业或总的学习任务而要完成的日常的、大量的、具体的学习任务。这两种性质的学习任务是相辅相成的，过程性的学习是量的积累，其目的和结果是质的提高。因此，学生对学习任务都应认真对待，为完成既定的学习目标而努力。

### （四）遵守所在学校或者其他教育机构的管理制度

为了确保学校及其他教育机构教育教学活动正常有序进行，严格细致的管理制度是必需的，其不仅是国家教育管理制度的重要组成部分，也是国家为实现教育权利而赋权于学校及其他教育机构制定的必要规范。而学生要遵守的管理制度义务即学生应当履行"遵守所在学校或者其他教育机构的管理制度"的义务。如，学校教学、科研、德育、劳动、体育等各项工作的分配。宏观看来，学校的管理制度是国家法律法规的具体化。学生如果违反其所在学校的管理制度，会受到批评教育或相应的处分。具体地说，主要包括以下几个方面：第一，遵守其所在教育机构的思想政治教育管理制度；第二，遵守其所在教育机构的教学管理制度；第三，遵守其所在教育机构的学籍管理制度，包括入学注册，成绩考核、登记，对升级、留级、转学、复学、休学、退学的处理，考勤记录，纪律教育，奖励处分，毕业资格审查等的管理规定；第四，遵守其所在教育机构的体育管理、卫生管理、图书仪器管理、校园及宿舍管理等方面的规定。

## 第二节　学生与学校的关系

学校与学生的关系，既是教育与被教育的关系，又是管理与被管理的关系。主要表现为：学校有权要求学生家长按法定的义务就学年限送子女进学校学习，有权要求学生接受为学生健康而采取的各种卫生保健措施，有权对学生进行学籍管理，决定其升级、毕业和升学，有权对学生进行奖励和惩罚等。同时，学校也负有保障学生健康和安全的责任，禁止对学生进行任何体罚和人格侮辱。学生及其家长也有权按照法律规定要求学校提供符合学生健康和发展标准的教育条件，保障学生的身心健康。

学生在学校除了享有一个公民应享有的各种个人权利和自由，诸如言论权、出版权、结社权、请求公正处理权、隐私权外，按照有关法律规定还享有选择学校、免费学习、使用教学和物质手段、享受助学金和奖学金、参加学校社团、参与学校管理等特殊权利。在享有权利的同时，学生也应履行一定的义务，如遵守学校规章制度、接受学校和教师的教育和管理等。

## 第三节 学生的法律责任

学生的法律责任，是指学生实施了违法行为而必须承担的否定性法律后果。法律法规关于学生的权利和义务的规范，对学生明确了允许什么行为、要求什么行为、禁止什么行为，从而在法律上将学生的行为划分为"合法行为"和"违法行为"两大类。

### 一、学生的合法行为

学生的合法行为包括：符合法律规范或法律原则要求的行为；对社会和教育秩序有益至少是无害的行为；为法律所允许、所鼓励，并受到法律保护的行为。有些行为虽然法律规范没有明文禁止，但可能与法律的基本原则和社会公共利益、公序良俗相背，应受舆论谴责。

学生的合法行为可以分为"作为的合法行为"和"不作为的合法行为"。前者是指符合法律规范或法律原则要求的积极行为，后者对学生来说主要是指遵守禁止性规范的行为。如学生努力完成学校规定的学习任务，努力培养自己养成良好的思想品质，属于"作为的合法行为"；学生不聚众闹事、不打架斗殴便是属于"不作为的合法行为"。

为了鼓励和引导学生建立合法行为，防止或减少违法行为，使之行为更多地与法律规范和法律原则的要求相一致，国家在运用法律法规确定学生的权利和义务的同时，还规定了与学生的行为相适应的确认、保护、奖励或者否定、撤销、制裁的法律后果。对合法行为可按其对社会公共利益的贡献分为一般的合法行为和受奖励的合法行为。国家教委对优秀学生设立奖学金及择业优先权等奖励制度，对农、林、师范等专业的学生和自愿去偏远贫困艰苦地区工作的毕业生给予专业奖学金和加薪的规定，体现了法律的导向作用。国家通过上述法律手段，促进合法行为的增多和违法行为的减少，从而使法的规定在现实生活中得以实现。学生应当自觉学法、守法，使自己的行为符合法律的规范，符合发展社会公共利益和公序良俗的要求。

### 二、学生的违法行为

学生的违法行为，是指学生作出的违反法律规定的、危害社会和教育秩序的、有过错的行为。违法的基本属性是行为的社会危害性和违法性的统一，即它表现为不履行法定的义务，作出法律禁止的行为，超越法律允许地滥用权利，从而对他人的权利和利益以及统一的法律秩序造成危害。

学生的违法行为依其危害程度可划分为严重违法和一般违法，严重违法指的是触犯刑法，此外则为一般违法。学生的违法行为，依其与教育的关系，可划分为违反教育法律法规、危害教育法律秩序的教育违法和违反宪法及其他法律法规的社会违法。本章所讨论的学生的违法行为，主要是指违反教育法律法规，并对教育法律秩序造成危害的教育违法行为。

学生的教育违法，依其违法性质主要可划分为三类：

第一，刑事违法。属于严重违法，也称犯罪，是指触犯刑事法律依法应受刑罚处罚的行为。

第二，民事违法。属于一般违法，是指违反民事法规依法应追究民事责任的行为。学生的民事违法多数表现为侵害教师、教学管理人员和同学的人身权与财产权的行为。

第三，行政违法。也属于一般违法，是指违反行政管理法规，依法应追究行政责任的行为。

### 三、学生违法的主要表现

**（一）义务教育阶段不入学接受义务教育，承担行政法律责任**

学生在义务教育阶段不入学接受义务教育，需承担行政法律责任。义务教育法规定了我国实施九年制义务教育，规定凡年满六周岁的儿童，不分性别、民族、种族，应当入学接受规定年限的义务教育。凡年满六周岁的儿童，其父母或者其他法定监护人应当送其入学接受并完成义务教育；条件不具备的地区的儿童，可以推迟到七周岁。适龄儿童、少年的父母或者其他法定监护人无正当理由未依照本法规定送适龄儿童、少年入学接受义务教育的，由当地乡镇人民政府或者县级人民政府教育行政部门给予批评教育，责令限期改正。

**（二）在国家教育考试中作弊，承担行政法律责任**

学生在国家教育考试中作弊，承担行政法律责任。教育法第七十九条规定，在国家教育考试中作弊的，由教育行政部门宣布考试无效。《高等教育自学考试暂行条例》第三十七条规定："高等教育自学考试应考者在考试中有夹带、传递、抄袭、换卷、代考等舞弊行为以及其他违反考试规则的行为，省考委视情节轻重，分别给予警告、取消考试成绩、停考一至三年的处罚"。参加国家教育考试的考生有上述违法行为的，已经被录取或取得学籍的，由教育行政部门责令学校退回招收的学员。考生违反国家教育考试制度的上述行为，视为行政违法。

**（三）寻衅滋事、严重破坏学校教育秩序，视情节承担行政、刑事及民事法律责任**

教育法第七十二条规定："结伙斗殴、寻衅滋事、扰乱学校及其他教育机构教育教学秩序或者破坏校舍、场地及其他财产的，由公安机关给予治安管理处罚；构成犯罪的，依法追究刑事责任"。上述违法行为的主体，部分是学生，还包括学生家长。

因故到学校寻衅滋事，学生结伙斗殴，对学校教育教学秩序造成妨碍，干扰了正常的教育教学工作，学校有权要求公安机关执法。凡违反治安管理条例的，属于行政违法，由公安机关依法予以治安管理处罚。情节严重者，触犯了刑法，则由审判机关给予刑罚。其涉及侵犯他人人身权或财产权的，如对教师、同学造成人身伤害，对学校或师生财物造成损坏的，还需承担民事责任。学生的违法行为同时需承担两种以上法律责任的，不能相互抵消。

## 🔍 以案释法 ⑮

### 韩某寻衅滋事，严重扰乱学校的正常教育教学秩序被行政处罚

**【案情介绍】**2011年，失业人员韩某与某中学高三学生姜某发生争执，双方在校门口大打出手，随后被保安制止。韩某被当地公安机关给予治安拘留十天，罚款两百元的行政处罚。在拘留所里，韩某并没有认真悔过，一直想着出去后如何报复姜某和其学校。2011年4月，韩某带着一群社会流氓冲进姜某所在的中学，点名要姜某出来单挑，并大声喧哗，严重扰乱了学校的正常教学秩序。学校保安想将韩某等人赶出学校，但遭到韩某等人的殴打。看到情势失控，保卫科长朱某及时地拨打了当地派出所电话。当地派出所民警赶到该中学后，将韩某等人控制。由于寻衅滋事，严重扰乱学校的正常教学秩序，2011年5月韩某被当地公安机关再次给予治安拘留十天的处罚。

**【以案释法】**教育法第七十二条规定，结伙斗殴，寻衅滋事，扰乱学校及其他教育机构教育教学秩序或者破坏校舍、场地及其他财产的，由公安机关给予治安管理处罚；构成犯罪的，依法追究刑事责任。侵占学校及其他教育机构的校舍、场地及其他财产的，依法承担民事责任。本案例中，韩某寻衅滋事，严重扰乱了学校的正常教育教学秩序，当地公安机关应当依法给予其行政处罚。

### （四）因故或不慎造成同学伤害，承担民事法律责任

学生在学校发生伤害事故在所难免，按事故伤害的严重程度，侵害人需要承担一定的法律责任。如，在学校因故或不慎对同学的伤害，其中一大部分属于相互打闹戏耍或无意之中击伤对方，造成对方的人身侵害。在这种情况下，该生需承担相应的民事法律责任，对被伤害者给予民事赔偿。

### 思考题

1. 学生作为受教育者的权利包括哪些？
2. 学生作为受教育者的义务包括哪些？
3. 学生违规的主要表现包括哪些？

# 第九章 教师的权利和义务

## 本 章 要 点

　　教师法从1986年开始起草，后经过八年酝酿、修改，于1993年10月31日经八届全国人大常委会四次会议通过，1994年1月1日起施行。教师法是我国第一部关于教师的法律。教师法第一次以法律形式明确了教师在我国社会主义现代化建设中的重要地位，对教师的权利、义务、任用、考核、培训和待遇等方面作了全面的规定，是我国教师队伍建设走向规范化、法制化的根本保障。教师法的公布与实施，对于落实教育优先发展的战略地位，维护教师的合法权益，加强教师队伍建设，促进教育事业乃至整个社会经济发展，有着十分重要的意义。

## 第一节　教师的法律身份

### 一、教师法律身份的界定

　　教师既是普通公民，又是从事教育工作的专业人员。在教育法和教师法未颁行前，"教师"是在学校从事教育教学工作人员的总称。我国教师法第三条明确规定，教师是履行教育教学职责的专业人员，承担教书育人，培养社会主义事业建设者和接班人、提高民族素质的使命。教师法赋予了教师明确的法律身份。

　　对教师法律身份的界定，要侧重从以下方面理解：

　　第一，教师是履行承担教书育人职责的专业人员。这里的"专业人员"包括三层涵义：一是教师要达到符合规定的相应学历；二是教师要具备相应专业知识；三是教师要符合与其职业相称的其他有关规定，如语言表达能力、身体健康状态等。

　　第二，教师从教于各级各类学校或者其他教育机构。教师法第二条规定："本法适用于各级各类学校和其他教育机构专门从事教育教学工作的教师。"教师的工作领域包括两个方面：一是各级各类学校，即实施学前教育、普通初等教育、普通中等教育、职业教育、普通高等教育以及特殊教育、成人教育的学校；二是其他教育机构，包括少年官以及地方教研室、电化教育机构等。只有具备了教师资格，与上述教师工作领导的机构建立了聘任关系，才是法律意义上的教师。教师包括公办学校教师，也包含公办学校中由集体支付工资、国家予以补助的民办教师，还包括社会力量举办的学校的教师。

## 二、教师的法律地位

教育法第四条明确规定，全社会应当尊重教师。义务教育法和教师法也作出了全社会应当尊重教师的规定，决定了教师在我国享有受人尊重的社会地位。教师法、教育法和义务教育法亦规定了每年九月十日为教师节，教师的平均工资应不低于或者高于国家公务员的平均水平并逐步提高等，这在法律上确立了教师的政治、经济地位。

# 第二节　教师的权利

教师权利是指教师依照教师法规定所享有的一定权利，它表现为教师有权做出一定的行为或要求他人做出相应的行为，在必要时要求国家机关以强制力保障其权利的实现。

## 一、教师权利的含义

教师在法律上的权利分为两部分，一是教师作为一般公民所享有的权利，二是教师作为教育者的权利。作为普通公民，教师享有宪法所规定的公民的基本权利，如公民的政治权利、宗教信仰和自由、社会经济权利、文化教育权利等。作为专业人员，教师在从事教育教学活动中有其特殊的权利，这是一种职业特定的法律权利。按照教师法第七条的规定，我国教师的基本权利可以概括为：教育教学权、进行科学研究与学术活动权、学生管理与学业评定权、获得劳动报酬和享受福利待遇权、参与民主管理权、参加进修和培训权等。义务教育法第二十八条规定，教师享有法律规定的权利，履行法律规定的义务，应当为人师表，忠诚于人民的教育事业。全社会应当尊重教师。

## 二、教师权利的具体内容

### （一）教育教学权

教师教育权特指教师在教育教学活动及其他相关活动中所享有的自主性权利，是教师职业特定的权利。我国教师法第七条第一款规定，进行教育教学活动，开展教育教学改革和实验，这是教师的最基本权利。具体包括：教师可以依据其所在学校的培养目标组织课堂教学；按照课程计划、课程标准的要求确定其教学内容和进度，并不断完善教学内容；针对不同的教育、教学对象，在教育、教学的形式、方法、具体内容等方面进行自主改革、实验和完善。

非依法律规定，任何组织或个人均不得剥夺在聘教师的这项法定权利。

（二）科研学术活动权

教师法规定教师享有从事科学研究、学术交流，参加专业的学术团体，在学术活动中发表意见的权利。这是教师作为专业技术人员所享有的一项基本权利。教师在完成规定的教育、教学任务的前提下，有权进行科学研究、技术开发、技术咨询、撰写学术论文或者著书立说，依法成立或参加学术团体、发表自己的观点等权利。

教师的科研学术活动权具体包括：教师可以自己确定科研课题和科研方法；教师有权自己决定是否参加学术团体；教师在学术活动中有权发表自己的观点，并决定是否出版论文著作；教师的科研学术活动应围绕提高学校的教育教学质量进行。

## 🔍 以案释法 ⑯

### 教师有从事科学研究、学术交流，参加专业学术团体的权利

【案情介绍】某重点学校化学老师赵某坐在出租车上，耳边还响着校长的话，"不好好安心本职工作，参加什么化学研讨会！"赵某是一名中学的化学教师，他对化学几乎达到痴迷程度，以居里夫人为自己的偶像。因为他曾经在某刊物上发表过几篇有关化工运用方面的文章，这次市里召开化学研讨会他也在受邀之列。于是赵老师向学校请假参加这个研讨会，但是校长认为参加这个研讨会对于学校教学没有什么用，就没有批准。无奈之下，赵某只好偷偷从学校溜出来参加会议。上午10点，校长路过初二（一）班，发现没老师给学生上课，于是走进教室问同学："这一节该上什么课？老师呢？"学生说："该上化学课，可赵老师没有来。"由于赵某的事假未被批准，他在没有和其他教师调课的情况下离开学校，致使初二（一）班和初三（一）班两个班的化学课没人上。第二天，赵某回到学校上班，学校通知他，因为昨天没有按时给学生上课，按照本校的有关规定，以旷职论处，扣发其当日的工资和本月全勤奖，并在全校职工大会上提出批评。赵某对学校作出的处理决定不服，向学校的主管部门提出申诉，要求返还扣发的工资和奖金，在全校职工大会上取消对其所作的批评。其申诉的理由是教师法第七条第二项规定"教师享有从事科学研究、学术交流、参加专业的学术团体、

我参加了科技小组。

在学术活动中充分发表意见"的权利，而自己申请参加研讨会校长未批准。教育行政部门经调查，赵某所述情况基本属实，认为校长没有批准赵某参加研讨会是错误的，但教师既享有法律赋予的权利，也应当履行法律规定的义务。教育行政部门对赵某没有调课就离开学校的行为进行了批评教育，减轻了学校对他的其他处分。

【以案释法】参加学术研讨会是教师的一项正当的权利，是受教师法保护的。学校校长没有批准赵某参加该市化学研讨会，剥夺了赵某的权利，是错误的；但赵某没有调课就离开了学校，是对孩子们受教育权利的剥夺，也是错误的。因此，本案例中，学校校长和赵某的行为都是应当受到批评的。

### （三）管理学生权与学业评定权

管理学生权与学业评定权是教师履行自己职责的主要权利。教师法规定，教师有权指导学生的学习和发展，评定学生的品行和学生成绩。这是与教师在教育过程中的主导地位相适应的基本权利。

教师有权根据学生的身心发展状况和特点，有针对性地指导学生的学习，并在学生的特长、就业、升学方面给予指导。教师有权对学生的品德学习、社会活动、劳动文体活动、师生及同学关系等方面的表现做出公正的评价。教师有权利严格要求学生，对好的行为进行表扬，对不良行为提出批评，并根据学生的个性指导学生的发展方向。当然，教师在行驶此项权利时要做到客观、公正、不偏不倚，维护学生的合法权益。

### （四）报酬待遇权

教师法规定教师享有按时获取工资报酬，享受国家规定的福利待遇以及寒暑假的带薪休息的权利，这是教师的基本物质保障权利，也是宪法规定的公民享有的劳动权利和劳动者有休息的权利的具体化。

教师报酬待遇权包括：教师有权要求所在学校及主管部门根据教育法律、教师聘用合同的规定，按时足额支付工资报酬；教师有权享受国家规定的医疗、退休等各种福利待遇和优惠，以及寒暑假期的带薪休假等权利。

## 🔍 以案释法 ⑰

## 学校不得扣留教师工资挪作他用

【案情介绍】某市精华中学，校舍年久失修。由于资金短缺，校舍翻修的事情一直未能提上议事日程。于是校长作了一个决定，暂扣全体教师从7月份到9月份的全部工资款额共计4.32万元，并打算将这笔钱作为校舍翻修之用。全体教师对学校的行为极为不满，联名向市教育局提出了申诉，要求学校马上退还扣留的全部教师工资。县教育行政部门经深入调查，查明该校拖欠教师3个月工资的情况属实。县教育行政部门责令该校及其责任人限期归还扣留的教师工资，修建校舍的经费由该校另行解决。

【以案释法】本案例中，精华中学拖欠教师工资，违反教育法和教师法的有关规定，侵害了教师的合法权益。这种行为不仅侵害了教师获取劳动报酬的基本权利，影响教师及其家庭的生计，而且严重影响了教师队伍的稳定和教育教学工作的正常进行，不利于教育事业的健康发展。因此，县教育局责令该校责任人在期限内归还教师的工资。

## （五）民主管理权

教师的民主管理权是指教师享有对学校教育教学管理工作和教育行政部门的工作提出意见和建议，通过职工代表大会或者其他形式参与学校民主管理的权利。教师参与教育民主管理的权利，是宪法赋予公民的民主权利在教育领域的具体适用。

教师行使民主管理权主要体现在：

第一，教师享有对学校及其他教育行政部门工作的批评和建议权，这是将宪法规定的"公民对任何国家机关和国家工作人员有提出批评和建议的权利"的具体表现。

第二，教师有权通过教职工代表大会、工会等组织形式以及其他适当方式，参加学校的民主管理，讨论学校发展、改革等方面的重大事项，即重大事项决策权。学校领导在教师参与民主管理的过程中要充分尊重和相信教师，不要干预教师行使民主管理权。

## （六）进修和培训权

教师法第七条第六款规定，教师享有参加进修或者其他方式培训的权利。第十九条规定，各级人民政府教育行政部门、学校主管部门和学校应当制定教师培训规划，对教师进行多种形式的思想政治、业务培训。教育规划纲要也提出要完善教师培训制度，将教师培训经费列入政府预算，对教师实行每五年一周期的全员培训。加大民族地区双语教师培养培训力度。加强校长培训，重视辅导员和班主任培训。加强教师教育，构建以师范院校为主体、综合大学参与的开放灵活的教师教育体系。深化教师教育改革，创新培养模式，增强实践环节，强化师德修养和教学能力训练，提高教师培养质量。

教师的进修培训权是指为提高教师思想政治和业务素质等而进行的一种继续教育。进修培训权是法律为了保障教师接受这种继续教育，赋予教师的一项基本权利。

我的进修申请学校领导批准了。

教师的这一权利同时也是政府和学校的义务。

对教师进行培训，一方面是给予教师的权利，另一方面也是基于教育专业化程度的提高和教育改革的需要。

《中小学教师继续教育规定》第八条规定，中小学教师继续教育要以提高教师实施素质教育的能力和水平为重点。中小学教师继续教育的内容主要包括：思想政治教育和师德修养；专业知识及更新与扩展；现代教育理论与实践；教育科学研究；教育教学技能训练和现代教育技术；现代科技与人文社会科学知识等。新任教师培训，培训时间应不少于120学时。教师岗位培训，培训时间每五年累计不少于240学时。对有培养前途的中青年教师按教育教学骨干的要求和对现有骨干教师按更高标准进行培训。

完善培养培训体系，做好培养培训规划，优化队伍结构，提高教师专业水平和教学能力。通过研修培训、学术交流、项目资助等方式，培养教育教学骨干、"双师型"教师、学术带头人和校长，造就一批教学名师和学科领军人才。

### 三、教师权利保护

教师法第九条规定，为保障教师完成教育教学任务，各级人民政府、教育行政部门、有关部门、学校和其他教育机构应当履行下列职责：提供符合国家安全标准的教育教学设施和设备；提供必需的图书、资料及其他教育教学用品；对教师在教育教学、科学研究中的创造性工作给以鼓励和帮助；支持教师制止有害于学生的行为或者其他侵犯学生合法权益的行为。

侮辱、殴打教师的，根据不同情况，分别给予行政处分或者行政处罚；造成损害的，责令赔偿损失；情节严重，构成犯罪的，依法追究刑事责任。对依法提出申诉、控告、检举的教师进行打击报复的，由其所在单位或者上级机关责令改正；情节严重的，可以根据具体情况给予行政处分。国家工作人员对教师打击报复构成犯罪的，依照刑法有关规定追究刑事责任。

## 第三节　教师的义务

教师在享受权利的同时应当承担相应的义务。

### 一、教师义务的含义

教师义务是指法律规定的对教师在教育教学活动中必须作出一定行为或不得作出一定行为。教师的义务是依据我国教师相关法律法规产生的，并由国家强制力保障其履行。

## 二、教师义务的具体内容

教师的义务具体指教师法、教育法及其他相关法律法规规定的教师应履行的义务。

教育法第三十三条规定，教师享有法律规定的权利，履行法律规定的义务，忠诚于人民的教育事业。"忠诚于人民的教育事业"是国家对教师义务作出的总领性要求。我国教师法第八条对教师义务作出了六项具体的规定：

第一，遵守宪法、法律和职业道德，为人师表。教师作为国家公民，必须遵守宪法和法律。其不仅应履行自我的守法义务，而且在教育教学中应以身作则，成为学生的表率。《中小学教师职业道德规范》规定，中小学教师应当爱国守法、爱岗敬业、关爱学生、教书育人、为人师表、终身学习。这些规定是对教师职业的道德要求，也是教师的行为规范。

第二，贯彻国家的教育方针，遵守规章制度，执行学校的教学计划，履行教师聘约，完成教育教学工作任务。根据教育法规定，我国的教育方针是：教育必须为社会主义现代化建设服务，必须与生产劳动相结合，培养德、智、体、美等方面全面发展的社会主义事业的建设者和接班人。教师的此项义务包括三个方面的内容：一是教师要全面贯彻"教育必须为社会主义现代化建设服务，必须与生产劳动相结合，培养德、智、体、美等方面全面发展的社会主义事业的建设者和接班人"的教育方针；二是教师要遵守学校和其他教育管理部门的各项规章制度，执行具体的教学工作计划；三是教师应依法履行教师聘约中约定的教育职责和教学任务。

第三，对学生进行宪法所确定的基本原则的教育和爱国主义、民族团结的教育，法制教育以及思想品德、文化、科学技术教育，组织、带领学生开展有益的社会活动。我国教育法第六条规定，国家在受教育者中进行爱国主义、集体主义、社会主义的教育，进行理想、道德、纪律、法治、国防和民族团结的教育。教师应坚持德育为先，立德树人，把社会主义核心价值体系融入国民教育全过程。加强马克思主义中国化最新成果教育，引导学生形成正确的世界观、人生观、价值观；加强理想信念教育和道德教育，坚定学生对中国共产党领导、社会主义制度的信念和信心；加强以爱国主义为核心的民族精神和以改革创新为核心的时代精神教育；加强社会主义荣辱观教育，培养学生团结互助、诚实守信、遵纪守法、艰苦奋斗的良好品质；加强公民意识教育，树立社会主义民主法治、自由平等、公平正义理念，培养社会主义合格公民；加强中华民族优秀文化传统教育和革命传统教育，把德育渗透于教育教学的各个环节，贯穿于学校教育、家庭教育和社会教育的各个方面，切实加强和改进未成年人思想道德建设和大学生思想政治教育工作，构建大中小学有效衔接的德育体系，创新德育形式，丰富德育内容，不断提高德育工作的吸引力和感染力，增强德育工作的针对性和实效性。

第四，关心、爱护全体学生，尊重学生人格，促进学生在品德、智力、体质等方面全面发展。义务教育法第二十九条明确规定，教师在教育教学中应当平等对待学生，关注学生的个体差异，因材施教，促进学生的充分发展。教师应当尊重学生的人格，不得歧视学生，不得对学生实施体罚、变相体罚或者其他侮辱人格尊严的行为，不得侵犯学生合法权益。教育规划纲要也规定，教师要关爱学生，严谨笃学，淡泊名利，自尊自律，以人格魅力和学识魅力教育感染学生，做学生健康成长的指导者和引路人。教师的教育教学工作应适应学生的身心发展的规律和特点，促进学生在品德、智力、体质等方面全面发展。教师应尊重学生受教育的权利，关心、爱护学生，对品行有缺点、学习有困难的学生，应当耐心教育、帮助，不得歧视。

第五，制止有害于学生的行为或者其他侵犯学生合法权益的行为，批评和抵制有害于学生健康成长的现象。这项义务包括：首先，教师有义务对在教育教学范围内侵害学生权益的事件进行制止，维护学生的合法权益不受侵犯；其次，教师有义务对有害于学生健康成长的社会环境和社会现象进行批评和抵制，保护学生的身心健康。

第六，不断提高思想政治觉悟和教育教学业务水平。这项义务既是教师的义务，也是教师的权利，即"进修和培训"，构成权利与义务的统一。教师水平修养的加强主要包括政治思想觉悟水平的不断提高和专业知识水平的不断提升。教师不履行教师义务，故意不完成教育教学任务，给教育教学工作造成损失的；体罚学生，经教育不改的；品行不良、侮辱学生，影响恶劣的，应承担相应的法律责任。

## 🔍 以案释法 ⑱

## 过火的体罚

【案情介绍】2003年10月23日下午，大旺县某乡镇中学高二年级正在举行英语竞赛，马某是监考老师。临开考，马某强调考场纪律时，考生董某正拿着手机玩游戏。马某随即把董某叫上讲台，把董某的手机没收，董某很羞愧地低下了头，小声嘟囔了一句。马某大为光火，觉得自己教师的威严受到了挑衅，抬手便在董某的左右脸部大扇耳光。第二天，马某又带董某来到其办公室，继续体罚。事后，董某感觉特别不舒服，被家长带到大旺县医院检查。医院鉴定为左耳鼓膜外伤性穿孔。董某住院十五天才逐渐康复。2004年8月17日，大旺县法院一审以马某犯故意伤害罪判处有期徒刑一年零六个月，缓刑两年；由马某及其所在学校赔偿董某治疗费用共39152.19元。

【**以案释法**】教师法第三十七条规定，教师有下列情形之一的，由所在学校、其他教育机构或者教育行政部门给予行政处分或者解聘：第一，故意不完成教育教学任务，给教育教学工作造成损失的；第二，体罚学生，经教育不改的；第三，品行不良、侮辱学生，影响恶劣的。教师有前款第二、三项所列情形之一，情节严重，构成犯罪的，依法追究刑事责任。在教育教学中，教师要面向全体学生，对全体学生负责。特别是对于有缺点、错误的学生，要深入了解情况，具体分析原因并要善于发现、培养和调动这些学生身上的积极因素，肯定他们的微小进步，尊重他们的自尊心，即使是对于极个别屡教不改、错误性质严重、需要给予纪律处分的学生，也要进行耐心细致的说服教育工作，以理服人，不能采用简单粗暴的办法或压服的办法，更不得体罚和变相体罚学生。本案中，教师马某因学生董某没有遵守考试纪律，多次对董某进行体罚，并且造成轻伤，是一种明显的故意伤害行为，应承担法律责任。对于学生董某受到的伤害应该给予赔偿，这是毫无疑问的事情。但是这应由教师马某承担责任，还是由学校承担责任呢？根据我国现有的法律规定，这属于特殊的侵权责任，学校和教师应共同承担对于学生董某的赔偿责任。

**思考题**

1. 如何界定教师的法律身份？

2. 教师的基本权利有哪些？

3. 教师的基本义务有哪些？

# 第十章　教师管理制度

**本　章　要　点**

　　教育规划纲要明确要求健全教师管理制度，并提出了一系列教师管理制度的要求。我国教师法以法律的形式确定了教师资格制度、教师职务制度、教师聘任制度等，构成了我国教师管理制度的核心。我国教师管理工作正在不断地规范化、制度化、科学化。

## 第一节　教师资格制度

### 一、教师资格制度的含义

　　教师法第十条第一款规定，国家实行教师资格制度。教师资格制度是国家对我国公民从事教师工作的职业许可制度。《教师资格条例》第二条规定，中国公民在各级各类学校和其他教育机构中专门从事教育教学工作，应当依法取得教师资格。《中华人民共和国教师法》《教师资格条例》《〈教师资格条例〉实施办法》对教师资格的分类与适用、教师资格条件、教师资格考试、教师资格的认定、教师资格的丧失等做了具体的规定，构成了我国教师资格制度的基本框架。

### 二、教师资格分类与适用

#### （一）教师资格的分类

　　《教师资格条例》第四条规定，教师资格分为：幼儿园教师资格；小学教师资格；初级中学教师和初级职业学校文化课、专业课教师资格；高级中学教师资格；中等专业学校、技工学校、职业高级中学文化课、专业课教师资格；中等专业学校、技工学校、职业高级中学实习指导教师资格；高等学校教师资格。

#### （二）教师资格的适用

　　《教师资格条例》第五条规定，取得教师资格的公民，可以在本级及其以下等级的各类学校和其他教育机构担任教师；但是，取得中等职业学校实习指导教师资格的公民只能在中等专业学校、技工学校、职业高级中学或者初级职业学校担任实习指导教师。高级中学教师资格与中等职业学校教师资格相互通用。

### 三、教师的资格条件

教师法第十条第二款规定，中国公民凡遵守宪法和法律，热爱教育事业，具有良好的思想品德，具备本法规定的学历或者经国家教师资格考试合格，有教育教学能力，经认定合格的，可以取得教师资格。根据此规定，取得教师资格，具体需具备以下条件：

#### （一）申请条件

申请认定教师资格的人员应是未达到国家法定退休年龄的中国公民。

#### （二）法律条件

遵守宪法和法律，热爱教育事业，履行教师法规定的义务，遵守教师职业道德。

#### （三）学历条件

教师法第十一条规定，取得教师资格应当具备的相应学历是：取得幼儿园教师资格，应当具备幼儿师范学校毕业及其以上学历；取得小学教师资格，应当具备中等师范学校毕业及其以上学历；取得初级中学教师，初级职业学校文化、专业课教师资格，应当具备高等师范专科学校或者其他大学专科毕业及其以上学历；取得高级中学教师资格和中等专业学校、技工学校、职业高中文化课、专业课教师资格，应当具备高等师范院校本科或者其他大学本科毕业及其以上学历；取得中等专业学校、技工学校和职业高中学生实习指导教师资格应当具备的学历，由国务院教育行政部门规定；取得高等学校教师资格，应当具备研究生或者大学本科毕业学历；取得成人教育教师资格，应当按照成人教育的层次、类别，分别具备高等、中等学校毕业及其以上学历。

不具备本法规定的教师资格学历的公民，申请获取教师资格，必须通过国家教师资格考试。国家教师资格考试制度由国务院规定。

《教师资格条例》第七条做了补充规定，取得中等职业学校实习指导教师资格，应当具备国务院教育行政部门规定的学历，并应当具有相当助理工程师以上专业技术职务或者中级以上工人技术等级。《教师资格条例》第八条对不具备教师资格学历的公民做了例外规定，即不具备教师法规定的教师资格学历的公民，申请获得教师资格，应当通过国家举办的或者认可的教师资格考试。

## 取得初中教师资格必须具备相应的学历要求

【案情介绍】2008年，黄丽从某中等师范学校毕业，应聘到某小学当了语文老师。该小学虽然名义上是小学，但有独立的初中教学部。由于黄丽教学业绩突出，学校又缺乏初中语文老师，校长决定让黄丽去当初中语文老师。2010年9月，黄丽开始为初中生上课，学生普遍反映较满意。

【以案释法】依据我国教师法规定，国家实行教师资格制度。取得教师资格应当具备的相应学历是：取得幼儿园教师资格，应当具备幼儿师范学校毕业及其以上学历；取得小学教师资格，应当具备中等师范学校毕业及其以上学历；取得初级中学教师、初级职业学校文化、专业课教师资格，应当具备高等师范专科学校或者其他大学专科毕业及其以上学历；取得高级中学教师资格和中等专业学校、技工学校、职业高中文化课、专业课教师资格应当具备高等师范院校本科或者其他大学本科毕业及其以上学历，取得中等专业学校、技工学校和职业高中学生实习指导教师资格应当具备的学历并由国务院教育行政部门规定；取得高等学校教师资格，应当具备研究生或者大学本科毕业学历。黄丽只有中专学历，可以取得小学教师资格。但是，取得初级中学教师资格，需要具备高等师范专科学校或者其他大学专科毕业及其以上学历，黄丽的学历不符合要求，不能当初中教师。

（四）教育教学能力

《〈教师资格条例〉实施办法》第八条规定，申请认定教师资格者的教育教学能力应当符合：

第一，具备承担教育教学工作所必须的基本素质和能力。具体测试办法和标准由省级教育行政部门制定。

第二，普通话水平应当达到国家语言文字工作委员会颁布的《普通话水平测试等级标准》二级乙等以上标准。少数方言复杂地区的普通话水平应当达到三级甲等以上标准；使用汉语和当地民族语言教学的少数民族自治地区的普通话水平，由省级人民政府教育行政部门规定标准。

第三，具有良好的身体素质和心理素质，无传染性疾病，无精神病史，适应教育教学工作的需要，在教师资格认定机构指定的县级以上医院体检合格。

另外，"有教育教学能力"应当包括符合国家规定的从事教育教学工作的身体条件。

## 四、教师资格考试

《教师资格条例》第八条规定，不具备教师法规定的教师资格学历的公民，申请获得教师资格，应当通过国家举办的或者认可的教师资格考试。

《教师资格条例》第九条规定，教师资格考试科目、标准和考试大纲由国务院教育行政部门审定。教师资格考试试卷的编制、考务工作和考试成绩证明的发放，属于幼儿园、小学、初级中学、高级中学、中等职业学校教师资格考试和中等职业学校实习指导教师资格考试的，由县级以上人民政府教育行政部门组织实施；属于高等学校教师资格考试的，由国务院教育行政部门或者省、自治区、直辖市人民政府教育行政部门委托的高等学校组织实施。

《教师资格条例》第十条规定，幼儿园、小学、初级中学、高级中学、中等职业学校的教师资格考试和中等职业学校实习指导教师资格考试，每年进行一次。参加前款所列教师资格考试，考试科目全部及格的，发给教师资格考试合格证明；当年考试不及格的科目，可以在下一年度补考；经补考仍有一门或者一门以上科目不及格的，应当重新参加全部考试科目的考试。

《教师资格条例》第十一条规定，高等学校教师资格考试根据需要举行。申请参加高等学校教师资格考试的，应当学有专长，并有两名相关专业的教授或者副教授推荐。

## 五、教师资格的认定

### （一）教师资格认定机构

根据教师法第十三条和《教师资格条例》第十三条的规定，教师资格的认定标准为：

第一，中小学教师资格由县级以上地方人民政府教育行政部门认定。

第二，中等专业学校、技工学校的教师资格由县级以上地方人民政府教育行政部门组织有关主管部门认定。

第三，普通高等学校的教师资格由国务院或者省、自治区、直辖市教育行政部门或者由其委托的学校认定。具备本法规定的学历或者经国家教师资格考试合格的公民，要求有关部门认定其教师资格的，有关部门应当依照本法规定的条件予以认定。取得教师资格的人员首次任教时，应当有试用期。

第四，幼儿园、小学和初级中学教师资格，由申请人户籍所在地或者申请人任教学校所在地的县级人民政府教育行政部门认定。高级中学教师资格，由申请人户籍所在地或者申请人任教学校所在地的县级人民政府教育行政部门审查后，报上一级教育行政部门认定。

第五，中等职业学校教师资格和中等职业学校实习指导教师资格，由申请人户籍所在地或者申请人任教学校所在地的县级人民政府教育行政部门审查后，报上一级教育行政部门认定或者组织有关部门认定。

第六，受国务院教育行政部门或者省、自治区、直辖市人民政府教育行政部门委托的高等学校，负责认定在本校任职的人员和拟聘人员的高等学校教师资格。

第七，在未受国务院教育行政部门或者省、自治区、直辖市人民政府教育行政部门委托的高等学校任职的人员和拟聘人员的高等学校教师资格，按照学校行政隶属关系，由国务院教育行政部门认定或者由学校所在地的省、自治区、直辖市人民政府教育行政部门认定。

### （二）教师资格认定的程序

#### 1. 申请

《教师资格条例》规定，认定教师资格，应当由本人提出申请。教育行政部门和受委托的高等学校每年春季、秋季各受理一次教师资格认定申请。具体受理期限由教育行政部门或者受委托的高等学校规定，并以适当形式公布。申请人应当在规定的受理期限内提出申请。申请认定教师资格者应当在规定时间向教师资格认定机构或者依法接受委托的高等学校提交下列基本材料：由本人填写的《教师资格认定申请表》一式两份；身份证原件和复印件；学历证书原件和复印件；由教师资格认定机构指定的县级以上医院出具的体格检查合格证明；普通话水平测试等级证书原件和复印件；思想品德情况的鉴定或者证明材料。

#### 2. 审查

教师资格认定机构或者受委托的高等学校在接到公民的教师资格认定申请后，应当对申请人的条件进行审查。教师资格认定机构或者依法接受委托的高等学校应当组织成立教师资格专家审查委员会。教师资格专家审查委员会根据需要成立若干小组，按照省级教育行政部门制定的测试办法和标准组织面试、试讲，对申请人的教育教学能力进行考察，提出审查意见，报教师资格认定机构或者依法接受委托的高等学校。

#### 3. 认定并颁发证书

《〈教师资格条例〉实施办法》第二十条规定，教师资格认定机构根据教师资格专家审查委员会的审查意见，在受理申请期限终止之日起三十个法定工作日内作出是否认定教师资格的结论，并将认定结果通知申请人。符合法定的认定条件者，颁发相应的《教师资格证书》。

教师资格证书由国务院教育行政部门统一印制。《教师资格证书》和《教师资格认定申请表》由教师资格认定机构按国家规定统一编号，加盖相应的政府教育行政部门公章、钢印后生效。教师资格证书在全国范围内适用。

## 六、教师资格的丧失

教师法第十四条规定，受到剥夺政治权利或者故意犯罪受到有期徒刑以上刑事处罚的，不能取得教师资格；已经取得教师资格的，丧失教师资格。丧失教师资格者，由其工作单位或者户籍所在地相应的县级以上人民政府教育行政部门按教师资格认定权限会同原发证机关办理注销手续，收缴证书，归档备案。丧失教师资格者不得重新申请认定教师资格。

《教师资格条例》第十九条还规定，有下列情形之一的，由县级以上人民政府教育行政部门撤销其教师资格：弄虚作假、骗取教师资格的；品行不良、侮辱学生，影响恶劣的。被撤销教师资格的，自撤销之日起五年内不得重新申请认定教师资格，其教师资格证书由县级以上人民政府教育行政部门收缴。

# 第二节　教师职务制度

## 一、教师职务制度的含义

教师职务制度是关于教师任用的制度。教师法第十六条规定，国家实行教师职务制度，具体办法由国务院规定。我国的《高等学校教师职务试行条例》《中等专业学校教师职务试行条例》《中学教师职务试行条例》《小学教师职务试行条例》《技工学校教师职务试行条例》对教师职务的设置、职责、评审等做了明确的规定。

## 二、教师职务的设置

义务教育法第三十条第二款规定，国家建立统一的义务教育教师职务制度。教师职务分为初级职务、中级职务和高级职务。我国目前的教师职务主要包括高等学校、中等专业学校、中学、小学、技工学校等。

高等学校教师职务是根据学校所承担的教学、科学研究等任务设置的工作岗位。教师职务设助教、讲师、副教授、教授四级职务。

中等专业学校教师职务是根据学校所承担的教学等任务设置的工作岗位。教师职务设教员、助理讲师、讲师、高级讲师。高级讲师为高级职务，讲师为中级职务，助理讲师和教员为初级职务。

中学教师职务是根据学校的教育教学工作需要设置的工作岗位。中学教师职务设：中学高级教师、中学一级教师、中学二级教师、中学三级教师。各级教师职务应有定额。中学高级教师为高级职务，中学一级教师为中级职务，中学二级教师和中学三级教师为初级职务。

小学教师职务是根据学校的教育教学工作需要设置的工作岗位。小学教师职务设：小学高级教师、小学一级教师、小学二级教师、小学三级教师。各级教师职务应有定额。小学高级教师为高级职务，小学一级教师为中级职务，小学二级教师和小学三级教师为初级职务。

技工学校文化、技术理论课教师职务设置高级讲师、讲师、助理讲师、教员。

技工学校生产实习课教师职务设置高级实习指导教师、一级实习指导教师、二级实习指导教师、三级实习指导教师。

### 三、教师职务的职责

#### （一）高等学校教师职务职责

根据《高等学校教师职务试行条例》的规定，高等学校教师职务职责是：

1. 助教的职责

（1）承担课程的辅导、答疑、批改作业、辅导课、实验课、实习课、组织课堂讨论等教学工作（公共外语、体育、制图等课程的教师还应讲课），经批准，担任某些课程的部分或全部讲课工作，协助指导毕业论文、毕业设计；（2）参加实验室建设，参加组织和指导生产实习、社会调查等方面的工作；（3）担任学生的思想政治工作或教学、科学研究等方面的管理工作；（4）参加教学法研究或科学研究、技术开发、社会服务及其他科学技术工作。

2. 讲师的职责

（1）系统地担任一门或一门以上课程的讲授工作，组织课堂讨论，指导实习、社会调查，指导毕业论文、毕业设计；（2）担任实验室的建设工作，组织和指导实验教学工作，编写实验课教材及实验指导书；（3）参加科学研究、技术开发、社会服务及其他科学技术工作，参加教学法研究，参加编写、审议教材和教学参考书；（4）根据工作需要协助教授、副教授指导研究生、进修教师等；（5）担任学生的思想政治工作或教学、科学研究等方面的管理工作；（6）根据工作需要，担任辅导、答疑、批改作业、辅导课、实验课、实习课和指导学生进行科学技术工作等教学工作。

3. 副教授的职责

（1）担任一门主干基础课或者两门或两门以上课程的讲授工作（其中一门应为基础课，包括专业基础课或技术基础课），组织课堂讨论，指导实习、社会调查，指导毕业论文、毕业设计；（2）掌握本学科范围内的学术发展动态，参加学术活动并提出学术报告，参加科学研究、技术开发、社会服务及其他科学技术工作，根据需要，担任科学研究课题负责人，负责或参加审阅学术论文；（3）主持或参加编写、审议新教材和教学参考书，主持或参加教学法研究；（4）指导实验室的建设、设计，革新实验手段或充实新的实验内容；（5）根据需要，指导硕士研究生，协助教授指导博士研究生，指导进修教师；（6）担任学生的思想政治工作或教学、科学研究等方面的管理工作；（7）根据工作需要，担任辅导、答疑、批改作业、辅导课、实验课、实习课和指导学生进行科学技术工作等教学工作。

4. 教授的职责

除担任副教授职责范围内的工作外，应承担比副教授职责要求更高的工作。领导本学科教学、科学研究工作，根据需要并通过评审确认后指导博士研究生。

（二）中等专业学校教师职务职责

1.教员的职责

（1）在指导教师指导下担任课程部分内容的讲授，或辅导实验、实习、课程设计及学生基本技能的训练；（2）参加实验室建设、生产实践和社会调查等工作；（3）承担班主任或辅导员工作。

2.助理讲师的职责

（1）担任课程的讲授及其他教学工作，指导实验、实习、课程设计、毕业设计及学生基本技能的训练；（2）参加实验室建设、生产实践、社会调查、教学研究等工作；（3）承担班主任或辅导员工作。

3.讲师的职责

（1）担任课程的讲授及其他教学工作，组织与指导实验、实习、社会调查、课程设计、毕业设计，主持毕业设计、论文答辩；（2）参加编写教材、教学参考书及其他教学文件，了解本学科的国内外学术、技术发展动态，参加科学研究、技术开发、社会咨询及教学研究；（3）主持实验室建设工作；（4）指导教员、助理讲师提高业务水平；（5）承担教学管理工作、班主任或辅导员工作。

4.高级讲师的职责

（1）担任课程的讲授及其他教学工作，组织与指导各个教学环节的教学工作；（2）主持或参加编写、审议教材、教学参考书及其他教学文件，主持教学研究；（3）指导和主持实验室建设，设计、革新实验手段或开设新的实验；（4）掌握本学科的国内外学术、技术发展动态，主持或参加科学研究、技术开发、社会咨询及其他科学技术工作；（5）担任培养教师的工作；（6）承担教学管理工作、学生思想政治工作。

（三）中学教师职责

1.中学三级教师职责

（1）承担初中一门学科的教学任务，备课，讲课，辅导，批改作业，考核学生成绩；（2）在高级教师或一级教师的指导下，在课内外对学生进行思想品德教育，担任初中班主任；（3）参加教学研究活动。

2.中学二级教师职责

（1）承担高中或初中一门学科的教学任务，备课，讲课，辅导，批改作业，考核学生成绩；（2）在课内外对学生进行思想品德教育，担任班主任或组织、辅导学生课外活动；（3）参加教学研究工作。

3.中学一级教师职责

（1）承担高中或初中一门学科的教学任务，备课，讲课，辅导，批改作业，考核学生成绩；（2）在课内外对学生进行思想品德教育，担任班主任或组织、辅导学生课外活动；（3）承担和组织教育教学研究工作；（4）指导二、三级教师的教育教学工作，或承担培养新教师的任务。

4.中学高级教师职责

（1）承担学校安排的教育教学任务，指导教育教学研究工作；（2）承担教育科学研究任务；（3）指导一、二、三级教师的教育教学工作，或承担培养教师的任务。

**（四）小学教师职务职责**

1.小学三级教师职责

（1）在高级教师或一级教师指导下，承担学校安排的教学任务，备课，讲课，辅导，批改作业，考核学生成绩；（2）在高级教师或一级教师的指导下，在课内外对学生进行思想品德教育，担任班主任、少先队辅导员；（3）参加教学研究活动。

2.小学二级教师职责

（1）承担学校安排的教学任务，备课，讲课，批改作业，考核学生成绩；（2）在课内外对学生进行思想品德教育，担任班主任、少先队辅导员，或组织、辅导学生课外活动；（3）参加教学研究工作。

3.小学一级教师职责

（1）承担学校安排的教学任务，备课，讲课，辅导，批改作业，考核学生成绩；（2）在课内外对学生进行思想品德教育，担任班主任、少先队辅导员，或组织、辅导学生课外活动；（3）承担或组织年级的教育教学研究工作。

4.小学高级教师职责

（1）承担学校安排的教学任务，备课，讲课，辅导，批改作业，考核学生成绩；（2）在课内外对学生进行思想品德教育，担任班主任、少先队辅导员，或组织、辅导学生课外活动；（3）指导教育教学研究工作，或承担培养教师的任务。

**（五）技工学校教师职务职责**

1.文化、技术理论课教师的工作职责

（1）教员。在高级讲师、讲师的指导下，按照教学计划、大纲的要求，编写一门课程中部分章节的教案和讲义，并承担一定的讲授任务和批改作业、辅导课、实验课、组织课堂讨论等教学工作。

（2）助理讲师。按照教学计划、大纲的要求独立编写一门课程的教案和讲义，完成一门课程的教学工作和实验室的教学指导工作；担任学生的政治思想工作或教学实习、社会调查等方面的管理工作。

（3）讲师。担任一门或一门以上课程的教学工作和指导实验室的工作，并撰写本专业具有一定水平的教学研究论文，参加编写教材和培训教师的工作。担任学生的政治思想工作或教学实习、社会调查等方面的管理工作。承担用一种外国语翻译本专业一般资料的任务。

（4）高级讲师。熟练地担任两门或两门以上课程的教学工作和组织实验室及生产实习教学工作，负责指导本专业的教学研究、撰写学术或技术论文，主持编写质量较高的教材和教师的培训提高工作；担任学生的政治思想工作或教学实习、社会调查等方面的组织管理工作；较熟练地承担用一种外国语翻译本专业书籍、资料的任务。

2.生产实习课指导教师的工作职责

（1）三级实习指导教师。在高级实习指导教师、一级实习指导教师的具体指导下，编写本工种（专业）生产实习课的部分教案和讲义，并承担生产实习课部分课程的实际操作技能（包括工具、设备的正确使用和维护保养）的示范、辅导工作。

（2）二级实习指导教师。按照生产实习教学计划、大纲的要求，编写本工种（专业）生产实习课的教案、讲义，完成生产实习课教学工作；承担学生职业道德、文明生产、安全生产的教育工作和生产实习课教学的组织管理工作。

（3）一级实习指导教师。熟练地担任生产实习课的教学工作和对工具、设备的正确使用及保养维修；讲授本工种（专业）的工艺学理论课，参加编写教材和承担一定的生产实习教学研究、技术革新任务以及指导三级实习指导教师技术理论知识和教学业务能力的提高；承担学生职业道德、文明生产、安全生产的教育工作和生产实习课教学的组织管理工作。

（4）高级实习指导教师。熟练地担任生产实习、工艺学理论课的教学工作，组织指导本工种（专业）生产实习教学研究和技术革新，撰写有一定质量的论文和教学经验总结，主持编写较高质量的教材，指导和提高三级、二级、一级实习指导教师的业务技能；承担学生职业道德、文明生产、安全生产的教育工作和生产实习课教学的组织管理工作。承担用一种外国语翻译本专业一般资料的任务。

## 四、教师任职的条件

学校教师应拥护中国共产党的领导，热爱社会主义祖国，努力学习马克思主义和党的路线、方针、政策，有良好的职业道德，遵守法纪，能为人师表，教书育人，能全面地、熟练地履行现职务职责，积极承担工作任务，学风端正。身体健康，能坚持正常工作。

### （一）高等学校教师任职条件

根据《高等学校教师职务试行条例》的规定，助教应获得学士学位，或在工作实践中学习提高，经考试或考查，确认达到学士学位水平，经过一年以上见习试用，表明能胜任和履行助教职责。获得硕士学位或研究生班毕业证书或第二学士学位证书，经考察，表明能胜任和履行助教职责。

讲师应在担任四年或四年以上助教职务工作期间，已取得高等学校助教进修班结业证书；或确认已掌握硕士研究生主要课程内容，具有本专业必需的知识与技能和从事科学技术工作的能力，能顺利地阅读本专业的外文书籍，经考察，表明能胜任和履行讲师职责。获得研究生班毕业证书或第二学士学位证书且已承担两年或两年以上助教职务工作，具有本专业必需的知识与技能和从事科学技术工作的能力，经考察，表明能胜任和履行讲师职责。获得硕士学位且已承担两年左右助教职务工作，或获得博士学位，经考察，表明能胜任和履行讲师职责。

副教授应承担五年以上讲师工作，或获得博士学位且已承担两年以上讲师职务工作，经考察，表明能胜任和履行副教授职责，并对本门学科具有系统而坚实的理论基础和比较丰富的实践经验，能及时掌握本门学科发展前沿的状况，并熟练地掌握一门外国语。教学成绩显著，能较好地对学生进行启发式教学，培养其分析问题解决问题的能力。发表过有一定水平的科学论文或出版过有价值的著作、教科书；或在教学研究方面有较高造诣；或在实验及其他科学技术工作方面有较大的贡献。

教授应承担五年以上副教授职务工作，经考察，表明能胜任和履行教授职责，并要求教学成绩卓著，发表、出版过有创见性的科学论文、著作或教科书，或有重大的创造发明，在教学管理或科学研究管理方面具有组织领导能力。

## （二）中等专业学校教师任职条件

根据《中等专业学校教师职务试行条例》的规定，教员应大学专科毕业，在中等专业学校见习一年期满，经考察，表明能胜任和履行教员职责。

助理讲师应获得学士学位，见习期满；或担任教员职务两年以上，有较丰富的教学经验或有较强的业务实践技能，经考察，表明能胜任和履行助理讲师职责。获得硕士学位或研究生班毕业证书或第二学士学位证书，经考察，表明能胜任和履行助理讲师职责。

讲师应获得学士学位，已承担四年以上助理讲师职务工作，具有本学科必需的理论知识与实践技能和从事科学技术工作的能力，能顺利地阅读本学科的外文书籍和资料，经考察，表明能胜任和履行讲师职责。获得研究生班毕业证书或第二学士学位且已承担两年或两年以上助理讲师职务工作，具有所任学科必需的理论知识与实践技能和从事科学技术工作的能力，经考察，表明能胜任和履行讲师职责。获得硕士学位且已承担两年左右助理讲师职务工作，或获得博士学位，经考察，表明能胜任和履行讲师职责。

高级讲师应已承担五年以上讲师职务工作；或获得博士学位且已承担两年以上讲师职务工作，经考察，表明能胜任和履行高级讲师职责，并对本门学科具有系统而坚实的理论知识和比较丰富的实践经验，能熟练地担任一门主干基础课或两门或两门以上课程的教学工作，教学经验丰富，教学成绩卓著。能指导科学研究、技术开发、社会咨询、教材编写、教学研究或其他科学技术工作，造诣较深，成绩显著。熟练地掌握一门外国语。

（三）中学教师任职条件

根据《中学教师职务试行条例》的规定，中学三级教师要求是高等师范学校和其他高等学校专科毕业生，见习一年期满，经考核，表明具有教育学、心理学和教学法的基础知识，掌握所教学科的教材教法，能够完成初级中学一门学科的教学工作，并能履行三级教师职责。

中学二级教师要求是高等师范学校和其他高等学校本科毕业生，见习一年期满，以及担任中学三级教师二年以上者，经考核，表明能履行二级教师职责，并具备基本掌握教育学、心理学和教学法的基础理论知识，具有从事中学一门学科教学所必须具备的基础理论和专业知识，胜任中学教学工作，教学效果较好，基本掌握教育中学生的原则和方法，胜任班主任工作，教育效果较好。

中学一级教师要求中学二级教师任教四年以上，或者获得硕士学位者，经考核，表明能履行一级教师职责，并具备对所教学科具有比较扎实的基础理论和专业知识，独立掌握所教学科的教学大纲、教材、教学原则和教学方法，正确传授知识和技能，并结合教学开展课外活动，发展学生的智力和能力，教学效果好。具有正确教育学生的能力，能根据中学生的年龄特征和思想实际，进行思想政治教育和品德修养教育，教育效果好。具有组织和指导教学研究的能力，并承担一定的教学研究任务。

中学高级教师要求中学一级教师任教五年以上，或者获得博士学位者，经考核，表明能履行高级教师职责，并对所教学科具有系统的、坚实的基础理论和专业知识，教学经验比较丰富，教学效果显著；或者在学生思想政治教育和班主任工作方面有比较突出的专长和丰富的经验，并做出显著的成绩。从事中学教育、教学某一方面的科学研究，写出理论联系实际、具有一定水平的经验总结、科研报告或论著，或者在培养提高教师的文化业务水平和教育教学能力方面做出显著贡献。

（四）小学教师任职条件

根据《小学教师职务试行条例》的规定，小学三级教师任要求是任教一年以上的小学教师，经考核，表明能掌握所教学科的教材、教法、完成所承担的教育教学工作，并能履行三级教师职责。

小学二级教师要求中等师范学校毕业生，见习一年期满，或者小学三级教师任教三年以上，经考核，表明能履行二级教师职责，并基本掌握教育学、心理学和教学法的基础知识。具有从事小学教学工作所必须具备的文化专业知识，胜任小学教学工作。基本掌握教育小学生的原则和方法，胜任班主任和少先队辅导员工作。

小学一级教师任职条件是在小学二级教师任教三年以上，或者高等师范学校及其他高等学校专科毕业生见习一年期满，经考核，表明能履行一级教师职责，并能够独立掌握所教学科的教学大纲、教材、教学原则和教学方法，正确传授知识和技能，教学效果好。具有正确教育小学生的能力和班主任、少先队辅导员工作经险，教育效果好。

小学高级教师要求在小学一级教师任教五年以上，或者高等师范学校及其他高等学校本科毕业生见习一年期满，经考核，表明能履行高级教师职责，并对所教学科具有比较扎实的文化专业知识，教学经验比较丰富，并能结合教学开展课外活动，教学效果显著。掌握小学教育的比较扎实的理论，善于根据小学生的年龄特征和思想实际，对学生进行思想品德教育，教育效果显著。具有指导教学研究的能力，并承担一定的教学研究任务，或者指导小学一、二、三级教师的教育教学工作，并在培养提高教师文化业务水平和教育教学能力方面做出成绩。

**（五）技工学校教师任职条件**

1.文化、技术理论课教师的任职条件

（1）教员。见习一年期满的大学专科毕业生或中等专业技术学校毕业生，受过不少于一百学时教育学、心理学和教学法的基础知识的培训；在高级讲师、讲师的具体指导下，按照教学计划和教学大纲的要求，能承担一定的教学工作。

（2）助理讲师。见习一年期满的大学本科毕业生或担任教员职务二年以上的大学专科毕业生或担任教员职务四年以上的中等专业技术学校毕业生，并受过不少于一百学时教育学、心理学和教学法的基础知识的培训；能独立担任一门课程的教学工作，教学效果较好。

（3）讲师。大学专科毕业以上，担任助理讲师职务四年以上，能担任培训教员的工作；能胜任一门或一门以上课程的讲授和全部教学工作，质量较高，教学效果好；掌握一门外国语，能阅读本专业的外文书籍和资料。

（4）高级讲师。具有大学本科毕业以上学历，担任讲师职务五年以上，能联系实际进行比较深入的研究工作（包括主编质量高的教材等），或者在生产技术方面有较大的贡献，能指导提高讲师的业务水平；能熟练地担任两门或两门以上课程的讲授和全部教学工作，教学工作经验丰富，教学质量高，能起到学科带头人的作用；熟练地掌握一门外国语。

2.生产实习课指导教师的任职条件

（1）三级实习指导教师。见习一年期满的大专毕业生或中专、技工学校优秀毕业生，经过不少于一百学时的教育学、心理学和生产实习教学法的培训；能承担本工种（专业）部分生产实习教学工作；了解本工种（专业）的各种工具、设备的结构原理以及文明生产、安全操作规程，对本工种（专业）的实际操作技能达到中级技工的水平。

（2）二级实习指导教师。大学专科毕业生，担任三级实习指导教师一年以上并

受过不少于一百学时教育学、心理学和生产实习教学法的培训，或具有四年以上实际教学工作经验的三级实习指导教师；能独立担任生产实习课的教学工作，教学效果较好；掌握本工种（专业）各种工具、设备的结构原理以及文明生产、安全操作规程，对本工种（专业）的实际操作技能达到中级技工的水平。

（3）一级实习指导教师。大学专科毕业，担任二级实习指导教师四年以上，能胜任本工种（专业）生产实习课和工艺学理论课的教学工作；对本工种（专业）的实际操作技能达到高级技工的水平；在技术革新和生产实习教学中有较大贡献。

（4）高级实习指导教师。大学专科毕业，担任一级实习指导教师五年以上，并已取得大学本科毕业学历，熟练地担任本工种（专业）生产实习课及工艺学理论课的教学工作，教学经验丰富，教学质量高，能主持编写质量高的生产实习课教材，有独特、高超的技艺，在生产和技术革新方面或在实习教学中成绩卓著。掌握一门外国语。

**五、教师职务的评审**

各级各类教师的职务评审的程序、权限、办法等，由各试行条例作明确的规定。

省、自治区、直辖市成立高等学校教师职务评审委员会，负责在本地区的高等学校教师职务任职资格的评审工作。国务院有关部委根据所属高等学校某些专业的特殊需要和教师队伍的实际情况，可设立高等学校教师职务评审委员会，经国家教育委员会同意，负责所属高等学校的某些专业教师职务任职资格的评审工作，其他教师职务的评审工作仍由所在省、自治区、直辖市高等学校教师职务评审委员会负责。有学士学位授予权的高等学校，成立教师职务评审委员会。没有学士学位授予权的高等学校，成立教师职务评审组。部分没有学士学位授予权的高等学校，已具备条件，经所在省、自治区、直辖市批准，也可成立教师职务评审委员会，并报国家教育委员会备案。各级职务任职资格，由相应的教师职务评审委员会组织同行专家进行评审。助教任职资格，由学校教师职务评审委员会或评审组审定。讲师任职资格，由学校教师职务评审委员会审定，报省、自治区、直辖市或主管部委教师职务评审委员会备案；没有成立教师职务评审委员会的学校由教师职务评审组评议，报省、自治区、直辖市或主管部委教师职务评审委员会审定。教授、副教授任职资格，由学校报省、自治区、直辖市主管部委教师职务评审委员会审定，审定的教授报国家教育委员会备案。

省、自治区、直辖市和国务院有关部委成立中等专业学校教师高、中级职务评审委员会，负责本地区、本部门的中等专业学校教师高、中级职务的评审工作。中等专业学校一般可成立教师职务评审组，负责本校教师初级职务的评审工作，经批准有教师中级职务审定权的中等专业学校可成立教师职务评审委员会，负责本校教师中、初级职务的评审工作。教员、助理讲师职务任职资格由学校教师职务评审组织审定。讲师、高级讲师职务任职资格经学校教师职务评审组织评审通过后，由省、自治区、直辖市或国务院有关部委中等专业学校教师高、中级职务评审委员会审定。少数有条件的中等专业学校，经省、自治区、直辖市教育部门或学校主管部门批准，有权审定教师中级职务。

中学教师职务的评审工作，由省、地、县三级教育行政部门领导，并分别设立中学教师职务评审委员会。各级评审委员会由同级教育主管部门批准。学校设立评审小组，由县级教育行政部门批准。

小学教师职务的评审工作，由省、地、县三级教育行政部门分级领导，并在地、县两级分别设立小学教师职务评审委员会。各级评审委员会，由同级教育主管部门批准。学校或学区设立评审小组，由县级教育行政部门批准。

各省、自治区、直辖市或部委成立省、自治区、直辖市或部委的技工学校教师职务评审委员会，负责评审高级职务的任职资格或授权确实具备评审条件的下属部门或单位组织评审委员会，报省、市和部委批准后，负责高级职务任职资格的评审。各地（市）和各技工学校成立相应教师职务评审组织（委员会或小组），负责评审中、初级职务的任职资格。

# 第三节　教师聘任制度

具备了教师资格后，只有被学校或其他教育机构聘任，才能成为教师。教师聘任制，是在符合国家法律制度的情况下，聘任双方在平等自愿的前提下，由学校或者教育行政部门根据教育教学岗位设置，聘请有教师资质或教学经验的人担任相应教师职务的一项教师任用制度。教师法第十七条规定，学校和其他教育机构应当逐步实行教师聘任制。教师的聘任应当遵循双方地位平等的原则，由学位和教师签订聘任合同，明确规定双方的权利、义务和责任。实施教师聘任制的步骤、办法由国务院教育行政部门规定。我国的教育法第三十五条也规定，国家实行教师资格、职务、聘任制度，通过考核、奖励、培养和培训，提高教师素质，加强教师队伍建设。教师聘任制，就是聘任双方在平等自愿的前提下，由学校或者教育行政部门根据教育教学岗位设置，聘请有资格的公民担任相应教师职务的一项教师任用制度。推行教师聘任制对建立一支合格稳定的教师队伍，提高学校办学的自主性，调动广大教师教书育人的积极性，提高教师的社会地位和待遇，提高教育和教学质量以及推动学校内部管理体制改革，促进教师合理流动，增强教师队伍活力，具有重要意义。教师聘任适用原人事部《关于在事业单位试行人员聘用制度的意见》和合同法的规定。

## 一、教师聘任的基本原则

原人事部《关于在事业单位试行人员聘用制度的意见》规定，事业单位与职工应当按照国家有关法律、政策和本意见的要求，在平等自愿、协商一致的基础上，通过签订聘用合同，明确聘用单位和受聘人员与工作有关的权利和义务。人员聘用制度主要包括公开招聘、签订聘用合同、定期考核、解聘辞聘等制度。

## 二、教师聘任的形式

教师聘任制依其聘任主体实施行为不同，可以分为以下几种形式：

第一，招聘。即用人单位面向社会公开、择优选择具有教师资格的应聘人员。

第二，续聘。即聘任期满后，聘任单位与教师继续签订聘任合同。

第三，解聘。即用人单位因某种原因不适宜继续聘任教师，双方解除合同关系。

第四，辞聘。即受聘教师主动请求用人单位解除聘任合同的行为。

## 三、教师聘任的程序

为了规范用人行为，防止用人上的随意性和不正之风，事业单位凡出现空缺岗位，除涉密岗位确需使用其他方法选拔人员的以外，都要试行公开招聘。公开招聘必须在本地区发布招聘公告，采用公开方式对符合报名条件的应聘人员进行考试或考核，考试或考核结果及拟聘人员应进行公示。

根据原人事部《关于在事业单位试行人员聘用制度的意见》的规定，教师聘任的基本程序是：公布空缺岗位及其职责、聘用条件、工资待遇等事项；应聘人员申请应聘；聘用工作组织对应聘人员的资格、条件进行初审；学校聘用工作组织对通过初审的应聘人员进行考试或者考核，根据结果择优提出拟聘人员名单；学校负责人员集体讨论决定受聘人员；学校与受聘人员签订聘用合同。

聘用合同期满，岗位需要、本人愿意、考核合格的，可以续签聘用合同。

## 四、教师聘任合同

### （一）教师聘任合同的基本内容

教师聘用合同由学校校长与教师以书面形式订立。教师聘用合同必须具备下列条款：聘用合同期限；岗位及其职责要求；岗位纪律；岗位工作条件；工资待遇；聘用合同变更和终止的条件；合同生效日期；违反聘用合同的责任。

### （二）教师聘任合同的主要类型

教师聘用合同分为短期、中长期和以完成一定工作为期限的合同。教师聘任合同期限最长不得超过教师达到国家规定的退休年龄的年限。学校和教师协商一致，可以订立上述任何一种期限的合同。

对在学校工作已满二十五年或者在学校连续工作已满十年且年龄距国家规定的

退休年龄已不足十年的教师，提出订立聘用至退休的合同的，学校应当与其订立聘用至教师退休的合同。

学校与教师签订教师聘用合同，可以约定试用期。试用期一般不超过三个月；情况特殊的，可以延长，但最长不得超过六个月。试用期包括在聘用合同期限内。学校与教师订立教师聘用合同时，不得收取任何形式的抵押金、抵押物或者其他财物。

### （三）教师聘任合同的解聘辞聘

学校、受教师双方经协商一致，可以解除聘用合同。

教师有下列情形之一的，学校可以随时单方面解除聘用合同：故意不完成教育教学任务给教育教学工作造成损失的；体罚学生，经教育不改的；品行不良、侮辱学生，影响恶劣的；受到剥夺政治权利或者故意犯罪受到有期徒刑以上刑事处罚。

对在试用期内被证明不符合本岗位要求又不同意学校调整其工作岗位的，学校也可以随时单方面解除聘用合同。

教师有下列情形之一的，学校可以单方面解除聘用合同，但是应当提前三十日以书面形式通知拟被解聘的教师：教师患病或者非因工负伤，医疗期满后，不能从事原工作也不能从事由聘用单位安排的其他工作的；学校年度考核或者聘期考核不合格，又不同意学校调整其工作岗位的，或者虽同意调整工作岗位，但到新岗位后考核仍不合格的。

教师有下列情形之一的，学校不得解除聘用合同：教师患病或者负伤，在规定的医疗期内的；女教师在孕期、产期和哺乳期内的；因工负伤，治疗终结后经劳动能力鉴定机构鉴定为一至四级丧失劳动能力的；患职业病以及现有医疗条件下难以治愈的严重疾病或者精神病的；教师正在接受纪律审查尚未作出结论的；属于国家规定的不得解除聘用合同的其他情形的。

有下列情形之一的，教师可以随时单方面解除聘用合同：在试用期内的；申请离职进修的；被录用或者选调到国家机关工作的；依法服兵役的。

除上述情形外，教师提出解除聘用合同未能与学校协商一致的，教师应当坚持正常工作，继续履行聘用合同；六个月后再次提出解除聘用合同仍未能与学校协商一致的，即可单方面解除聘用合同。

## 第四节　教师考核制度

我国教育法第三十五条规定，国家实行教师资格、职务、聘任制度，通过考核、奖励、培养和培训，提高教师素质，加强教师队伍建设。教师考核是学校规范化管理制度的重要组成部分，有利于提高教师的能动性，提高教师队伍素质，保障教学质量。

## 一、考核的机构

我国教师法明确规定，学校或者其他教育机构应当对教师的政治思想、业务水平、工作态度和工作成绩进行考核。教育行政部门对教师的考核工作进行指导、监督。可见，教师的考核机构是学校或者其他教育机构，教育行政部门对教师的考核工作进行指导、监督。

## 二、考核的内容

教师法规定，学校或者其他教育机构应当对教师的政治思想、业务水平、工作态度和工作成绩进行考核。教育行政部门对教师的考核工作进行指导、监督。考核应当客观、公正、准确，充分听取教师本人、其他教师以及学生的意见。教师考核结果是受聘任教、晋升工资、实施奖惩的依据。可见，教师考核的内容包括政治思想、业务水平、工作态度和工作成绩四个方面。

经过考核，你已经被我们学校聘用了。

教师是人类灵魂的工程师，是学生成长的引路人。教师的思想政治素质和职业道德水平直接关系到国家的前途命运和民族的未来。

《中小学教师职业道德规范》规定了中小学教师的职业道德规范，即：

第一，爱国守法。热爱祖国，热爱人民，拥护中国共产党领导，拥护社会主义。全面贯彻国家教育方针，自觉遵守教育法律法规，依法履行教师职责权利。不得有违背党和国家方针政策的言行。

第二，爱岗敬业。忠诚于人民教育事业，志存高远，勤恳敬业，甘为人梯，乐于奉献。对工作高度负责，认真备课上课，认真批改作业，认真辅导学生。不得敷衍塞责。

第三，关爱学生。关心爱护全体学生，尊重学生人格，平等公正对待学生。对学生严慈相济，做学生良师益友。保护学生安全，关心学生健康，维护学生权益。不讽刺、挖苦、歧视学生，不体罚或变相体罚学生。

第四，教书育人。遵循教育规律，实施素质教育。循循善诱，诲人不倦，因材施教。培养学生良好品行，激发学生创新精神，促进学生全面发展。不以分数作为评价学生的唯一标准。

第五，为人师表。坚守高尚情操，知荣明耻，严于律己，以身作则。衣着得体，语言规范，举止文明。关心集体，团结协作，尊重同事，尊重家长。作风正派，廉洁奉公。自觉抵制有偿家教，不利用职务之便谋取私利。

第六，终身学习。崇尚科学精神，树立终身学习理念，拓宽知识视野，更新知识结构。潜心钻研业务，勇于探索创新，不断提高专业素养和教育教学水平。

教师的考核工作应根据教师担任的不同职务和职责，全面进行考核。

## 🔍以案释法⑳

### 教师考核成绩作为教师职务聘任、晋级的依据之一

【案情介绍】2010年10月，某中学得到一个物理高级教师职称的名额。刘某和吴某作为两个夺标的大热门，成为众人关注的对象。刘某在某中学教授物理课已经有五年时间。由于教学能力强，授课方式生动、幽默，刘某所在班级的物理单科成绩排在全市前列。2009年，刘某开始担任高一年级物理教研组组长。吴某的资历更老些，已经有十几年的教龄。吴某主要为高三毕业班的学生授课，具有丰富的教学理论和实践经验。此外，吴某先后多次参加教师岗位培训和骨干教师培训，考核成绩非常优秀。比较而言，刘某参加继续教育的考核成绩不如吴某，教龄也没吴某的长。经过校长会议研究决定，该中学最终把物理高级教师职称给了吴某。

【以案释法】参加继续教育是中小学教师的权利和义务。法律规定，各级人民政府教育行政部门要对中小学教师继续教育工作成绩优异的单位和个人予以表彰和奖励。地方各级人民政府教育行政部门要建立中小学教师继续教育考核和成绩登记制度，并将考核成绩作为教师职务聘任和晋升的依据之一。本案例中，相对于刘某，吴某的继续教育考核成绩更优秀，教龄也更长，理应得到仅有的一个物理高级教师名额。

### 三、国家制度保障

我国教育规划纲要规定，健全教师管理制度。完善并严格实施教师准入制度，严把教师入口关。国家制定教师资格标准，提高教师任职学历标准和品行要求。建立教师资格证书定期登记制度。省级教育行政部门统一组织中小学教师资格考试和资格认定，县级教育行政部门按规定履行中小学教师的招聘录用、职务（职称）评聘、培养培训和考核等管理职能。

逐步实行城乡统一的中小学编制标准，对农村边远地区实行倾斜政策。制定幼儿园教师配备标准。建立统一的中小学教师职务（职称）系列，在中小学设置正高级教师职务（职称）。探索在职业学校设置正高级教师职务（职称）。制定高等学校编制标准。加强学校岗位管理，创新聘用方式，规范用人行为，完善激励机制，激发教师积极性和创造性。建立健全义务教育学校教师和校长流动机制。城镇中小学教师在评聘高级职务（职称）时，原则上要有一年以上在农村学校或薄弱学校任教经历。加强教师管理，完善教师退出机制。制定校长任职资格标准，促进校长专业化，提高校长管理水平。推行校长职级制。

创造有利条件，鼓励教师和校长在实践中大胆探索，创新教育思想、教育模式和教育方法，形成教学特色和办学风格，造就一批教育家，倡导教育家办学。大力表彰

和宣传模范教师的先进事迹。国家对作出突出贡献的教师和教育工作者设立荣誉称号。

## 第五节　教师奖惩制度

### 一、教师奖励制度

为了鼓励我国广大教师和教育工作者长期从事教育事业，奖励在教育事业中作出突出贡献的教师和教育工作者，我国在教育领域施行教师奖励制度。

#### （一）法律依据

教师法第三十三条规定，教师在教育教学、培养人才、科学研究、教学改革、学校建设、社会服务、勤工俭学等方面成绩优异的，由所在学校予以表彰、奖励。国务院和地方各级人民政府及其有关部门对有突出贡献的教师，应当予以表彰、奖励。对有重大贡献的教师，依照国家有关规定授予荣誉称号。

#### （二）奖励

教师奖励工作应坚持精神奖励与物质奖励相结合的原则。

我国《教师和教育工作者奖励规定》规定，国务院教育行政部门对长期从事教育教学、科学研究和管理、服务工作并取得显著成绩的教师和教育工作者，分别授予"全国优秀教师"和"全国优秀教育工作者"荣誉称号，颁发相应的奖章和证书；对其中作出贡献者，由国务院教育行政部门会同国务院

今年的优秀教师评选开始了。

人事部门授予"全国模范教师"和"全国教育系统先进工作者"荣誉称号，颁发相应的奖章和证书。奖励"全国模范教师""全国教育系统先进工作者"和"全国优秀教师""全国优秀教育工作者"，每三年进行一次，并于当年教师节期间进行表彰。

"全国模范教师""全国教育系统先进工作者"和"全国优秀教师""全国优秀教育工作者"享受由国务院教育行政部门会同中国中小学幼儿教师奖励基金会颁发的一次性奖金。其中，"全国模范教师""全国教育系统先进工作者"享受省（部）级劳动模范和先进工作者待遇。尚未实行职务工资制度的民办教师，获得"全国模范教师""全国教育系统先进工作者"荣誉称号时，奖励晋升工资的具体办法由各省、自治区、直辖市制定。

另外，为奖励取得教学成果的集体和个人，鼓励教育工作者从事教育教学研究，提高教学水平和教育质量，教师可以依照《教学成果奖励条例》的规定申请教学成

果奖。

## 二、教师惩罚制度

我国教育相关法律法规对教师奖励做了明确规定的同时，对教师违背教务职责也做了相应的处罚。

教师法第三十七条规定，教师有下列情形之一的，由所在学校、其他教育机构或者教育行政部门给予行政处分或者解聘：第一，故意不完成教育教学任务给教育教学工作造成损失的；第二，体罚学生，经教育不改的；第三，品行不良、侮辱学生，影响恶劣的。教师有前款第一、二项所列情形之一，情节严重，构成犯罪的，依法追究刑事责任。

《教师资格条例》规定，教师弄虚作假、骗取教师资格的，或品行不良、侮辱学生，影响恶劣的，由县级以上人民政府教育行政部门撤销其教师资格。教师被撤销教师资格，自撤销之日起五年内不得重新申请认定教师资格，其教师资格证书由县级以上人民政府教育行政部门收缴。

教师惩罚制度对于维护学生合法权益，保障教学任务的完成和教育教学的正常秩序提供了有效的法律依据。

# 第六节　教师工资福利制度

教育大计，教师为本。有好的教师，才有好的教育。提高教师地位，维护教师权益，改善教师待遇，使教师成为受人尊重的职业。严格教师资质，提升教师素质，努力造就一支师德高尚、业务精湛、结构合理、充满活力的高素质专业化教师队伍。国家保护教师的合法权益，改善教师的工作条件和生活条件，提高教师的社会地位。教师的工资报酬、福利待遇，依照法律、法规的规定办理。各级人民政府应当采取措施，改善国家补助、集体支付工资的中小学教师的待遇，逐步做到在工资收入上与国家支付工资的教师同工同酬，具体办法由地方各级人民政府根据本地区的实际情况规定。教师法第七条第四款对教师工资福利待遇做了原则性的规定，即按时获取工资报酬，享受国家规定的福利待遇以及寒暑假期的带薪休假。我国法律法规对教师的工资、住房、医疗保险、养老保险等方面教师待遇均做出了具体规定。

## 一、教师的工资

教师法第二十五条规定，教师的平均工资水平应当不低于或者高于国家公务员的平均工资水平，并逐步提高。建立正常晋级增薪制度，具体办法由国务院规定。我国教师收入由基本工资、教龄工资、绩效工资、特优津贴等构成。我国义务教育法第三十一条规定，各级人民政府保障教师工资福利和社会保险待遇，改善教师工作和生活条件；完善农村教师工资经费保障机制。教师的平均工资水平应当不低于当地公务员的平均工资水平。国家教育委员会制定了《高等学校教职工工资制度改革实施方案》《中等专业学校教职工工资制度改革实施方案》《中小学教职工工资制度改革实施方案》和《关于教师教龄津贴的若干规定》，对教师的工资标准做出了规定。

我国教师实行教师绩效工资制度。义务教育学校实施绩效工资，是贯彻落实义务教育法的具体措施，也是深化事业单位收入分配制度改革的重要内容，充分体现了党中央、国务院对广大义务教育教师的关心，对于依法保障和改善义务教育教师特别是中西部地区农村义务教育教师的工资待遇，提高教师地位，吸引和鼓励各类优秀人才长期从教、终

身从教，促进教育事业发展，具有十分重要的意义。《关于义务教育学校实施绩效工资指导意见的通知》规定，绩效工资总量暂按学校工作人员上年度12月份基本工资额度和规范后的津贴补贴水平核定。其中，义务教育教师规范后的津贴补贴平均水平，由县级以上人民政府人事、财政部门按照教师平均工资水平不低于当地公务员平均工资水平的原则确定。绩效工资总量随基本工资和学校所在县级行政区域公务员规范后津贴补贴的调整相应调整。绩效工资分为基础性和奖励性两部分。基础性绩效工资主要体现地区经济发展水平、物价水平、岗位职责等因素，占绩效工资总量的70%，具体项目和标准由县级以上人民政府人事、财政、教育部门确定，一般按月发放。奖励性绩效工资主要体现工作量和实际贡献等因素，在考核的基础上，由学校确定分配方式和办法。根据实际情况，在绩效工资中设立班主任津贴、岗位津贴、农村学校教师补贴、超课时津贴、教育教学成果奖励等项目。

## 二、教师的津贴补贴

我国的教育规划纲要规定，对长期在农村基层和艰苦边远地区工作的教师，在工资、职务（职称）等方面实行倾斜政策，完善津贴补贴标准。建设农村艰苦边远地区学校教师周转宿舍。研究制定优惠政策，改善教师工作和生活条件。

教师的津贴和补贴是对教师在特殊劳动条件下付出的劳动消耗和生活费支出所给予的适当补偿，是工资的一种补充形式。教师法第二十六条规定，中小学教师和职业学校教师享受教龄津贴和其他津贴，具体办法由国务院教育行政部门会同有关部门制定。教师法第二十七条规定，地方各级人民政府对教师以及具有中专以上学历的毕业生到少数民族地区和边远贫困地区从事教育教学工作的，应当予以补贴。

义务教育法第三十一条第三款规定，特殊教育教师享有特殊岗位补助津贴。在民族地区和边远贫困地区工作的教师享有艰苦贫困地区补助津贴。

### 三、教师的住房待遇

教育规划纲要提出要制定教师住房优惠政策。建设农村边远艰苦地区学校教师周转宿舍。教师法第二十八条规定，地方各级人民政府和国务院有关部门，对城市教师住房的建设、租赁、出售实行优先、优惠。县、乡两级人民政府应当为农村中小学教师解决住房提供方便。

### 四、教师的医疗待遇

我国教育规划纲要提出要落实和完善教师医疗、养老等社会保障政策。教师法第二十九条规定，教师的医疗同当地国家公务员享受同等的待遇；定期对教师进行身体健康检查，并因地制宜安排教师进行休养。医疗机构应当对当地教师的医疗提供方便。

### 五、教师的养老保险待遇

《国务院关于机关事业单位工作人员养老保险制度改革的决定》规定，教师的养老制度实行社会统筹与个人账户相结合的基本养老保险制度。基本养老保险费由单位和个人共同负担。单位缴纳基本养老保险费的比例为本单位工资总额的20%，个人缴纳基本养老保险费的比例为本人缴费工资的8%，由单位代扣。按本人缴费工资8%的数额建立基本养老保险个人账户，全部由个人缴费形成。个人工资超过当地上年度在岗职工平均工资300%以上的部分，不计入个人缴费工资基数；低于当地上年度在岗职工平均工资60%的，按当地在岗职工平均工资的60%计算个人缴费工资基数。个人账户储存额只用于工作人员养老，不得提前支取，每年按照国家统一公布的记账利率计算利息，免征利息税。参保人员死亡的，个人账户余额可以依法继承。

**思考题**

1. 教师资格认定的程序是怎样的？
2. 高等学校教师的职务职责是什么？
3. 教师聘任的基本原则是什么？

# 第十一章　教师权益救济制度

本　章　要　点

法律救济是以保障合法权益的实现为基础的。法的根本目的在于规范人们的社会行为，保障人们的合法权益。在社会活动中，存在着许多权利纠纷或权利冲突，并伴随着权益受到侵害的现象。当公民的这些合法权益受到侵害时，只有通过一定方式来恢复受损害的权利或给予补救，这些权利才能真正地实现。

## 第一节　法律救济的概述

正确寻求法律救济，要从认识法律救济的概念、特征开始，了解法律救济的基本原则和救济途径。

### 一、法律救济的概念和特征

#### （一）法律救济的概念

救济可以理解为救助和接济，法律救济是指特定机关通过一定的程序和途径，使受到损害的相关法律关系主体获得法律上的补救。法律救济的前提是有损害事实的发生。没有损害事实就没有法律救济，只有当相对人的合法权益受到侵害时才能进行法律救济。

法律救济的根本目的是实现合法权益，保证法定义务的履行。法律救济是权利人的一种法定权利，任何人都无权剥夺，体现了法律救济的法定性。

现从以下几个方面进一步理解法律救济的含义：

第一，法律救济是以保障合法权益的实现为基础的。

第二，法律救济是在合法权益受到侵犯并造成损害时得以启动的。在法律救济中，无论采用何种救济手段和程序，必须有教育侵权行为的存在。相对人只有在合法权益受到侵害的基础上才可提出救济请求。

第三，法律救济是对受侵害合法权益的恢复和补救。对合法权益受到损害的法律关系主体进行补救可以采取多种方式，不仅包括司法救济方式、行政救济方式，还包括其他通过组织内部或民间渠道进行救济的方式。

## （二）法律救济的特征

法律救济的特征有以下几点：

一是宪法民主制度和法治原则的体现。宪法是国家的根本大法，规定了公民的基本权利和义务，是所有法律的基石。宪法确立了对公民民主政治权利、人身权、财产权以及其他各种权利的保障和尊重，为权利救济提供了法律依据，使得一切可能影响他人权益的权力或权利者处于法律的控制与制约之下。宪法确立的民主制度和法治原则，为法律救济的实施提供了依据，而法律救济的目的、原则和途径在宪法内也有具体的规定。

二是以法定权益纠纷的存在为基础。纠纷的存在，是建立解决纠纷，补救权益受害者的法律救济制度的基础。没有权益的损害，就不会存在纠纷；没有纠纷，就无需建立解决纠纷的法律制度。而事实上，纠纷的存在是我们社会生活中不可避免的客观现实，只有从法律上提出解决纠纷的途径、程序和方法，使权益受害者得到补偿，才能真正消除纠纷。

三是以侵权损害事实为前提。任何法律上的救济，均起因于侵权损害，无侵权损害就无所谓救济，侵权损害是法律救济的前提。

四是以补救权益受害者的合法权益为目的。法律救济的最终目的，是要补救权益受害者的合法权益，这也是法律救济的基本功能。如果法律救济活动不能保护受害者的合法权益，对其权益损失进行补救，法律救济就失去了存在的意义。

法律救济的对象是权益受害者，权益未受损害就不会得到法律救济。

## 二、法律救济的基本原则

实施法律法规的一个重要的环节就是对受到损害利益的补偿救济，法律救济的实施直接影响到法律法规实施的最终效果，因此法律救济的实施要遵循以下几个基本原则：

### （一）事后救济原则

事后救济原则是指法律救济行为均发生于实体法所规定的权利被侵害之后。也就是说，只有侵害权益的行为发生之后，权利救济才会发生。

### （二）主管职权专属原则

主管职权专属原则是指权利救济要求只能向特定的机关提起，即只有特定的机关才有分配社会正义的权力，主管职权由特定的机关行使的原则是宪法所规定的"司法统一"原则的具体体现。只有这样，权利救济才能够真正实现社会公平。

### （三）正当程序原则

正当程序原则源于美国宪法，我们这里是指特定的权力机关在分配正义的过程中，必须遵循法律规定的程序，依据程序所作出的结果才具有法律效力，相关的当事人必须遵从，从而才能为受害者提供有效的法律救济。非依正当程序作出的决定，当事人有权拒绝。

## 三、法律救济的途径

法律救济的途径和形式是多样的，在我国主要的法律救济途径有以下几种：

### （一）行政救济

行政救济是指法律关系主体，尤其是公民、法人或其他组织认为行政机关作出的行政行为直接侵害其合法权益，请求有权的国家机关依法对行政违法或行政不当行为实行纠正，并追究其行政责任，以保护行政相对人的合法权益的法律救济途径。行政救济主要包括行政复议制度和行政诉讼制度。教师法和教育法规定了学生申诉和教师申诉两种行政救济方式。

### （二）司法救济

司法救济是指法律关系主体，尤其是公民、法人或其他组织认为当权利受到侵害或者有被侵害之虞时，权利人行使诉权，通过仲裁、诉讼等手段维护自己的合法权益的法律救济途径。权利民事救济主要通过民事诉讼制度。

### （三）社会救济

社会救济主要是指通过社会组织的内部组织或机构以及其他民间渠道来实施法律救济。例如，我国的仲裁制度、调解制度等。

# 第二节　行政救济

我国法律明确规定的行政救济方式有行政复议、行政赔偿、行政申诉等，这些救济方式在行政复议法、行政赔偿法等法律中都有明确规定。关于教师的行政救济途径，主要行政复议和行政申诉两种方式。

## 一、行政复议

### （一）行政复议的概念

行政复议是指公民、法人或者其他组织不服行政主体作出的行政行为，认为行政主体的行政行为侵犯其合法权益，依法向法定的行政复议机关提出复议申请，行政复议机关依法对该具体行政行为进行合法性、适当性审查，并作出行政复议决定的行政行为。是公民、法人或其他组织通过行政救济途径解决行政争议的一种方法。

1999年4月我国出台了行政复议法，并于2009年予以修订。该法的颁布实施对保护公民、法人或其他组织的合法权益，保障和监督行政机关依法行使职权，促进依法行政、加强廉政建设等都有重要意义。

## （二）行政复议的特征和作用

行政复议是一种行政行为，但是它又不同于其他行政行为。相对于其他行政行为，它具有以下几个方面的特征：一是行政复议是行政机关的活动，是上级行政机关对下级行政机关进行层级监督的一种较为规范的活动；二是向行政机关提出复议申请的只能是与某一行政行为有利害关系的管理相对人；三是行政复议必须按照法定的程序进行。管理相对人提出复议申请必须在法律、法规规定的期限内提出。复议机关受理复议申请、进行调查取证、组织审理都须依法进行，并在法定期限内作出复议决定。

行政复议作为一项重要的行政行为，它的作用包括：

第一，通过行政复议，上级行政机关对下级行政机关的行政行为进行审查，对下级行政机关违法或者不当的行政行为做出相应的纠正决定。包括对程序上有欠缺的，责令补正；对不履行法定职责的，限期履行；对行政行为主要事实不清的、适用法律依据错误的、违反法定程序影响管理相对人合法权益的、明显不当的决定，予以撤销、变更以及责令重新做出行政行为；查明违法或者不当的行政行为产生的原因，找出行政机关在执法活动中存在的问题，促使下级行政机关采取相应措施，改进行政执法活动，防止今后再出现类似问题。

第二，通过行政复议，可维护行政机关依法行使职权的行为。行政复议是一种法定行为，必须严格按照法律规定的条件和程序进行。管理相对人对行政行为不服，申请复议的机关、条件、方式和期限等都必须符合法律规定。复议机关经过审理，对适用法律、法规、规章和具有普遍约束力的决定、命令正确，事实清楚，符合法定权限和程序的行政行为予以维持。行政复议一般为一级复议。行政复议决定一经送达即发生法律效力。管理相对人对复议决定不履行又不起诉的，行政机关可以申请人民法院强制执行或者依法强制执行。这样，既有利于争议的解决又可以避免管理相对人找行政机关纠缠不休。从而使行政行为的合法性及时得到确认，有效地提高行政管理工作的效率。

受理、调查、审理行政复议案件，并依法做出复议决定，是行政复议机关代表国家行使的职权。认识行政复议对行政机关行使职权的作用，保证复议活动合法、公正地进行，对于依法行政具有重要意义。

### （三）行政复议的程序

根据行政复议法的相关规定，行政复议的程序有以下几步。

1. 申请

（1）申请时效。申请人申请行政复议，应当在知道被申请人行政行为作出之日起60日内提出（法律另有规定的除外）。因不可抗力或者其他正当理由耽误法定申请期限的，申请期限自障碍消除之日起继续计算。

（2）申请条件。一是申请人是认为行政行为侵犯其合法权益的相对人；二是有明确的被申请人；三是有具体的复议请求和事实根据；四是属于依法可申请行政复议的范围；五是相应行政复议申请属于受理行政复议机关管辖；六是符合法律法规规定的其他条件。

（3）申请方式。申请人申请行政复议，可以书面申请，也可以口头申请；口头申请的，行政复议机关应当当场记录申请人的基本情况、行政复议请求、申请行政复议的主要事实、理由和时间。

（4）行政复议申请书。申请人采取书面方式向行政复议机关申请行政复议时，所递交的行政复议申请书应当载明下列内容：第一，申请人如为公民则包括公民的姓名、性别、年龄、职业、住址等，申请人如为法人或者其他组织则包括法人或者组织的名称、地址、法定代表人的姓名；第二，被申请人的名称、地址；第三，申请行政复议的理由和要求；第四，提出复议申请的日期。

2. 受理

行政复议机关收到行政复议申请后，应当在5日内进行审查，对不符合行政复议法规定的行政复议申请，决定不予受理，并书面告知申请人；对符合行政复议法规定，但是不属于本机关受理的行政复议申请，应当告知申请人向有关行政复议机关提出。除上述规定外，行政复议申请自行政复议机构收到之日起即为受理。公民、法人或者其他组织依法提出行政复议申请，行政复议机关无正当理由不予受理的，上级行政机关应当责令其受理；必要时，上级行政机关也可以直接受理。

我国行政复议法第三条规定了行政复议机关所履行的职责，包括：受理行政复议申请；向有关组织和人员调查取证，查阅文件和资料；审查申请行政复议的具体行政行为是否合法与适当，拟订行政复议决定；处理或者转送对行政复议法第七条所列有关规定的审查申请；对行政机关违反本法规定的行为依照规定的权限和程序提出处理建议；办理因不服行政复议决定提起行政诉讼的应诉事项；法律、法规规定的其他职责。

3. 审理

审理行政复议案件的准备有以下几点：

第一，送达行政复议书副本，并限期提出书面答复。行政复议机构应当自行政复议申请受理之日起七日内，将行政复议申请书副本或者行政复议申请笔录复印件发送被申请人。被申请人应当自收到申请书副本或者行政复议申请笔录复印件之日起十日内，向行政复议机关提出书面答复，并提交当初作出具体行政行为的证据、依据和其他有关材料。

第二，审阅复议案件有关材料。行政复议机构应当着重审阅复议申请书、被申请人作出具体行政行为的书面材料、被申请人作出具体行政行为所依据的事实和证据、被申请人的书面答复。

第三，调查取证，收集证据。

第四，通知符合条件的人参加复议活动。

第五，确定复议案件的审理方式。行政复议原则上采取书面审查的办法，但是申请人提出要求或者行政复议机构认为有必要时，可以向有关组织和个人调查情况，听取申请人、被申请人和第三人的意见。

根据行政复议法的规定，行政复议期间原具体行政行为不停止执行。这是符合行政效力先定原则的，行政行为一旦作出，即推定为合法，对行政机关和相对人都有拘束力。但为了防止和纠正因具体行政行为违法给相对人造成不可挽回的损失，行政复议法规定有下列情形之一的，可以停止执行：被申请人认为需要停止执行的；行政复议机关认为需要停止执行的；申请人申请停止执行，行政复议机关认为其要求合理，决定停止执行的；法律规定停止执行的。

在复议申请受理之后、行政复议决定作出之前，申请人基于某种考虑主动要求撤回复议申请的，经向行政复议机关说明理由，可以撤回。撤回行政复议申请的，行政复议终止。

4. 决定

行政复议机关应当自受理行政复议申请之日起六十日内作出行政复议决定；但是法律规定的行政复议期限少于六十日的除外。情况复杂，不能在规定期限内作出行政复议决定的，经行政复议机关的负责人批准，可以适当延长，并告知申请人和被申请人；但是延长期限最多不超过三十日。

复议决定的种类包括：

（1）决定维持具体行政行为。具体行政行为认定事实清楚，证据确凿，适用依据正确，程序合法，内容适当的，决定维持。

（2）决定撤销、变更或者确认原具体行政行为违法。有两种情况：一是认为原行政行为认定的主要事实不清，证据不足，适用依据错误，违反法定程序，越权或者滥用职权，具体行政行为明显不当的，决定撤销、变更或者确认该具体行政行为违法；二是被申请人不依法提出书面答复、提交当初作出具体行政行为的证据、依据和其他有关材料的，决定撤销。

（3）决定被申请人在一定期限内履行法定职责。有两种情况：一是拒绝履行。被申请人在法定期限内明确表示不履行法定职责的，责令其在一定期限内履行；二是拖延履行。被申请人在法定期限内既不履行，也不明确表示履行的，责令其在一定期限内履行。

（4）决定被申请人在一定期限内重新作出具体行政行为。决定撤销或者确认该具体行政行为违法的，责令被申请人在一定期限内重新作出具体行政行为。

（5）决定赔偿。行政复议机关在依法决定撤销、变更或者确认该具体行政行为违法时，申请人提出赔偿要求的，应当同时决定被申请人依法给予赔偿。

（6）决定返还财产或者解除对财产的强制措施。行政复议机关在依法决定撤销或者变更罚款，撤销违法集资、没收财物、征收财物、摊派费用以及对财产的查封、扣押、冻结等具体行政行为时，应当同时责令被申请人返还财产，解除对财产的查封、扣押、冻结措施，或者赔偿相应的价款。

申请人在申请行政复议时，对作出具体行政行为所依据的有关规定提出审查申请，或者行政复议机关认为具体行政行为依据不合法的，行政复议机关有权处理的应当在三十日内依法处理，无权处理的应当在七日内按照法定程序转送有权处理的国家机关依法处理。

行政复议机关作出行政复议决定，应当制作行政复议决定书。行政复议决定书应载明下列事项：申请人的姓名、性别、年龄、职业、住址（申请人为法人或者其他组织者，则为法人或者组织的名称、地址、法定代表人姓名）；被申请人的名称、地址、法定代表人的姓名、职务；申请行政复议的主要请求和理由行政复议机关认定的事实、理由，适用的法律、法规、规章和具有普遍约束力的决定、命令；行政复议结论；不服行政复议决定向法院起诉的期限（如为终局行政复议决定，则为当事人履行的期限）；作出行政复议决定的年、月、日；行政复议决定书由行政复议机关的法定代表人署名，加盖行政复议机关的印章。

行政复议决定书一经送达，即发生法律效力。除法律规定的终局行政复议决定外，申请人对行政复议决定不服，可以在收到行政复议决定书之日起十五日内，或法律法规规定的其他期限内，向人民法院提起行政诉讼。申请人逾期不起诉，又不履行行政复议决定的，对于维持具体行政行为的行政复议决定，由被申请人依法强制执行或者申请人民法院强制执行；对于变更具体行政行为的行政复议决定，由行政复议机关依法强制执行或者申请人民法院强制执行。被申请人不履行或者无正当理由拖延履行行政复议决定的，行政复议机关或者有关上级行政机关应当责令其限期履行，对直接负责的主管人员和其他直接责任人员依法给予警告、记过、记大过的行政处分；经责令履行仍拒不履行的，依法给予降级、撤职、开除的行政处分。

5. 执行

申请人和被申请人自收到行政复议决定书之日起，应当履行行政复议决定。

申请人不服行政复议决定的，自收到行政复议决定书之日起十五日内向人民法院提起行政诉讼。复议机关逾期不作出决定的，申请人可以在复议期满之日起十五日内，向人民法院提起行政诉讼。

### （三）教师特定行政复议

在我国的教育行政救济制度中，教育行政复议也是一条极为重要的救济途径。教育行政复议，是指教育管理相对人认为教育行政机关作出的具体行政行为侵犯其合法权益，向作出该行为的机关的上一级教育行政机关或该机关所属的本级人民政府提出申请，受理申请的行政机关对发生争议的具体行政行为进行复查并作出决定的活动。

我国现行的教育法律、法规中对教育行政复议的适用作出了原则的规定。在1998年3月6日国家教育委员会发布的《教育行政处罚暂行实施办法》第三十一条规定："当事人对行政处罚不服的，有权依据法律、法规的规定，申请行政复议或者提起行政诉讼。行政复议、行政诉讼期间，行政处罚不停止执行。"此外，在国家教委《关于〈中华人民共和国教师法〉若干问题的实施意见》里有关教师申诉的问题中也规定，对教师提出的申诉"逾期未作处理的，或者久拖不决，其申诉内容涉及人身权、财产权以及其他属于行政复议、行政诉讼受案范围的，申诉人可以依法提起行政复议或者行政诉讼。""申诉当事人对申诉处理决定不服的，……其申诉内容涉及其人身权、财产权及其他属于行政复议、行政诉讼受案范围事项的，可以依法提起行政复议或者行政诉讼。"这些规定为我国教育行政复议制度的确立提供了基础。

按照有关教育法律的规定，教师对学校或者其他教育机构提出的申诉的受理机关主要为其所在区域的主管教育行政部门，对当地人民政府的有关行政部门提出的申诉，受理机关为同级人民政府或上一级人民政府的有关部门。学生对学校的处分不服或认为学校、教师侵犯其合法权益的申诉，则主要由当地教育主管部门或学校来受理。而教育行政复议的受理机关，根据不同层级的教育行政机关之间受理行政复议的分工和权限的不同，可由本级人民政府或上一级教育主管部门管辖。只有对国务院教育主管部门的具体行政行为不服的复议申请，由原教育行政机关管辖。

### 二、教师申诉

我国教师法规定了教师申诉这一特别救济途径。申诉制度是指公民在其合法权益受到损害时，向国家机关申诉理由，请求处理或重新处理的制度。它是保障我国宪法赋予公民申诉权利的一项制度。教育申诉制度可从教师与学生两个方面来理解。

## （一）教师申诉制度的含义和特征

教师申诉制度的创设来自教师法。根据教师法第三十九条的规定，教师对学校或者其他教育机构侵犯其合法权益的，或者对学校或者其他教育机构作出的处理不服的，可以向教育行政部门提出申诉，教育行政部门应当在接到申诉的三十日内作出处理。教师法同时又规定："教师认为当地人民政府有关行政部门侵犯其根据本法规定享有的权利的，可以向同级人民政府或上一级人民政府有关部门提出申诉；同级人民政府或上一级人民政府有关部门应当作出处理。"上述规定，是宪法所规定的申诉权在教师身上的体现。所谓教师申诉制度，是指教师在其合法权益受到侵犯时，依照法律、法规的规定，向主管的行政机关申诉理由，请求处理的制度。

我国现行法律和政策设置了多项申诉制度，与其他申诉制度相比，教师申诉制度具有如下特征：

1. 教师申诉制度是一项法定申诉制度

教师法明确规定了教师申诉的程序，各级人民政府及其有关部门必须依法在规定的期限内对教师的申诉作出处理决定，使教师的合法权益及时得到保护。学校及其他教育机构、有关部门对上级行政机关作出的处理决定，负有执行的义务，否则即应承担相应的法律责任。

2. 教师申诉制度是一项专门性的权利救济制度

它在宪法赋予公民申诉权利的基础上，将教师的申诉权利具体化。从申诉受理的主体来看，受理教师申诉的主体是特定的，他们只能是教师；此外，对教师申诉的处理决定具有行政法上的效力，当然具有执行力、确定力和拘束力。

3. 教师申诉制度是非诉讼意义上的行政申诉制度

诉讼意义上的申诉制度是指当事人和其他公民对已经发生法律效力的判决和裁定不服的，向人民法院和检察院提出请求重新审判的制度。诉讼意义上的申诉制度的被请求方必须是国家司法机关，申诉的内容是已经发生法律效力的判决和裁定；而非诉讼意义上的申诉被请求方为特定的行政机关，申诉的内容为享有行政管理权的机关的行政行为。需要特别说明的是二者并不是绝对的独立，司法监督和约束行政行为，诉讼意义上的申诉也是非诉讼意义上的申诉公正的制度保障。

## （二）教师申诉制度的受案范围

教师法对可以提起申诉的范围规定得比较宽泛，具体内容包括：

教师认为学校或其他教育机构侵犯其教师法规定的合法权益的，可以提起申诉。这里的合法权益，包括教师法规定的教师在职务聘任、教学科研、工作条件、民主管理、培训进修、考核奖惩、工资福利待遇、退休等方面的各项权益。只要教师认为自己的上述权益受到侵犯，都可以提起申诉。

教师对学校或其他教育机构作出的处理决定不服的，可以提出申诉。学校和其他教育机构本无教育执法的职权，但是，有关教育法律、法规授权它们实施某些执法行为，其中与教师相关的有评定教师职称、依法奖励或处分教师等，从而使这些组织成为教育执法的主体。相应的，教师对学校和其他教育机构作出的决定不服的，可以比照行政执法机关的执法行为提起申诉。

教师认为当地人民政府的有关行政部门侵犯其根据教师法享有的合法权益的，可以提出申诉。需特别指出的是，这里的被诉对象只能是当地人民政府隶属的行政机关，而不能是当地人民政府。

### （三）受理申诉的机关和管辖

1. 受理申诉的机关

因被诉对象的不同而有所不同。教师如果是对学校和其他教育机构提出申诉的，受理申诉的机关为主管的教育行政部门；如果是对当地人民政府的有关行政部门提出申诉的，受理申诉的机关可以是同级人民政府或者是上一级人民政府对口的行政主管部门。此外，申诉必须向行政机关提出，而不应向行政机关的个人提出。

2. 教师申诉的管辖

是指行政机关之间受理教师申诉案件的分工和权限。教师申诉制度的管辖主要有四类：

一是隶属管辖，指教师提出申诉时，应当向该学校或其他教育机构所隶属的教育行政部门提出申诉。

二是地域管辖，指在没有直接隶属关系的学校或其他教育机构工作的教师提出申诉时，按照教育行政部门的管理权限，所在行政区的教育行政部门受理该申诉。

三是选择管辖，指教师在两个或两个以上有管辖权的行政机关之间选择一个提出申诉，受理申诉的机关不得以另一机关也有管辖权为理由推诿。对当地人民政府有关行政部门的申诉，申诉人可以在同级人民政府或上一级人民政府的有关部门选择受理机关。

四是移送管辖，行政机关对不属于其管辖范围的申诉案件，应当移送给有管辖权的行政机关办理，同时告知申诉人。

另外还有协议管辖和指定管辖。前者即因申诉管辖发生争议的，由涉及管辖的行政机关协商确定。后者指因管辖权发生争议的，由它们所属的同一级人民政府或共同的上级主管部门指定。

### （四）教师申诉制度的程序

1. 提出申诉

教师应当以书面形式提出申诉。申诉书应载明如下内容：

一是申诉人的姓名、性别、年龄、住址等。

二是被申诉人（指教师所在学校或其他教育机构或当地人民政府的有关行政部门）的名称、地址、法定代表人的姓名、性别、职务等。

三是申诉要求。主要写明申诉人对被申诉人因侵犯其合法权益或不服被申诉人的处理决定而要求受理机关进行处理的具体要求。

四是申诉理由。主要写明被申诉人侵害其合法权益；或不服被申诉人处理决定的事实依据，针对被申诉人的侵权行为或处理决定的错误，提出纠正的法律、政策依据，并就其陈述理由。

五是附项。写明并附交有关的物证、书证或复印件等。

2. 对申诉的处理

主管的教育行政部门接到申诉书后，应对申诉人的资格和申诉的条件进行审查，分别不同情况，作出如下处理：对于符合申诉条件的应予以受理；对于不符合申诉条件的，答复申诉人不予以受理；对于申诉书未说明申诉理由和要求的，要求重新提交申诉书。

3. 对申诉作出处理决定

行政机关对受理的申诉案件，应当进行全面的核查，根据不同情况，作出如下处理决定：（1）学校或其他教育机构的管理行为符合法定权限和程序、适用法律法规正确、事实清楚的，可以维持原处理结果；（2）对于被申诉人不履行法律法规和规章规定的职责的，可以责令其限期改正；（3）学校管理行为部分适用法律法规和规章错误的，或处理决定事实不清的，可变更不适用部分或责令学校重新处理；（4）学校管理行为违反法律法规的，可撤销其原处理决定，其所依据的内部规章制度与法律、法规及其他规范性文件相抵触的，可责令学校进行修改或废止；（5）对学校和其他教育机构提起的申诉，主管教育行政部门应在收到申诉书的次日起三十天内进行处理，在移送管辖的情况下，从有管辖权的主管教育部门接到移送的申诉案件的次日起计算期限，主管教育部门逾期未作处理的，或者久拖不决的，其申诉内容直接涉及人身权、财产权以及属于其他行政复议、行政诉讼受案范围的，申诉人可依法提起行政复议或行政诉讼；（6）行政机关作出申诉处理决定后，应当将申诉处理决定书发送申诉当事人，申诉处理决定书自送达之日起发生效力，申诉当事人对申诉处理决定书不服的，可向原处理机关隶属的人民政府申请复核，其申诉内容直接涉及人身权、财产权内容的，可依法提起行政诉讼。

# 第三节　司法救济

司法救济是运用国家权力调整处理各种社会关系和矛盾并强制相关当事人履行法定义务的一种救济手段。当教师的合法权益受到侵害时，与其他公民一样有权寻求司法救济。

## 一、司法救济的涵义

司法救济是指当宪法和法律赋予人们的基本权利遭受侵害时，人民法院应当对这种侵害行为作有效的补救，对受害人给予必要和适当的补偿，最大限度地救济他们的生活困境和保护他们的正当权益，从而在最大程度上维护基于利益平衡的司法和谐。司法救济具有职权的法定性、程序的法定性和权威性。

司法救济是维护当事人合法权利的重要救济方式。司法救济制度有狭义、广义之分。狭义的司法救济制度，仅指对向人民法院提起民事、行政诉讼，但经济确有困难的当事人，人民法院实行诉讼费用的缓交、减交、免交，以保障其正常行使诉讼权利，维护合法权益的法律制度内容。广义的司法救济制度还包括刑事案件被害人获得补偿、执行案件中申请人和被申请人均经济困难而获得救助的内容。

## 二、司法救济在现行法律法规中的体现

### （一）司法救济在民事、行政诉讼中的规定

民事诉讼法第一百一十八条规定，当事人交纳诉讼费用确有困难的，可向人民法院申请缓交、减交或免交。这一规定标志着狭义司法救助制度的正式确立。2012年8月31日十一届全国人大常委会二十八次会议《关于修改〈中华人民共和国民事诉讼法〉的决定》进行了第二次修正，保留了这一规定。

2000年7月12日，最高人民法院专门出台《关于对经济确有困难的当事人予以司法救助的规定》，正式以法律形式明确提出了"司法救助"这一概念，第一次明确规定了我国的司法救助制度。按照此规定，当事人具有下列情形之一的，可以向人民法院申请司法救助：当事人追索赡养费、扶养费、抚育费、抚恤金的；当事人追索养老金、社会保险金、劳动报酬而生活确实困难的；当事人为交通事故、医疗事故、工伤事故或者其他人身伤害事故的受害人，追索医疗费用和物质赔偿，本人确实生活困难的；当事人为生活困难的孤寡老人、孤儿或者农村"五保户"的；当事人为没有固定生活来源的残疾人的；当事人为国

家规定的优抚对象，生活困难的；当事人正在享受城市居民最低生活保障或者领取失业救济金，无其他收入，生活困难的；当事人因自然灾害或者其他不可抗力造成生活困难，正在接受国家救济或者家庭生产经营难以为继的；当事人起诉行政机关违法要求农民履行义务，生活困难的；当事人正在接受有关部门法律援助的；当事人为福利院、孤儿院、敬老院、优抚医院、精神病院、SOS儿童村等社会公共福利事业单位和民政部门主管的社会福利组织的。2005年最高人民法院对这一规定进行了修订，对司法救助的对象由原来的5种情形增加到14种情形，对申请司法救助的程序也作了规定。2006年12月19日国务院颁布《诉讼费用交纳办法》，对司法救助制度作了进一步的完善。

### （二）司法救济在刑事诉讼中的规定

在刑事案件中的司法救助主要是对于被告人因经济困难或者其他原因，通过人民法院指定辩护人为其提供辩护来实现。刑事诉讼法第三十四条规定了，犯罪嫌疑人、被告人因经济困难或者其他原因没有委托辩护人的，本人及其近亲属可以向法律援助机构提出申请。对符合法律援助条件的，法律援助机构应当指派律师为其提供辩护。犯罪嫌疑人、被告人是盲、聋、哑人，或者是尚未完全丧失辨认或者控制自己行为能力的精神病人，没有委托辩护人的，人民法院、人民检察院和公安机关应当通知法律援助机构指派律师为其提供辩护。犯罪嫌疑人、被告人可能被判处无期徒刑、死刑，没有委托辩护人的，人民法院、人民检察院和公安机关应当通知法律援助机构指派律师为其提供辩护。最高人民法院关于执行《中华人民共和国刑事诉讼法若干问题的解释》第三十九条规定，被告人没有委托辩护人的，人民法院自受理案件之日起三日内，应当告知其有权委托辩护人；被告人因经济困难或者其他原因没有委托辩护人的，应当告知其可以申请法律援助；被告人属于应当提供法律援助情形的，应当告知其将依法通知法律援助机构指派律师为其提供辩护。告知可以采取口头或者书面方式。第四十二条规定了人民法院应当为其指定辩护人的情况：盲、聋、哑人；尚未完全丧失辨认或者控制自己行为能力的精神病人；可能被判处无期徒刑、死刑的人。

### 三、司法救济的程序

### （一）司法救济的申请

司法救济的基本方式是诉讼。司法救济的申请应采取书面的形式。当事人符合司法救助条件，请求人民法院提供司法救助，应在起诉或上诉时提交书面申请和足以证明其确有经济困难的证明材料。其中因生活困难或者追索基本生活费用申请司法救助的，应当提供本人及其家庭经济状况符合当地民政、劳动和社会保障等部门规定的公民经济困难标准的证明。

## （二）司法救济的审查

人民法院对当事人司法救助的请求，由受理该案的审判人员负责审查，既要审查申请人申请救助的理由是否成立，属不属于应当给予救助的范围，又要审查申请人符不符合救助的经济条件和诉讼能力条件，并且有没有法定证明机关的证明文件。

## （三）司法救济的实施

人民法院对当事人司法救助的申请经审查符合条件的，应根据其申请救助的内容采取不同的救助措施。

思考题

1. 法律救济的基本原则是什么？

2. 教师申诉制度的受案范围是什么？

3. 教师可以通过哪些途径进行司法救济？

# 第十二章　教育法律责任

**本　章　要　点**

　　社会生活中如果没有责任，权利就受不到约束，义务就得不到履行，整个社会将混乱不堪。因此，只要有社会存在，就必然有责任存在。当然，维持社会有序运行的责任不仅包括法律责任，同时还有政治责任、道德责任、纪律责任、习惯责任等。但法律责任的规定在我们的社会生活中是最重要的。

　　依法追究违法主体的法律责任是教育法规实施的重要保证。培根曾经说过："违法犯罪不过是弄脏了水流，而执法不严却污染了水源。"只有坚持"违法必究"的原则追究违法者的法律责任，对他们绳之以法，才能及时地正本清源，清除社会的浊流，树立法律的权威，实现依法治国。

## 第一节　教育法律责任概述

　　近几年，我国的一系列教育法律法规不断被制定颁布，教育法制建设取得了可喜的成绩。但与此同时，违反教育法规的行为却又时有发生，究其原因，就在于执法不严，违法者没有受到应有的惩罚。所以，只有充分使违法者承担起与其行为相应的法律责任，违法行为受到应有的惩罚，才能真正树立起法律的尊严，保证教育法律法规得到真正的落实。

### 一、教育法律责任的概念

　　法律责任具有广义和狭义两种解释。就广义而言，它又具有两方面的含义：

　　一是指根据法律的规定，人们所应当履行的义务。它要求人们主动、自觉地履行。如赡养父母、抚养子女、尊敬老人等。

　　二是指行为人所实施的行为违反了有关法律规定而必须承担的法律后果。它是具有强制性的责任。例如，殴打致人伤害，必须承担赔偿损失等相应的民事责任，情节严重的依法接受刑事处罚。

前者为第一性义务，后者为第二性义务。

狭义上所讲的法律责任仅指后一种含义。人们通常也是从狭义上理解和使用法律责任这一概念的。所以我们通常对法律责任定义为：法律责任是由法律关系主体的违法行为引起的，应当由其依法承担的惩罚性法律后果。

教育法律责任是指行为人违反教育法律规范的行为所引起的，应当由其依法承担的惩罚性的法律后果。

由于行为人违反教育法律规范的程度不同，其所应该承担的教育法律责任也会有程度上、性质上的不同区别。

法律责任不同于其他社会责任的特征：

第一，法律责任由法律规范事先明确规定，具有法律规定性。因而，它使行为人在实施行为之前能够预测自己的行为所应承担的责任，从而对行为人履行法定义务起到督促和警戒作用，保证正常稳定的社会关系。

第二，法律责任由国家强制力保证实施，具有国家强制性。法律责任具有普遍的约束力，是维护社会正常秩序的有力手段，人人必须遵守，任何违法者不得逃避或拒不承担。

第三，法律责任的追究，是由国家司法机关或国家授权的行政机关来执行的，即法律责任的专权追究性，任何个人或其他组织都无权行使这一职权。

第四，法律责任由违法的教育法律关系主体所承担，即归责的特定性。当事人必须是教育法律关系中义务的履行者，因其未履行相关义务而须承担教育法律责任，否则，就不会导致教育法律责任。

## 二、教育法律责任的归责要件

所谓归责，是指法律责任的归结。它要解决的是法律责任应该由谁来承担的问题。

教育法规既然设定了法律责任，就必须要解决好归责的问题。根据什么来确定教育法律责任主体呢？这就是教育法律责任主体的归责要件问题。

教育法律关系主体只有具备以下四个教育法律责任的归责要件，才被认定为教育法律责任主体，才应该承担相应的法律后果。

### （一）有损害事实

即行为人有侵害教育管理、教学秩序及从事教育教学活动的公民、法人和其他组织的合法权益的客观事实存在。这是构成教育法律责任的前提条件。

违法对社会所造成的损害，有两种情况：一种是违法行为造成了实际的损害，如体罚学生致学生身体受到伤害；另一种是违法行为虽未实际造成损害，但已存在这种可能性，如有关部门明知学校房屋有倒塌的危险，却拒不拨款维修。

违法行为造成的损害后果，表现为物质性的后果和非物质性的后果。物质性的后果具体、有形、能够计量。如挪用学校建设经费，其数额可以计算。非物质性的后果抽象、无形、难以计量。如教师侮辱学生，造成学生精神上、心理上长期的伤害，则无法计量。

## （二）有违法行为

即行为人实施了违反法律、法规的行为。假若行为人的行为没有违法，他就不承担法律责任。行为违法也是构成教育法律责任的前提条件。

这个条件也包括了两个方面的含义：

一方面是指行为的违法性。只有行为违反了现行法律的规定才是违法行为。这种违法行为可以是积极的作为，如考试作弊，殴打、侮辱教师，侵占学校财产；也可以是消极不作为，如不及时维修危房、拖欠教师的工资等。

另一方面，违法行为必须是一种行为。人的行为虽然受思想支配，但是如果思想不表现为行为，则并不构成违法。内在的思想，只有表现为外在的行为时，才可能构成违法。社会主义法制原则不承认思想违法。

## （三）行为人主观上有过错

所谓过错，是指行为人在实施行为时，具有主观上的故意或过失的心理状态。

所谓故意的心理状态，是指行为人明知自己的行为会发生危害社会的结果，但希望或放任这种结果的发生。例如，招生办公室主任收受贿赂后，有意招收分数低的学生，不招收分数高的学生，致使分数高的学生落榜。

所谓过失的心理状态，是指行为人在本应避免危害结果发生时，由于疏忽大意或者过于自信而没有避免，以致发生危害结果。例如，教师教育方式不当对学生进行人格侮辱后，学生因不堪忍受而自杀。该教师的行为即有过失的因素。

## （四）违法行为与损害事实之间有因果关系

即违法行为是导致损害事实发生的原因，损害事实是违法行为造成的必然结果，二者之间存在着内在的必然的联系。前者决定后者的发生，后者是前者的必然结果。

因果关系是承担法律责任的重要条件之一。

## 三、教育法律责任的归责原则

法律责任的归责原则是指确认和承担法律责任时必须依照的标准和准则。学校教育活动所产生的法律责任绝大多数情况下都是侵权导致的民事法律责任，根据我国民法通则，这种民事法律责任的追究，主要适用过错责任原则、过错推定原则、公平责任原则和无过错责任原则四项原则。

第十二章　教育法律责任

## （一）过错责任原则

所谓过错责任，是指以过错作为归责的构成要件和归责的最终要件，同时，以过错作为确定行为人责任范围的重要依据。我国民法通则第一百零六条第二款规定："公民、法人由于过错侵害国家的、集体的财产，侵害他人财产、人身的，应当承担民事责任。"这一规定表明我国民事立法已将过错责任原则以法律形式固定下来，确认了它作为一般归责原则的法律地位。

## （二）过错推定原则

推定，是指根据已知的事实所进行的推断和确定。过错推定，也称为过失推定，是指如果原告能证明其所受的损害是由被告所致，而被告不能证明自己没有过错，则应推定被告有过错并应承担民事责任。我国民法通则第一百二十六条规定："建筑物或者其他设施以及建筑物上的搁置物、悬挂物发生倒塌、脱落、坠落造成他人损害的，它的所有人或者管理人应当承担民事责任，但能够证明自己没有过错的除外。"这一规定以立法的形式确认了过错推定原则的合法地位。

## （三）公平责任原则

公平责任是指当事人双方在造成损害时均没有过错的情况下，由人民法院根据公平的原则，来判定当事人对受害人的财产损失给予适当的补偿。民法通则第一百三十二条规定："当事人对造成损害都没有过错的，可以根据实际情况，由当事人分担民事责任。"这一规定是公平责任原则的重要法律依据。此外，民法通则在多个条文中都规定了公平责任，从而使公平责任上升为一项归责原则。

## （四）无过错责任原则

无过错责任，也称为无过失责任，是指当损害发生后，当事人无过错也要承担责任的一种法定责任形式，其目的在于补偿受害人所受到的损失。我国民法通则第一百零六条第三款规定："没有过错，但法律规定应当承担民事责任的，应当承担民事责任。"这一规定是无过错责任原则的法律依据。

追究法律责任只有遵循上述原则，严格依据法律，根据违法行为的性质、种类和社会危害程度，实事求是地追究违法者的法律责任，使其得到相应的法律制裁，才能真正有效地教育公民，减少违法犯罪活动。

除此之外，在我国的法律实践中，确认和承担法律责任还需要强调遵循下列几项重要的原则：

责任法定原则。即法律责任必须在法律上有明确具体的规定，任何人都不得向他人实施和追究法律明文规定以外的责任。

责任自负原则。即只有实施了违法行为的人才独立承担相应的法律责任；在追究当事人法律责任时不允许株连。

违法行为与法律责任相适应原则。

责任平等原则。任何违法行为都必须受到追究，任何人都没有逃避法律责任的特权。

惩罚与教育相结合原则。对违法的惩罚只是手段，目的是教育违法者和其他公民避免重蹈覆辙，增强守法的自觉性。

## 四、教育法律责任的承担方式

一个人或者组织如果需要承担法律责任，那么，其承担的方式就是接受法律制裁。法律制裁的类型与方式又可以区分为行政制裁、民事制裁和刑事制裁几种不同的方式，它们在其他的章节中有专门的讨论。

# 第二节  教育法律责任的分类

对法律责任进行分类，往往可以从不同的角度，或者按照不同的分类依据，将其区分为各种不同的类型。在这里，我们主要根据违法主体的法律地位、违法行为的性质和危害程度的不同，将教育法律责任分为行政法律责任、民事法律责任和刑事法律责任三种。除了这三种法律责任之外，在某些特定情况下还可以追究违宪的责任。

## 一、行政法律责任

行政法律责任是指行为人因实施行政违法行为而应承担的法律责任，简称行政责任。行政法律责任的特征表现为：

（一）行政责任是基于违反行政法律义务而产生的法律责任

其一，是行政机关的行政责任。国家的行政机关应依照法定的授权，履行行政管理的职责。国家机关有进行管理的权力，但同时也有保障相对人合法权益的义务。滥用职权和不履行义务将导致承担相应的法律责任。

其二，是国家行政机关工作人员的行政责任。国家行政机关工作人员滥用职权和违反职责的行为，表明他们的行为已超出法定的限度，为此他们将承担个人责任。

其三，是行政受托人的行政责任。公民和组织受行政机关委托进行一定的行政活动，必须在规定的授权范围内行使权利和承担义务，如果超出这个范围将承担一定的行政责任。

其四，是相对人的行政责任。行政机关在依法对相对人进行管理时，相对人应服从行政机关的命令和决定。否则，行政管理机关可以追究其行政责任。

（二）行政责任应由国家机关依照相关行政法规定的条件和程序予以追究

人民法院或有关行政机关依法拥有此项权力。

（三）追究行政责任主要适用行政程序

如行政复议制度、教师申诉制度即是适用行政程序的制度。在必要时，也可采用诉讼程序，如行政诉讼等。

对违反教育法规的行为的行政责任追究，在《教育行政处罚实施暂行办法》和《国家教育考试违规处理办法》中有明确规定。

## 二、民事法律责任

民事法律责任是指，由于人们实施民事违法行为所导致的赔偿或补偿的法律责任，简称民事责任。民事责任的特点表现为：

第一，民事责任基于民事违法行为而产生。这主要包括违反合同的民事责任和侵权的民事责任。违反合同的民事责任，是指合同当事人违反合同的规定而应承担的财产责任。侵权的民事责任，是指行为人因侵害他人合法财产权利或人身权利而应承担的财产责任或其他责任。

第二，民事责任主要是财产责任。民法主要是调整平等主体之间财产关系和人身关系。其中，即使是因人身关系而导致的纠纷，如侵犯姓名权、名誉权等，其承担责任方式也可以是财产责任。

第三，一定条件下，民事责任可以由当事人协商解决。违法者一般应主动承担，拒不履行时，才由受害人请求人民法院裁决。

第四，民事责任既有个人责任，也有连带责任或由相关人负替代责任。

## 三、刑事法律责任

刑事法律责任是指由于实施刑事违法行为所导致的受刑罚处罚的法律责任，简称刑事责任。刑事责任是一种惩罚最为严厉的法律责任。刑事责任的特点表现为：

第一，承担刑事责任的依据是严重违法行为，即由犯罪行为引起，其社会危害性大。一般不触犯刑法的违法行为，不承担刑事责任。

第二，认定和追究刑事责任的是审判机关，即只有人民法院按照刑事诉讼程序才能决定行为人是否应承担刑事责任。其他机关没有这项权力。

需要指出的是，很多人知道和理解违反教育法律法规要承担行政的、民事的法律责任，对于教育中的违法违规需要承担刑事法律责任的情况则感受不深。其实，在教育法、义务教育法、义务教育法实施细则、教师法等教育法律法规当中，对需要承担刑事法律责任的情况都有十分明确的规定。

一般说来，在教育活动中需要承担刑事法律责任的情况包括：侵占、克扣、挪用教育经费或义务教育经费的；扰乱学校教学秩序，情节严重的；侵占或者破坏学校校舍、场地和设备情节严重的；侮辱、殴打教师、学生情节严重的；体罚学生情节严重的；玩忽职守致使校舍倒塌，造成师生伤亡事故情节严重的；招生中徇私舞弊的。

当然，对以上的各种违法行为，大部分都以情节严重作为追究刑事责任的必要条件。不过，不同行为中"情节严重"的含义是有所不同的。比如，体罚学生情节严重是指体罚学生的手段恶劣，或者致学生重伤等情况。又如，玩忽职守致使校舍倒塌，造成师生伤亡事故的"情节严重"，是指明知是危险校舍而不向上级报告或不采取措施处理而致使校舍倒塌，造成死亡1人以上或者重伤3人以上等情节。

我们注意到，在最新修订的刑法第一百三十八条和第四百一十八条中，专门针对教育犯罪的特点，设置了"教育设施重大安全事故罪"和"招收公务员、学生徇私舞弊罪"这两个罪名。这就说明，国家是十分重视打击那些违反教育法律法规中的犯罪行为的。

最后需要指出的是，在涉及共同违法的教育案例处置中，行政法律责任、民事法律责任和行政法律责任往往可能会综合出现。此时，针对案例中各个违法主体所处的不同地位、所作出的不同行为以及其主观过错的不同程度，应该分别予以不同的制裁。

## 第三节　教育活动中侵权法律责任分析

各个法律关系的主体在教育活动中都享有法律所予以保护的权利，其他的人和组织负有不侵犯这些权利的义务。如果有人或组织在其活动中违反了法律规定的不得侵犯他人权利的义务，侵犯了受害人的健康权、人格权、生命权以及财产权等，就应该承担因此而来的法律责任。下面，我们分别讨论教师对学生的侵权，学校对教师的侵权，教育行政部门对学校和教师的侵权，以及社会其他主体对学校、教师或学生的侵权所应承担的法律责任。

### 一、学校（包括教师）对学生的侵权责任

以学校（包括教师）为违法主体的违法行为基本上可划分为两类：一类是学校（包括教师）权力行使不当，如滥用权力或是越权行为，以致侵犯了学生的合法权益；另一类是学校或是教师未能很好地履行法律上规定的职责和义务，它主要是指学校未尽管理学生的职责，教师未尽教育管理学生的义务。

前者的违法主体通常是出于故意的心理状态，即明知违法但仍坚持实施；而后者通常是出于过失的心理状态，即未能够预见违法后果的产生，或并不希望出现违法后果。对这两类违法行为所应承担的法律责任，往往需要考虑违法主体当时的主观心理状态。

### 二、学校对教师的侵权责任

学校和教师之间存在着上下级的隶属性行政法律关系，所以学校有权依法"自主进行教师管理工作"。所以，学校有权对教师进行聘任或对其晋升、任免提出意见，并对教师的政治思想、业务水平、工作态度和工作

我要举报xx学校侵权行为……

成绩进行考核；学校有权对教师进行思想政治和教学业务培训；学校还有权对在教育教学研究、教学改革、学校建设、社会服务等方面成绩突出的教师给予表彰和奖励等。

在这里，学校实质上行使的是法律授权对教师行使管理的职能，因此，学校就有权对那些有违法行为的教师给予行政处分或解聘，使其承担相应的法律责任。教师法第三十七条就规定，教师有下列情形之一的，由所在学校、其他教育机构或者教育行政部门给予行政处分或者解聘：故意不完成教育教学任务给教育教学工作造成损失的；体罚学生，经教育不改的；品行不良，侮辱学生，影响恶劣的。

可见，学校依法对有违法行为的教师进行处理，是法律赋予的权力。当然，学校对自己的教师也负有一定的法律义务。其中一个十分重要的义务就是，学校在实施教师管理的过程中，不能侵犯教师的合法权益，否则，将要承担相应的法律责任。

### 三、行政机关及其工作人员对学校和教师的侵权责任

以行政机关为违法主体的侵权行为大致可划分为两大类：一类是行政机关越权或滥用职权侵犯相对人合法权益的违法；另一类是行政机关工作人员滥用职权、触犯法律的违法。

这两类违法承担法律责任的主体、方式不同。前者责任主体是行政机关，后者责任主体是国家机关工作人员。两类违法并非截然分开，有时在追究行政机关法律责任后，仍要追究行政机关有关负责人的法律责任。目前，以行政机关为违法主体的违法行为主要包括：

#### （一）教育经费核拨、使用不当的法律责任

各级财政预算内拨款是教育经费来源的主要渠道，它对各级教育事业的发展起着举足轻重的作用，因而不按预算核拨教育经费必须承担相应的法律责任。

在这里的违法行为，表现为：

第一，不按预算核拨教育经费。所谓不按预算核拨教育经费是指，不按本级人民代表大会审查和批准的本级人民政府的预算内容，向教育行政部门或其他教育机构核拨预算内容所要求的教育经费的情形。不按预算核拨教育经费的方式包括擅自调整、更改教育预算支出，不足额核拨教育经费，拒绝或拖延核拨教育经费。

第二，挪用、克扣教育经费。所谓挪用、克扣教育经费是指有关人员违反国家对财政预算内或预算外但仍具有财政性质的教育经费的核拨、征收、上缴划分、留解使用等方面的财政管理制度，违反国家有关收支、核算、监督等方面的财务管理制度，利用工作或职务上的便利，将教育经费全部或部分收归个人或集体所有。在这里所谓的预算外但仍具有财政性质的教育经费，主要包括社会对教育的投入，如社会集资、群众捐资、人民教育基金会、学生缴纳的学杂费等。

本违法行为的主体，不仅包括行政部门的有关人员，同时，学校或其他教育机

构、有关的企事业单位等社会组织中，凡是有权管理教育经费的人员，都有可能成为挪用、克扣教育经费的违法主体。

这种违法行为，使本来已很紧张的教育资源更加匮乏，因而十分有必要对其进行规范。教育法第七十一条第二款规定："违反国家财政制度、财务制度，挪用、克扣教育经费的，由上级机关责令限期归还被挪用、克扣的经费，并对直接负责的主管人员和其他直接责任人员，依法给予行政处分；构成犯罪的，依法追究刑事责任。"义务教育法、教师法、义务教育法实施细则都对此作了相应的规定，指出对侵占、克扣教育经费的要由主管部门对直接责任人员给予相应的行政处分，直至追究其刑事责任。

### （二）拖欠教师工资的法律责任

拖欠教师工资是指有关部门或其他教育机构不按时发放教师的工资。

教师工资是教师生活的基本来源，同时也是教师能够安心本职工作的基本保证。拖欠教师工资的现象严重影响了教师教学的积极性，使教育教学质量无法得到保障，对教育事业的发展危害很大，所以必须设法杜绝这种违法现象的存在。

教师工资的拖欠有经济的原因，但又不仅仅是经济的原因。其中有些是由于有关部门不按预算核拨教育经费，挪用克扣教育经费造成的。此时拖欠的教师工资，是教育经费核拨、使用不当的结果。但有些地区拖欠教师工资，却的确是由于财政困难或管理体制不合理造成的。所以，对教师工资拖欠的现象，一方面要进行教育行政管理体制改革，明确各级政府的责任，建立有效的监督机制，对确有财政困难的，国家要进行补贴；另一方面，则要认真追究违法行为责任者的法律责任。

教师法第三十八条对此种行为的法律责任作了规定："地方人民政府对违反本法规定，拖欠教师工资或者侵犯教师其他合法权益的，应当责令其限期改正。违反国家财政制度、财务制度，挪用国家财政用于教育的经费，严重妨碍教育教学工作，拖欠教师工资，损害教师合法权益的，由上级机关责令限期归还被挪用的经费，并对直接责任人员给予行政处分；情节严重，构成犯罪的，依法追究刑事责任。"

### （三）乱收费、乱摊派、乱罚款的法律责任

乱收费、乱摊派、乱罚款（简称"三乱"）是指一些地区的有关部门或有关个人在国家法律法规和有关收费管理规定之外，无依据或违反有关收费标准、范围、用途或程序的要求，向教师、学校或其他教育机构乱收费用。"三乱"行为还表现为有关部门的集资以及政府有关职能部门（如工商、税务、卫生等行政机关）对学校的检查管理过程中的乱收费。

这些"三乱"的违法行为，违背了自愿、受益、适度、资金定向使用和学校办学自主权等原则，侵犯了学校或其他教育机构和教师的权益。

要判断当前各地的收费是不是合法的收费行为，应该要看它是否符合下列的几

项条件。这几个条件中违反了任何一项，就都属于"三乱"行为：首先，收费要符合国家法律法规规定的收费项目；其次，收费要符合国家法律法规规定的收费标准；再次，收费要符合国家法律法规的收费程序。

向学校、教师或其他教育机构乱收费、乱摊派、乱罚款，有体制改革不配套的原因，但主要还在于地区或部门的领导缺乏法制观念，不重视人权，不重视教育。因而，要加强对有关部门和责任人员的责任追究。

对此，除了可依据国家已发布的一系列治理"三乱"的政策和规定之外，教育法、教师法也对此类现象作出了承担相应法律责任的规定，这些都是制止这些违法行为的法律武器。

### （四）在考试管理和招生工作中徇私舞弊的法律责任

在国家考试和招生工作中徇私舞弊，是指有关的主管人员、直接从事和参与学校及其他教育机构考试管理和招生工作的人员，违反有关规定和要求，利用职务之便，在考试、招生或与其相关的工作中，通过串通作弊、掩盖真相、以假乱真等行为，达到招收本不应被录取的人员并从中捞取好处的目的。

考试和招生工作是关系考生前途命运的一件大事，因而，人们对在考试和招生中徇私舞弊的行为非常痛恨。国家法律对此也做了比较严厉的规定，凡在考试招生中，徇私舞弊情节严重的，将有可能构成渎职罪、受贿罪或泄露国家机密罪而被追究刑事责任。

比如说，教育法第七十七条规定："在招收学生工作中徇私舞弊的，由教育行政部门责令退回招收的人员；对直接负责的主管人员和其他直接责任人员，依法给予行政处分；构成犯罪的，依法追究刑事责任。"

《普通高等学校招生暂行条例》第五十五条规定，有下列行为之一的招生工作人员和其他有关人员，省、自治区、直辖市招生委员会或高等学校或撤销其招生工作职务，取消工作人员资格，或给予行政处分：在出具、审定考生的户口、政治思想品德考核、身体检查、三好学生、优秀学生干部、体育竞赛得奖名次及其他证明材料中弄虚作假；纵容或伙同他人舞弊；涂改考生志愿、试卷、考试分数及其他有关材料；违反招生工作规定，给工作造成损失。

《普通高等学校招生暂行条例》第五十六条规定，有下列行为之一的人员，由司法机关根据情节轻重，依据治安管理处罚条例和刑法，追究行政责任和刑事责任：盗窃或泄漏试题、参考答案、评分标准；扰乱考场、录取场所秩序，威胁工作人员

安全；行贿受贿，敲诈勒索；国家工作人员利用职权，徇私舞弊，妨碍招生工作；其他破坏招生工作的行为。

## 🔍 以案释法 ㉑

### 张某徇私舞弊破坏招生工作

【案情介绍】张某自2010年3月起在某区大中专招生委员会办公室工作，主要负责该区普通高校招生工作的考生报名及照顾加分项资格审查，外县返该区零报考生的报名注册工作。2015年3月份，张某通过他人介绍与A市人赵某某相识，对赵某某向其提出在高考报名资格审查方面对A市移民考生提供便利的请求予以应允，并收取赵某某现金1万元。同年，某中学将赵某某提供的18名移民考生报到张某处，其在明知该校补报的18名考生就是当初赵某某请托的事项后，未严格履行审查条件，使18名考生违规通过报名审核且取得准考资格证。

【以案释法】张某身为国家机关工作人员，在招收学生工作中，不按规定依法履行职责，徇私舞弊，为外地高考学生在本地顺利通过资格审查且取得准考资格提供帮助，影响恶劣，情节严重，确已构成招收学生徇私舞弊罪。张某利用职务之便，非法收受他人钱财，为他人谋取非法利益的行为已构成受贿罪，应数罪并罚，承担相应的法律责任。

### （五）忽视教育教学设施安全的法律责任

这方面的违法行为，主要表现为：学校及其他教育机构的教育教学设施，因维修、改造等资金不能及时拨付，发生危房垮塌，导致师生伤亡的事故；有些部门和领导对此问题没有给予足够的重视，致使有的学校和其他教育机构的教学设施一直存在严重的隐患而不被发现；一些新建校舍中，由于一些有权的经办人员从中受贿，出现不少"豆腐渣"工程，时刻威胁着师生的安全等。

对于负有责任的组织机构或相关责任人员，如果明知校舍和教育设施有危险而不采取措施，或在校舍建设、维修中收受贿赂，导致工程质量事故，造成人员伤亡或重大财产损失的行为将构成玩忽职守罪和受贿罪。

在这里，人员伤亡是因事故造成死亡1人以上或者重伤3人以上的情况；重大财产损失是指造成直接经济损失5万元以上或经济损失虽未达到以上数额，但使教学科研活动受到重大影响的情况。

对于犯玩忽职守罪，将被处5年以下有期徒刑或者拘役。

### （六）其他违法行为的法律责任

以行政机关及其工作人员为违法主体的违法行为除以上列举的情形外，尚有许多其他的内容。如对依法提出申诉、控告、检举的教师进行打击报复，以及其他侵犯学校、教师、学生或其他教育机构和人员的合法权益的行为等。

这里所谓的侵犯教师、学生和学校的合法权益，主要包括以下方面：侵犯教师、受教育者的生命健康权和人格权，包括姓名权、肖像权、名誉权和荣誉权；侵犯学校或者其他教育机构的名称权、名誉权、荣誉权；侵占学校或者其他教育机构的校舍、场地或者损害学校或者其他教育机构、教师、受教育者的财产所有权；侵犯教师、受教育者、学校或者其他教育机构的著作权、专利权、商标专用权、发现权、发明权和其他科技成果权。

对于行政机关及其工作人员侵犯学校、教师、学生或其他教育机构和人员的上述合法权益的，根据国家赔偿法的规定，还有可能承担相应的赔偿责任。

### 四、社会其他主体对学校、教师或学生的侵权责任

这里所说的其他主体，主要是指除行政机关、学校（包括教师）、学生以外的其他人员或组织。

#### （一）妨碍适龄儿童、少年接受义务教育的侵权责任

义务教育法第四条明确规定，国家、社会、学校和家庭依法保障适龄儿童、少年接受义务教育的权利。这一规定说明各方面都有责任保障适龄儿童、少年接受义务教育。

如果适龄儿童不入学接受义务教育，该由谁负主要责任呢？义务教育法第十一条明确进行了界定："凡年满六周岁的儿童，其父母或者其他法定监护人应当送其入学接受并完成义务教育"。问题在于，当父母或者监护人不送子女或被监护人入学接受规定年限的义务教育时，由谁来追究他们的责任，以及如何来追究他们的责任。

义务教育法第五十八条明确规定："适龄儿童、少年的父母或者其他法定监护人无正当理由未依照本法规定送适龄儿童、少年入学接受义务教育的，由当地乡镇人民政府或者县级人民政府教育行政部门给予批评教育，责令限期改正。"义务教育法实施细则第十三条进一步规定："父母或者其他监护人不送其适龄子女或者其他被监护人入学的，以及其在校接受义务教育的适龄子女或者其他被监护人辍学的，在城市由市或者市辖区人民政府及其教育主管部门，在农村由乡级人民政府，采取措施，使其送子女或者其他被监护人就学。"

这些规定都说明，不送子女或者被监护人入学接受义务教育，父母或者监护人应负主要责任。但对其违法行为的管理和处罚是由行政机关实施的，是法律赋予行政机关的管理权。采取措施使其送子女或者被监护人入学既是行政机关的权利，又是行政机关的义务。

义务教育的实施是教育行政管理问题，学校与学生家长是平权型的法律关系，学校没有因家长不送子女入学而起诉家长的义务，法院也不应该受理学校提出的此类诉讼。

### （二）非法举办学校或其他教育机构的法律责任

根据教育法第二十六条第二款的规定，国家鼓励企业事业组织、社会团体、其他社会组织及公民个人依法举办学校及其他教育机构。但是，这并不等于办学校就是一件轻松容易、随随便便的事情。在教育法的第二十七条，专门规定了设立学校的必备条件：有组织机构和章程；有合格的教师；有符合规定的教学场所及设施、设备等；有必备的办学资金和稳定的经费来源。

在具备了上述条件的基础之上，举办者必须向国家的相关部门提出申请，经过相应的审批程序，方能正式地开办学校。不仅如此，办学校的人还必须明白，举办学校是社会公益性活动，不得以营利为目的，因此社会力量办学必须要依法举办。

因此，我们这里所说的"非法举办学校"就是指，在不具备办学条件、不符合有关规定的情况下，弄虚作假、骗取主管机关批准或登记，或者主管机关徇私枉法予以批准。

对此，教育法第七十五条作了处罚规定："违反国家有关规定，举办学校或者其他教育机构的，由教育行政部门予以撤销；有违法所得的，没收违法所得；对直接负责的主管人员和其他直接责任人员依法给予行政处分。"

### （三）结伙斗殴、寻衅滋事，扰乱学校正常教学秩序的法律责任

社会闲散人员结伙到学校斗殴、寻衅滋事、索要学生钱财等事件近几年发生较多，它严重干扰和破坏了学校正常的教学秩序，严重影响了中小学生的身心健康，成为社会治安的一个突出问题，极大地影响了我国教育事业的发展。

对此，教育法第七十二条做了规定："结伙斗殴、寻衅滋事，扰乱学校及其他教育机构教育教学秩序或者破坏校舍、场地及其他财产的，由公安机关给予治安管理处罚；构成犯罪的，依法追究刑事责任。"

由此可见，结伙斗殴、寻衅滋事属于妨碍社会管理秩序的行为。对于实施该种行为，尚不够刑事处分的，由公安机关处十五日以下拘留，二百元以下罚款或者警告；如情节严重，则构成聚众扰乱社会秩序罪，处三年以上七年以下有期徒刑、拘役、管制或剥夺政治权利。

对聚众斗殴的首要分子和其他积极参加的，处三年以上十年以下有期徒刑。如果情节恶劣的，如斗殴人数多、规模大、影响恶劣，致人重伤或死亡的，则构成故意伤害罪，处十年以上有期徒刑、无期徒刑或者死刑。

破坏学校及其他教育机构的校舍、场地及其他财产的行为属于侵犯公共财产的行为。对此种行为，尚不够刑事处罚的，处十五日以下拘留或者警告，可以单处或并处二百元以下罚款；情节严重的，构成故意毁坏财物罪，处三年以上七年以下有期徒刑、拘役或者罚金，并承担相应的赔偿等民事责任。

**（四）其他违法行为的法律责任**

社会其他主体的违法行为发生较多的还有侮辱、殴打教师的行为。

教师法第三十五条规定："侮辱、殴打教师的，根据不同情况，分别给予行政处分或者行政处罚；造成损害的，责令赔偿损失；情节严重，构成犯罪的，依法追究刑事责任。"

对于造成轻微伤害的，或公然侮辱教师尚不够刑事处罚的，依治安管理处罚法由公安机关处以十五日以下拘留、二百元以下罚款或者警告。情节严重，构成犯罪的，则可能构成侮辱罪或故意伤害罪。犯侮辱罪的，处三年以下有期徒刑、拘役、管制或者剥夺政治权利。犯故意伤害罪的，处三年以下有期徒刑、管制拘役或者管制；造成重伤的，处三年以上十年以下有期徒刑；致人死亡的，处十年以上有期徒刑、无期徒刑或者死刑。同时，承担赔偿损失、赔礼道歉等民事责任。

思考题

1. 教育法律责任的归则要件是什么？
2. 教育法律责任的归则原则是什么？
3. 行政机关及其工作人员对教师的侵权责任有哪些？

# 第十三章　学校法律顾问制度

（本·章·要·点）

　　当前我国学校法律顾问制度建设存在法律地位模糊、理论研究不足、多重利益博弈等困境。如何建立健全学校法律体制，规范学校法律制度的使用显得尤为重要。本章主要从学校法律顾问制度的基本内容、学校法律顾问如何参与学校重大决策和重大经济活动、学校法律顾问对于合同的起草与审查、学校法律顾问参与的其他非诉讼法律实务等内容进行论述。

## 第一节　学校法律顾问制度概述

### 一、学校法律顾问制度

学校法律顾问制度是指规范学校法律顾问的执业资格、执业机构、权利义务和法律责任等方面的制度，它以规范学校内部专职从事学校法律事务工作的人员为核心，是现代学校制度的有机组成部分，也是我国法律职业制度的一项重要内容。

#### （一）学校法律顾问制度的基本内容

学校法律顾问制度包括以下基本内容：

1. 学校法律顾问人力资源管理制度

学校法律顾问人力资源管理制度的建设是学校法律顾问制度的基础性问题。在学校法律顾问人力资源管理制度建设中，必须科学用人才能统领全局工作。学校法律顾问是懂法律、懂经济、懂教学管理的复合型人才，学校法律顾问队伍是教学人才队伍的重要组成部分，要把学校法律顾问人才发展规划纳入学校人才发展整体规划通盘考虑、统一规划。

2. 学校法律顾问组织制度

学校法律顾问执业不是个人行为，而是学校行为。要保证学校法律顾问全面地履行职责，必须有组织上的保证。首先，学校法律顾问的管理机构应当健全，即保证国家有关部门或组织以及学校依法对学校法律顾问进行有效的组织、控制、监督和指导。其次，学校法律顾问工作机构应当健全。最后，学校法律顾问执业要受学校多方面的约束。因此，学校法律顾问执业离不开组织保障和约束。

3. 学校法律顾问工作制度

学校法律顾问开展工作、处理学校法律事务的职责、方式、环节、途径等，应该有章可循、有规可守。否则，就会影响法律事务工作效率，影响学校法律顾问工作任务的实现。具体而言，学校法律顾问工作制度应包括学校法律顾问从事各种法律事务工作的从业规范、岗位职责、工作流程、执业保障和工作评议等。

## （二）设立学校法律顾问制度的作用

设立学校法律顾问制度的作用体现在以下几个方面：

第一，有利于健全学校内部运行机制。一个学校要合理地运作，正常地发展，就要有一系列的健全的运营机制，学校的管理者可能是经营方面的专家，所以对于奖励机制等很在行，但对于内部的风险防范可能就不那么在行了。比如有的学校公章和合同的管理机制不健全，很多人都有机会动用，员工签订合同的内容也没有监控，最终当员工调动或与学校有矛盾时，一旦对于此前的工作交接不认真，合同履行就会出现问题，甚至出现利用学校管理漏洞联合第三方损害公司利益的事，这样的案例已经不在少数，在现行的法律机制下，很多学校都吃了亏。因而有必要建立学校法律顾问制度，完善学校内部运行机制。

第二，在日常经营中参与谈判，审理合同，提示风险。学校要生存发展就要不断地同外界发生这样或那样的交易，这些交易都是通过谈判协商、签订合同来确定的。而这个过程就是交易双方权利义务你消我长的过程，在这些权利义务中既存在发展的利益，有时也有这样那样的陷阱和危机。随着法制的发展，对于合同的签订，法律界人士越来越认同"意思自治"的原则，只要合同不违反法律，有时即使有些不公平，法官也不会去纠正。所以，在这个交易过程中对合同法律方面的把关和审查就越来越重要。

第三，学校联营、兼并、分立或投资中分析法律风险、合法操作。一个学校发展到一定程度，总要通过学校形式等的变化来达到一个新的发展层次，可能的形式包括联营、兼并、分立或投资，无论哪一种方式，都不同于一单交易，涉及公司下一步的发展方向，也可能动用公司大量资金。由于缺乏风险意识有时公司的利益会受到重大的损害，甚至因此一蹶不振，因而有必要建立学校法律顾问制度。

第四，担任学校的代理人，参与合同纠纷等法律纠纷的调解、仲裁或诉讼活动，维护学校的合法权益。在现在的市场环境下，一个学校要想完全避免卷入诉讼简直是不可能的。而且最好的法律顾问也不能确保学校不出现诉讼，只能说如果平时学校和律师配合得当，可以尽量从法律上为学校谋取最大限度的法律利益。

诉讼是一项专业性非常强的业务，不但要掌握足够的法律知识，更多的是对诉讼经验的运用。从现在诉讼实践的发展趋势来看，在民事经济诉讼中法官越来越倾向于由当事人自己保护自己的权利，而尽量不进行干涉。在诉讼尤其是质证中，有时候多说一句话或少说一句话也会对案件的结果产生影响。那么诉讼参加人对机会的把握能力就越来越重要，这就需要诉讼经验。

所谓的诉讼经验，既包括对诉讼知识的运用，也包括要掌握诉讼程序中对证据的掌握和质证，也包括对不同地区诉讼习惯的了解。从诉讼经验的角度讲，专业律师是代理诉讼的最恰当的人选，如果说法律顾问的预防作用可以在一定程度上由学校自己专门非律师法律顾问来完成的话，那么诉讼业务尤其是有一定难度的诉讼业务最好还是由专业律师来完成。

综上所述，学校法律顾问在参与学校的决策、经营、管理、预防和处理各种法律纠纷方面的作用将越来越重要，学校要想更好地发展，必须重视法律顾问的作用。很多规模较大的学校，会成立专门的法律部，而且还将法律顾问列入学校的决策层。当然，对很多中小学校而言，专门的法律部门暂时还不需要，但是对于法律顾问服务的这个内容仍然是要重视的。

## 二、学校法律顾问

法律顾问是学校为了维护自身的合法权益，聘请律师就其在业务方面的问题提供法律帮助而担任的特定职务。学校法律顾问一般有两种，即常年法律顾问和专项法律顾问。

### （一）学校法律顾问的特点

1. 学校法律顾问是从事本学校法律事务工作的人员

首先，学校法律顾问所承担的工作是学校法律事务，而不是承担其他事务；其次，学校法律顾问从事的法律事务工作与学校生产经营和管理活动相关；再次，学校法律顾问的工作对象只能是本学校法律事务，而不能同时处理其他学校、国家机关、事业单位、社会团体等组织的法律事务。

2. 学校法律顾问是学校内部专业人员

首先，学校法律顾问是学校内部职工；其次，学校法律顾问应当是学校专业人员，即是学校法律专业人员。

### （二）学校法律顾问的任职条件

学校法律顾问应具有学校法律顾问执业资格，由学校聘任，并经过注册备案。首先，担任学校法律顾问，要通过全国学校法律顾问执业资格考试，成绩合格，取得国家人事部、国务院国资委、司法部共同颁发的学校法律顾问执业资格证书。其次，担任学校法律顾问，要由学校聘任。再次，必须经过注册备案机关的注册备案。注册备案的有效期为2年，有效期满后需要重新进行注册备案。

学校法律顾问应当是专门从事学校法律顾问事务工作的学校内部专业人员。

（三）学校法律顾问的管理体制

1. 国家主管部门管理

国有资产监督管理机构负责指导学校法律顾问管理工作。国务院国有资产监督管理委员会是全国学校法律顾问的管理部门，地方国资委是地方学校法律顾问的管理部门。

2. 协会管理

全国各地的学校法律顾问协会包括行业学校法律顾问协会，也对作为其会员的学校法律顾问在不同程度上承担一定的管理职责，协会根据有关部门的委托，可以组织执业资格注册、学校法律顾问培训等工作。

3. 学校内部管理

学校及学校法律事务机构根据学校自身情况对学校法律顾问进行日常管理。集团学校还可以根据母子学校关系对子学校的学校法律顾问进行一定的管理。

（四）学校法律顾问的任务和工作原则

1. 学校法律顾问的任务

学校法律顾问有如下任务：从事学校法律事务工作、促进学校依法经营管理、维护学校合法权益。

2. 学校法律顾问的工作原则

学校法律顾问的工作原则如下：依法执业原则、为本学校服务原则、以管理为主原则。

（五）学校法律顾问的权利和义务

1. 学校法律顾问的权利

学校法律顾问有以下权利：对学校重大经营决策提出法律意见；对学校违反法律法规的行为，提出纠正意见和建议；根据工作需要查阅本学校有关文件、资料及财务报表、统计报表等；办理学校法律事务时，依法向有关单位或者个人调查情况；法律法规和学校领导人授予的其他权利。

2. 学校法律顾问的义务

学校法律顾问有以下义务：遵守国家法律法规，恪守职业道德；忠于职守，维护学校合法权益，为学校提供优质法律服务；对所提出的法律意见、起草的法律文书以及办理的其他法律事务的合法性负责；保守国家秘密和学校秘密。

**三、学校总法律顾问制度**

学校总法律顾问，是指具有学校法律顾问执业资格，由学校聘任并直接向学校法定代表人负责，全面负责本学校法律事务的内部高级管理人员。学校总法律顾问的设立，是经济发展的必然要求。

学校总法律顾问除具有学校法律顾问的一般特征外，还具有以下特征：层次高、要求严、职权重、责任大。

（一）学校总法律顾问的法律地位

学校总法律顾问的法律地位体现在：学校总法律顾问是学校高级管理人员；学校总法律顾问全面负责学校法律事务；学校总法律顾问对法定代表人负责。

（二）学校总法律顾问的设置模式

1.国有大型学校设置学校总法律顾问

国有独资学校和国有控股学校，只要达到大型学校的标准，都应当按照规定设置学校总法律顾问。

2.其他学校根据工作需要设置学校总法律顾问

其他学校指大型国有及国有控股学校以外的所有学校，也可以根据工作需要设置学校总法律顾问。

（三）学校总法律顾问的聘任

1.学校总法律顾问的聘任渠道

从本学校内部聘任产生、公开招聘产生。

2.学校总法律顾问的任职条件

（1）拥护、执行党和国家的基本路线、方针和政策，秉公尽责，严守法纪；（2）熟悉学校经营管理，具有较高的政策水平和较强的组织协调能力；（3）精通法律业务，具有处理复杂或者疑难法律事务的工作经验和能力；（4）具有学校法律顾问执业资格，在学校中层正职以上管理岗位任职满三年的；或者被聘任为一级学校法律顾问，并担任过学校法律事务机构负责人的。

（四）学校总法律顾问的主要职责

第一，全面负责学校法律事务工作，统一协调处理学校决策、经营和管理中的法律事务。

第二，参与学校重大经营决策，保证决策的合法性，并对相关法律风险提出防范意见。

第三，协助学校主要负责人组织学校重要规章制度的指定和实施，建立健全学校内部法律事务机构。

第四，负责学校的法制宣传教育和培训工作，组织建立学校法律顾问的再教育和业务培训制度。

第五，对学校及下属单位违反法律、法规的行为提出纠正意见，监督或者协助有关部门予以整改。

第六，指导下属单位法律事务工作，对下属单位法律事务负责人的任免提出建议。

第七，其他应当由学校总法律顾问履行的职责。

（五）学校总法律顾问制度下的法律事务管理模式

1. 集中模式

这是指学校实行集中化的法律服务，由总法律顾问全面负责、统一管理学校的法律事务工作。

2. 分散管理

这是指学校设置了总学校法律顾问，同时在每一个业务板块都配备有专职的学校法律顾问，而这些学校法律顾问直接接受分管业务的副总裁带领，而不是由总学校法律顾问统一管理。

3. 混合模式

这是指学校既设有总法律顾问和独立的法律事务机构，又在各业务板块配备了专职的学校法律顾问，而各板块配备的学校法律顾问一般只负责合规性审查，其他法律事务均由学校法律事务机构处理，学校总法律顾问负有统一管理和协调学校法律事务的职责。

# 第二节　学校法律顾问参与学校重大决策和重大经济活动

## 一、学校法律顾问参与重大决策的方式

学校法律顾问参与重大决策主要有以下几种方式：

（一）参加学校重大经营决策会议

参加决策会议是学校法律顾问参与学校重大经营决策最重要和最佳的方式。这种方式便于学校法律顾问全面了解决策对象的各方面情况，掌握有关决策问题的信息和资料，搞清决策的目标和要求，直接了解学校领导的意图和各方面对决策问题的不同意见，吸取别人有益的意见，及时修正完善自己的法律意见或方案，以保证意见的正确性。学校法律顾问在会上阐述法律意见，进行说明论证，有助于其他与会人员对决策方案的确定、修改、否定原因的理解，从而有利于决策的实施。

（二）为学校领导决策提供咨询意见

这种方式是指学校领导作出决策时，就涉及的某些问题要求学校法律顾问口头或书面提出意见或方案。为学校领导决策提供咨询意见是学校法律顾问参加学校重大经营决策最直接的方式，也是较常见的方式。由学校领导直接提出问题和要求，学校法律顾问容易了解领导的意图、决策目标、决策矛盾和焦点，可以有针对性地提出意见和方案。

（三）通过起草、修改、审核有关法律文件参与学校重大经营决策

这种方式是指学校法律顾问通过起草、修改、审核学校重大经济活动中的有关

法律文件，参与学校重大经营决策，使学校重大经营决策合法可行。这种方式虽然带有间接性，但却是几种方式中运用最普遍、最多的方式。如学校法律顾问为学校举办中外合资学校起草、修改、审核合同、章程；起草、修改、审核重大经济交往中的合同等。

**（四）学校法律顾问主动提出意见和方案，促请领导作出决策**

这种方式是指学校法律顾问通过参加学校日常的经营管理活动，特别是在处理学校的各种经济纠纷过程中发现学校经营管理中的重大问题，经过一定的调查研究，主动向学校领导提出建议和方案，被吸收和采纳，形成学校重大经营决策。这种方式是学校法律顾问参与学校重大经营决策的最高形式，标志学校法律顾问工作进入学校决策体系，也是学校依法经营管理水平提高的体现。

## 二、学校法律顾问参与学校重大决策的要求

**（一）了解决策事项的有关背景**

学校法律顾问参与学校重大经营决策应主动了解决策事项的背景，其内容主要包括以下几项：

1. 了解决策议题

决策问题是一项决策的起因，是决策议题的源头。学校法律顾问在参与决策过程中要想提出好的建议，必须弄清决策议题是谁提出的，为什么会提出这样的议题，提出议题的意图和主要依据是什么，以利于从根本上把握决策。

2. 了解决策目标

决策目标也就是一项决策要实现的目的。一项决策可以是单一目标，也可以是多个目标，多个目标中还有主要目标和次要目标、长远目标和近期目标。决策的方案都是围绕目标来制定的。学校法律顾问参与决策，要详尽清楚地了解决策目标，包括它的核心、本质、组成内容及多个目标之间的主次或制约关系。只有这样提出的方案、建议才有针对性。

3. 了解决策对象

即了解决策事项所涉及的各方面情况。如学校进行资产重组，就要了解所涉及的单位，了解其机构设置、人员配备，了解其资产情况，包括土地、厂房、机器设备以及知识产权是否有合法凭证，有无争议纠纷等。

4. 了解决策的初步方案

如果形成了决策的初步方案，要在了解、弄清各方面情况的基础上，对其认真研究分析，以便准确地提出法律意见。

**（二）熟悉相关法律、法规、规章和政策**

学校法律顾问必须熟悉与决策有关的法律、法规、规章和政策，为学校领导决策提供可靠的法律依据，确保决策的合法性。

学校法律顾问应该做到：熟悉法律、行政法规、地方性法规、部门规章和地方政府规章、最高人民法院及最高人民检察院发布的司法解释；熟悉国家的有关政策；熟悉法学原理和法学基础知识，特别是民商法和经济法的有关知识，以便对决策中所遇到的问题在法律暂无明文规定的情况下，能准确地为领导决策提供法律意见和建议；熟悉与决策事项有关的国际条约、公约、国际惯例和WTO的有关规则以及合作外方所在国的有关法律规定，为领导作出准确的解释，提供决策帮助。

### （三）为经营决策提供正确完善的法律意见和方案

这是学校法律顾问参与学校重大经营决策过程中的根本任务和要求，也是学校法律顾问在决策中重要作用的直接体现。

学校法律顾问为决策提供的法律意见、方案应包括以下内容：决策议题涉及的有关法律、法规和政策情况；决策方案适用的具体法律依据；决策议题涉及的各个主体之间的法律关系；各主体之间权利义务关系是否公平，学校利益是否有法律保障；决策事项涉及的法律文件，如合同、章程及其修改意见是否合法、严密、完备、准确；对决策事项涉及的法律问题的答复；实现决策目标在法律上的具体方案和意见。这些内容可根据具体的决策事项和学校法律顾问参与决策方式的不同而有所取舍。

### 三、学校法律顾问参与重大经济活动
### （一）学校法律顾问参与重大经济活动的基本要求

为做到有的放矢，有效发挥学校法律顾问的作用，保证所提法律意见、建议或方案针对性强，切实可行，学校法律顾问在参与重大经济活动时应当把有关基础工作做到前头，并注意了解、熟悉或掌握以下几个方面的情况。

1. 了解进行有关经济活动的背景

法律顾问应当对进行某项经济活动的目标、实现经济活动的备选方案、可能出现的难点、参加经济活动各方当事人的资信等情况做全面了解，做到心中有数，认真研究其中涉及的法律问题，以便准确得出法律意见。

2. 了解、熟悉或掌握与重大经济活动有关的生产和经营管理方面的知识

学校重大经济活动涉及面广泛，学校法律顾问要提出中肯可行的法律意见，需要了解经济活动的类别及涉及的相关专业知识，这也便于学校法律顾问与参加经济活动的其他专业人员讨论和沟通，对相关事项及时作出准确判断。

## 3. 了解、熟悉或掌握与重大经济活动有关的法律法规

学校法律顾问应当对学校重大经济活动涉及的法律法规和政策有深刻了解，有些经济活动还可能涉及有关地方性法规和规章；在开展涉外经济活动时，学校法律顾问还应当了解有关的国际经贸方面的国际公约、条约以及国际惯例，为进行经济活动提供高质量的服务。

### （二）学校法律顾问参与重大经济活动的具体任务

学校法律顾问参与学校重大经济活动应当根据法律顾问的职责明确任务，这些任务包括：

#### 1. 参加有关会议、调查、考察和谈判

学校法律顾问根据职责、领导需要和经济活动性质参加与经济活动有关的会议、调查、考察和谈判，这样便于学校法律顾问了解经济活动的全貌，从整体上把握经济活动涉及的法律事项，为提供法律服务打下基础。

#### 2. 收集研究有关法律法规和政策

学校法律顾问要根据经济活动的性质，及时广泛收集相关法律法规和政策，进行全面深入研究。对现有法律没有明确规定的，应参考、借鉴现实经济活动中处理的成功做法。

#### 3. 及时解答法律问题，为领导提供法律依据

在进行经济活动过程中，学校法律顾问要根据领导要求及时为领导和其他专业人员解答疑问，也可以主动就有关问题提出建议和意见，为进行经济活动提供依据。

#### 4. 起草、审核和修改有关法律文书

经济活动涉及当事方的权利和义务，需要用法律文件予以规范、明确和确认。在有多个当事人时，各方均会提出有关的文件草案，反映本方的利益，学校法律顾问要认真分析各家方案，适时提出自己的草案，掌握谈判的主动权。

#### 5. 办理有关法律事务

学校法律顾问在一些经济活动中还承担办理项目审批、工商登记、知识产权申请及许可使用等法律事务。

## 第三节　合同的起草与审查

### 一、合同的起草

各类合同因其不同特性以及当事人的不同要求，有不同的条款。但是，根据合同法的规定，合同一般包括以下条款：当事人的名称或者姓名和住所；标的；数量；质量；价款或者报酬；履行的期限、地点和方式；违约责任；解决争议的方法。

除上述八项合同一般条款以外的其他条款，就称为合同其他条款。合同其他条款主要包括三个方面：一是根据合同法分则规定需要具备的条款，如合同法明确规定，买卖合同的内容除一般条款以外，还可以包括包装方式、检验标准和方法、结算方式、合同使用的文字及其效力等条款；二是根据合同性质要求应具备的合同条款，比如铁路货物运输合同要求具备的收货人名称、车种和车数条款，联运合同中明确各方责任以及交接办法的条款，保管合同要求具备的保管凭证条款等；三是一方当事人要求必须规定的条款。

### 二、合同的审查

#### （一）合同的合法性审查

学校合同的法律审查，主要包括三个方面的内容：即合法性审查、真实性审查和公平性审查。其中，合法性审查是学校合同法律审查的首要内容。

合同合法性审查就是审查合同是否合法、是否存在违反法律法规强制性规定的内容。合法性审查，主要包括四个方面的内容，即：审查合同主体是否合法、审查合同形式是否合法、审查合同内容是否合法、审查合同订立手续是否合法。

#### （二）合同的真实性审查

审查合同意思表示真实性时，要结合对方当事人的设备、技术水平、经营范围、履约能力、商业信誉等情况，加以调查核实，看其意思表示是否存在欺诈或者重大误解。合同法规定，因重大误解订立的合同，当事人一方有权请求人民法院或者仲裁机构变更或者撤销；一方以欺诈、胁迫的手段或者乘人之危，使对方在违背真实意思的情况下订立的合同，受损害方有权请求人民法院或者仲裁机构变更或者撤销。当事人请求变更的，人民法院或者仲裁机构不得撤销。

#### （三）合同公平性审查

合同公平性审查，就是审查合同是否显失公平。合同法规定，在订立合同时显失公平的，当事人一方有权请求人民法院或者仲裁机构变更或者撤销。所谓"显失公平"，可以分为两种情况：一种是明显对我方有利；另一种是明显对我方不利。学校法律顾问在审查合同时，发现合同中存在明显对我方不利的条款时，一定要指出来，提出修改意见，与合同相对方进行协商。

## 第四节　学校法律顾问的其他非诉讼法律实务

### 一、参与起草学校规章制度的制定过程

#### （一）提出方案

提出学校规章制订方案一般有两种方式：一是由学校领导提出；二是由学校部

门根据学校管理的要求提出。提出拟制订的规章方案的内容应当包括以下四个方面：规章名称、拟解决的问题、负责部门和完成时间。

（二）收集资料

方案提出后，应根据规章涉及的业务部门，明确主办部门和协办部门，由业务主管部门牵头起草，主管部门负责人为起草规章的负责人，具体落实规章草案的起草工作。在起草规章前，要做好调查研究、收集资料的准备工作。

（三）起草草案

在充分分析待定规章的各种材料和信息后，确定待定规章所要解决的主要问题及解决的措施，拟定待定规章的大纲，即进入起草草案阶段。

（四）草案修改

为了完善规章制度，规章草案应当在充分征求有关方面意见的基础上，进行修改完善。修改规章制度的过程，既是完善规章制度内容的过程，也是宣传规章、提高职工认同规章制度的过程，有利于规章发布后的贯彻实施。要根据规章制度涉及的内容，征求有关管理部门、工会、生产单位等部门的意见。

（五）规章发布

规章经有关会议讨论通过后，按照学校管理权限，由董事长、经理、厂长或者主管副经理、副厂长发布施行。

## 二、审核学校规章制度

对学校规章制度进行审查是学校法律顾问的重要工作，审查内容主要包括合法性、操作性、规范性和协调性。学校法律顾问审查学校规章制度的方式主要有书面审查和会议审查两种。书面审查是指学校法律顾问对规章草案进行直接的文字审查，是否有违反法律的情况。会议审查则是通过座谈会等形式，组织有关方面参加，对规章草案进行审查。对于涉及部门较多、内容比较复杂的规章，应当组织会议审查，请各有关方面的人员参加，反映各方面的意见，提高审查效率。

学校法律顾问在审查完规章草案后，应当提出审查意见。审查意见可以用审查意见书的形式告知送审人。审查意见书的内容包括：规章名称、规章存在的问题及需要修改的内容、审查人或者审查负责人签名、审查意见制作日期。

## 三、开展法制宣传教育

学校法律顾问是学校内部专职从事法律事务的专业人员。学校法律顾问在学校

法治宣传教育工作中发挥着重要的作用，这是由于法治宣传教育是以宣传法律知识为中心，法律无论作为一门科学还是仅指一部法律，专业性都很强，需要从事这项工作的人员具备一定的法律素质。从法治宣传教育的目标看，就是要实践依法治国，建设社会主义法治国家。从法治宣传教育的方式看，学法是基础，用法是关键，这就更需要有具备法律专业知识的人员来推动这项工作。因此学校法律顾问在法制宣传教育工作中责无旁贷。

## 思考题

1. 设立学校法律顾问制度的作用是什么？
2. 学校法律顾问的任职条件有哪些？
3. 学校法律顾问参与重大决策的方式是什么？

# 第十四章　教职工常见职务犯罪及预防

## 本 章 要 点

随着国家对全民教育的高度重视，进一步加大对教育的投入力度，我国教育事业也正遇到前所未有的大好机遇。然而，一直被人们视为"一方净土"的教育行业在寻求发展的过程中，也受到了社会上各种消极腐败现象的不断渗透和冲击，教育系统已不再是人人向往的超凡脱俗的圣地，各种类型的违法犯罪案件时有发生，这给教育的改革、发展带来了不良的影响和极大的阻力。本章着重探讨学校领导、财务人员及日常教学中常见的职务犯罪及预防等内容。

## 第一节　学校领导常见职务犯罪及预防

### 一、学校领导职务犯罪的概念

学校领导职务犯罪主要是指掌握一定管理、支配公共财产、人事关系等实权的学校领导，违反法律规定，利用职权谋取私利，侵犯公共利益的犯罪。要理解这一概念就要把握以下几点：

第一，学校领导职务犯罪的犯罪主体是学校事业单位中从事公务的人员。

第二，学校领导职务犯罪是一种利用职权的犯罪，其本质特征就是以权谋私、权钱交易；学校领导如果没有利用职权，就不是职务犯罪。

第三，学校领导职务犯罪是一种应受刑罚惩罚的行为，如果该行为只是应受行政处分，则不构成职务犯罪。

### 二、学校领导职务犯罪的种类

学校领导职务犯罪划分为三大类：贪污贿赂犯罪、渎职罪、侵犯公民人身权利和民主权利的犯罪。

贪污贿赂犯罪，在我国刑法中第八章中规定了十二个罪名，包括：贪污罪、挪用公款罪、受贿罪、单位受贿罪、行贿罪、对单位行贿罪、介绍贿赂罪、单位行贿罪、巨额财产来源不明罪、隐瞒境外存款罪、私分国有资产罪、私分罚没财物罪。

渎职犯罪在我国刑法第九章中规定了三十四个罪名，包括滥用职权、玩忽职守、徇私枉法罪、私放在押人员罪等。

学校领导利用职权实施的侵犯公民人身权利、民主权利犯罪有七个：非法拘禁罪、非法搜查罪、刑讯逼供罪、暴力取证罪、虐待被监管人罪、报复陷害罪、破坏选举罪。

### 三、学校领导最常见的职务犯罪

学校领导职务犯罪最常见的是贪污罪和受贿罪。

#### （一）贪污罪

1. 贪污罪的概念

贪污罪是指国家工作人员利用职务上的便利，侵吞、窃取、骗取或者以其他手段非法占有公共财物的行为。

2. 贪污罪的构成要件

（1）客体要件。本罪侵犯的客体是复杂客体，即同时侵犯了国家工作人员公务的廉洁性和公共财产所有权。本罪侵犯的对象是公共财物。

（2）客观要件。本罪在客观方面表现为行为人利用职务上的便利，侵吞、窃取、骗取或者以其他手段非法占有公共财物的行为。

（3）主体要件。本罪的主体是特殊主体，即必须是国家工作人员。包括在国家机关中从事公务的国家工作人员；在国有公司、企事业单位和人民团体中从事公务的人员；受国有单位委派到非国有单位中从事公务的人员；其他依照法律从事公务的人员。

（4）主观要件。本罪的主观方面必须是处于故意，并且具有非法占有他人财物的犯罪目的。

3. 贪污罪的处罚

对犯贪污罪的，根据情节轻重，分别依照下列规定处罚：（1）贪污数额较大或者有其他较重情节的，处三年以下有期徒刑或者拘役，并处罚金；（2）贪污数额巨大或者有其他严重情节的，处三年以上十年以下有期徒刑，并处罚金或者没收财产；（3）贪污数额特别巨大或者有其他特别严重情节的，处十年以上有期徒刑或者无期徒刑，并处罚金或者没收财产，数额特别巨大，并使国家和人民利益遭受特别重大损失的，处无期徒刑或者死刑，并处没收财产；（4）对多次贪污未经处理的，按照累计贪污数额处罚。

#### （二）受贿罪

1. 受贿罪的概念

受贿罪是指国家工作人员利用职务上的便利，索取他人财物，或者非法收受他人财物，为他人谋取利益的行为。

2.受贿罪的构成要件

（1）客体要件。本罪侵犯的客体是复杂客体，即同时侵犯了国家工作人员公务的廉洁性和国家机关、国有公司、企事业单位、人民团体的正常管理活动。本罪侵犯的对象是财物，包括货币、有价证券、商品等。

（2）客观要件。本罪在客观方面表现为行为人具有利用职务上的便利，向他人索取财物，或者收受他人财物并为他人谋取利益的行为。

（3）主体要件。本罪的主体是特殊主体，即必须是国家工作人员。

（4）主观要件。受贿罪的主观方面表现为直接故意，即行为人明知利用职务上的便利索取财物，或者收受他人财物为他人谋取利益的行为是一种具有社会危害性的不法行为，而仍然决意为之。

3.受贿罪的处罚

对犯受贿罪的，根据情节轻重，分别依照下列规定处罚：（1）受贿数额较大或者有其他较重情节的，处三年以下有期徒刑或者拘役，并处罚金；（2）受贿数额巨大或者有其他严重情节的，处三年以上十年以下有期徒刑，并处罚金或者没收财产；（3）受贿数额特别巨大或者有其他特别严重情节的，处十年以上有期徒刑或者无期徒刑，并处罚金或者没收财产，数额特别巨大，并使国家和人民利益遭受特别重大损失的，处无期徒刑或者死刑，并处没收财产；（4）对多次受贿未经处理的，按照累计受贿数额处罚；（5）索贿的从重处罚。

## 🔍以案释法 ㉒

### 某高校校长黄某受贿、贪污案

【案情介绍】某高校校长黄某，在2005年至2010年间，利用其职权、地位形成的便利条件，在招生、采购等事务中先后收受罗某、刘某等六人钱款共计人民币390万元。2012年1月19日，某省中级人民法院对黄某作出一审判决，认定黄某犯受贿罪，判处无期徒刑，剥夺政治权利终身，没收个人全部财产；犯贪污罪，判处有期徒刑十五年，没收个人财产人民币50万元。两罪并罚，决定执

行无期徒刑，剥夺政治权利终身，没收个人全部财产。2012年3月17日，省高级人民法院对黄某案作出终审判决：驳回上诉，维持原判。

【以案释法】黄某身为学校领导，利用职务便利为他人谋取利益，收受他人贿赂，构成受贿罪；利用职务便利伙同他人共同骗取本单位公款，构成贪污罪。黄某利用职务之便，进行权钱交易，收受巨额贿赂，社会影响恶劣，应依法从严惩处。

（三）相关罪名

1. 单位受贿罪

国家机关、国有公司、学校、企事业单位、人民团体索取、非法收受他人财物，为他人谋取利益，情节严重的，对单位判处罚金，并对其直接负责的主管人员和其他直接责任人员处五年以下有期徒刑或者拘役。

2. 利用影响力受贿罪

国家工作人员的近亲属或者其他与该国家工作人员关系密切的人，通过该国家工作人员职务上的行为，或者利用该国家工作人员职权或者地位形成的便利条件，通过其他国家工作人员职务上的行为，为请托人谋取不正当利益，索取请托人财物或者收受请托人财物，数额较大或者有其他较重情节的，处三年以下有期徒刑或者拘役，并处罚金；数额巨大或者有其他严重情节的，处三年以上七年以下有期徒刑，并处罚金；数额特别巨大或者有其他特别严重情节的，处七年以上有期徒刑，并处罚金或者没收财产。

离职的国家工作人员或者其近亲属以及其他与其关系密切的人，利用该离职的国家工作人员原职权或者地位形成的便利条件实施前款行为的，依照前款的规定定罪处罚。

3. 非国家工作人员受贿罪

公司、学校或者其他单位的工作人员利用职务上的便利，索取他人财物或者非法收受他人财物，为他人谋取利益，数额较大的，处五年以下有期徒刑或者拘役；数额巨大的，处五年以上有期徒刑，可以并处没收财产。

公司、学校或者其他单位的工作人员在经济往来中，利用职务上的便利，违反国家规定，收受各种名义的回扣、手续费，归个人所有的，依照前款的规定处罚。

**四、学校领导职务犯罪的危害**

学校领导职务犯罪作为一种特殊类型的犯罪，是学校领导滥用权力、亵渎权力的表现，是严重的腐败形式。学校领导职务犯罪严重侵害学校的管理职能，影响正常的管理秩序和工作秩序，破坏由此产生的种种社会关系，败坏学校的秩序，损害公众利益，具有严重的危害性：第一，严重践踏了社会主义法治；第二，造成国有资产的严重损失和流失，破坏公平竞争的经济秩序，造成市场的失控或混乱，危害改革开放，破坏社会主义市场经济建设；第三，败坏党风和社会风气，污染社会环境，严重破坏了社会主义精神文明建设。

### 五、学校领导职务犯罪的预防

为了防止学校领导职务犯罪的蔓延，从根本上遏制和减少学校领导职务犯罪，必须在不断加大惩处学校领导职务犯罪工作力度的同时，进一步加强学校领导预防职务犯罪工作。首先，学校领导自己应该不断提高个人素质；其次，进一步加强社会主义法律建设；再次，建立和健全监督体系。包括党内监督、行政体系内部监督、司法机关监督、媒体监督以及人民群众的监督等。

## 第二节　学校财务人员常见职务犯罪及预防

### 一、学校财务人员常见职务犯罪特点

第一，犯罪主体集中。

第二，犯罪环节集中。

第三，作案次数多，作案周期长。

第四，涉案金额大，社会危害严重。

### 二、挪用公款罪

学校财务人员最常见的职务犯罪是挪用公款罪。

#### （一）挪用公款罪的认定

1.挪用公款罪的概念

挪用公款罪是指国家工作人员利用职务上的便利，挪用公款归个人使用，进行非法活动的，或者挪用公款数额较大、进行营利活动的，或者挪用公款数额较大、超过三个月未还的行为。

2.挪用公款罪的构成要件

（1）客体要件。本罪侵犯的客体，主要是公共财产的所有权，同时也侵犯了国家的财经管理制度。侵犯的对象主要是公款，还包括用于救灾、抢险、防汛、优抚、扶贫、移民、救济的公物。

（2）客观要件。本罪的客观方面表现为行为人实施了利用职务上的便利，挪用公款归个人使用，进行非法活动，或者挪用数额较大的公款进行营利活动，或者挪用数额较大的公款超过三个月未还的行为。

（3）主体要件。本罪的主体是特殊主体，即必须是国家工作人员。

（4）主观要件。本罪在主观方面是直接故意，行为人明知是公款而故意挪作他用。行为人的犯罪目的是想暂时非法取得公款的使用权，而不是将公款据为己有。至于行为人挪用公款的动机如何，则不影响本罪的成立。

### （二）挪用公款罪的处罚

犯挪用公款罪，处五年以下有期徒刑或者拘役；情节严重的，处五年以上有期徒刑。挪用公款数额巨大不退还的，处十年以上有期徒刑或者无期徒刑。挪用用于救灾、抢险、防汛、优抚、扶贫、移民、救济款物归个人使用的，从重处罚。

## 以案释法 ㉓

### 学校原会计宋某挪用公款案

【案情介绍】宋某，男，1967年12月16日出生，被捕前系某市二中学校会计。2002年8月至2012年12月间，宋某利用职务便利，将共计人民币1262.37万元的公款侵吞。2012年3月至2013年1月间，多次采取伪造银行对账单、进账单等手段，先后八次将公款共计人民币19993.3万元挪出，转入女友郑某家人开办的公司账户内，用于公司的营利活动。为此，宋某收取汇入公司支付的利息款人民币8万元。案发后，宋某挪用的公款绝大部分被追回。2014年11月9日，该市中级人民法院一审判处宋某无期徒刑，剥夺政治权利终身，并处没收个人全部财产。

【以案释法】宋某身为学校会计，利用职务便利贪污、挪用公款，且数额特别巨大，罪行极其严重，故法院对其依法判处无期徒刑。

### 三、对学校财务人员提出的预防对策

#### （一）加强政治素质和法制教育

由教育行政主管部门按年度分期分批开展廉政教育，举办法律培训班，对行政管理和财务人员进行培训，以增强其廉洁意识和法律意识，对会计、出纳人员无论是委派还是本单位选拔任用，都要坚持"用好的作风选人，选作风好的人"，把预防关口前移。

#### （二）完善财务管理制度，建立有效的工作机制

应进一步完善财务制度，严格管理，保证所有资金都纳入所在单位、学校的账上。对于学生交付的学杂等费用，尽量采用活期储蓄、信用卡银行转账收费，不得已收取现金的，经手人必须做到当日收款当日上交财务。

#### （三）强化监督，增加教育行政工作透明度

应充分发挥社会各个层面的监督作用，加强对教育系统财务管理的监督。学校应实行校务公开、财务公开制度，主动接受社会各界的监督。此外，教育行政管理部门、学校应加强与纪检监察、审计部门的联系，加强财务检查和审计，形成监督合力。

#### （四）加大查处力度，大力开展职务犯罪预防工作

检察机关要进一步强化法律的威慑作用，打消犯罪分子的侥幸心理，使"法网恢恢、疏而不漏"的观念深入人心。打防并举、标本兼治，以惩罚促进预防。有针

对性地开展行业预防，通过发检察建议、上法制课等形式，帮助案发单位建章立制，堵塞产生职务犯罪的漏洞，遏制财会人员职务犯罪的发生，将预防的关口前移，真正做到防患于未然。

## 第三节  学校日常教学中常见职务犯罪及预防

### 一、学校日常教学中常见的职务犯罪

学校日常教学中最常见的职务犯罪是玩忽职守罪。

#### （一）玩忽职守罪

1.玩忽职守罪的概念

玩忽职守罪是指国家机关工作人员严重不负责任，不履行或者不认真履行职责，致使公共财产、国家和人民利益遭受重大损失的行为。

2.玩忽职守罪的构成要件

（1）客体要件。本罪侵犯的客体复杂，即同时侵犯了国家机关工作人员的勤政性和国家机关的正常管理活动；此外，造成公共财产、国家和人民利益遭受重大损失，也侵犯了公民的人身、财产权利以及公共财产安全和社会主义市场经济秩序等。

（2）客观要件。本罪客观方面表现为行为人严重不负责任，不履行或者不认真履行职责，并使公共财产、国家和人民利益遭受了重大的损失。

（3）主体要件。本罪的主体是特殊主体，即必须是国家工作人员。

（4）主观要件。本罪在主观方面一般表现为过失，即行为人应当预见自己玩忽职守的行为会致使公共财产、国家和人民的利益遭受重大损失，因为疏忽大意而没有预见，或者已经预见而轻信能够避免。但本罪在主观方面有时也表现为间接故意，即行为人明知自己玩忽职守的行为会造成重大损失，却任由该损失发生。

3.玩忽职守罪的处罚

犯玩忽职守罪的，处三年以下有期徒刑或者拘役；情节特别严重的，处三年以上七年以下有期徒刑。国家机关工作人员徇私舞弊，犯玩忽职守罪的，处五年以下有期徒刑或者拘役；情节特别严重的，处五年以上十年以下有期徒刑。

## 🔍 以案释法 ㉔

### 某高校教导主任郑某玩忽职守案

【案情介绍】某医药高校教导主任郑某，在2006～2010年任职期间，利用手中的审批权收受他人贿赂，在学校采购实验室药品环节中，为八家制药厂在药品的审批

等方面谋取利益，擅自降低药品审批标准，纵容部分药厂虚报药品资料，其中六种是假药。2011年，实验室接触假药品，导致十人受伤。2012年5月29日，该市中级人民法院对郑某受贿、玩忽职守案作出一审判决，以受贿罪判处郑某年有期徒刑八年，没收个人全部财产；以玩忽职守罪判处其有期徒刑七年，两罪并罚，决定执行十年有期徒刑，没收个人全部财产。

【以案释法】郑某在任高校教导主任期间，利用职务便利，在学校药品监管工作中严重失职、渎职，造成严重后果，构成玩忽职守罪，被依法判刑。

### （二）滥用职权罪

**1.滥用职权罪的概念**

滥用职权罪是指国家机关工作人员违反法律规定的权限和程序，滥用职权，致使公共财产、国家和人民利益遭受重大损失的行为。

**2.滥用职权罪的构成要件**

（1）客体要件。本罪侵犯的客体是国家机关的正常活动。本罪侵犯的对象可以是公共财产或者公民的人身及其财产。

（2）客观要件。本罪客观方面表现为行为人不法行使职务上的权限，致使公共财产、国家和人民利益遭受重大损失。不法行使职务上的权限，即以不当目的或者以不法方法，实施违反职务宗旨的行为。

（3）主体要件。本罪的主体是特殊主体，即必须是国家工作人员。

（4）主观要件。本罪在主观方面为故意，即行为人明知自己滥用职权的行为会发生致使公共财产、国家和人民利益遭受重大损失的结果，但希望或者放任这种结果发生。

**3.滥用职权罪的处罚**

犯滥用职权罪的，处三年以下有期徒刑或者拘役；情节特别严重的，处三年以上七年以下有期徒刑。国家机关工作人员徇私舞弊，犯滥用职权罪的，处五年以下有期徒刑或者拘役；情节特别严重的，处五年以上十年以下有期徒刑。

## 二、学校日常教学中常见职务犯罪的成因及预防对策

### （一）学校日常教学中常见职务犯罪的成因

**1.学校管理观念错位**

一些学校的注意力只集中在学生管理以及教师的教学成绩上，而对于教师教学成绩以外的情况缺乏相应的制度约束。

**2.学校教学制度的疏漏**

学校在教学制度上如果存在漏洞，也可能会给实施违法行为的教职工以可乘之机。

### （二）学校日常教学中常见职务犯罪的预防对策

**1.要建立严格的进入制度**

在聘任新教师时，对其教学能力的考核仅仅是一个方面，学校和教育行政部门

还要对新教师的档案进行严格审查，将不符合任职资格的教师阻挡在校园之外。

2. 要建立严密的教学检查制度

学校的教师管理不能只将教学成绩作为教师业绩考核的唯一指标，教师的教育教学纪律、师德表现也应当作为其中一项重要考核指标。检查的方式可以采取由学生填写平时教学情况反馈表、期末学生评教、学校领导和教学管理人员定时或不定时巡查的方式对教师的教学情况进行检查。这种严密的教学检查制度也会在一定程度上震慑有违法犯罪倾向的教师。

3. 要建立有效的处理机制

健全检举举报、调查核实、处罚等各项制度，对于涉案人员应当坚决打击、严肃处理。对有苗头或轻微违法的人员应当及时批评教育、给予行政处分或者开除出教师队伍，对于触犯刑律的人员应当及时移交公安机关处理，对于知情不报的教师也应当给予相应的处罚。

思考题

1. 学校领导最常见的职务犯罪有哪些？

2. 如何认定挪用公款罪？犯该罪应该如何处罚？

3. 滥用职权罪的构成要件是什么？

# 第十五章　党内法规的学习宣传

党内法规是管党治党的重要依据，也是建设社会主义法治国家的有力保障。我们党历来高度重视党内法规建设。党的十八届四中全会提出，要加强党内法规制度建设，形成完善的党内法规体系。习近平总书记强调，各级党委（党组）都要把党内法规建设作为事关党长期执政和国家长治久安的重大战略任务，摆到更加突出位置，切实抓紧抓好。《中央宣传部、司法部关于在公民中开展法治宣传教育的第七个五年规划（2016-2020年）》明确要求，将深入学习宣传党内法规作为"七五"普法宣传的一项重要任务，"注重党内法规宣传与国家法律宣传的衔接和协调，坚持纪在法前、纪严于法，把纪律和规矩挺在前面，教育引导广大党员做党章党规党纪和国家法律的自觉尊崇者、模范遵守者、坚定捍卫者。"

## 第一节　党内法规界说

### 一、党内法规的概念

党内法规又称"党规党法""党的法规"，2013年5月中共中央颁布的《中国共产党党内法规制定条例》明确规定，党内法规是党的中央组织以及中央纪委、中央各部门和省区市党委制定的规范党组织的工作、活动和党员行为的党内规章制度的总称。

归结起来，党内法规有三个基本特征：

一是特定性。党内法规不是党的所有组织都有权制定，只能由特定机关，即党的中央组织以及中央纪委、中央各部门和省、自治区、直辖市党委制定，党的省级以下组织无权制定。党的中央组织制定的党内法规，称为中央党内法规。按照党章规定，党的中央组织是指党的全国代表大会、全国代表会议、中央委员会、中央政治局及其常委会、中央军委。实践中，中央政治局、中央政治局常委会制定的中央党内法规较多。中央纪委制定的党内法规称为纪检条规，是维护党风党纪、开展反腐败工作的重要依据。中央各部门制定的党内法规，称为部门党内法规。中央各部门主要包括中央办公厅、中央组织部、中央宣传部、中央统战部、中央对外联络部、中央政法委、中央政研室、中央编办等，其中中央办公厅、中央组织部制定的部门党内法规较多。省区市党委制定的党内法规，称为地方党内法规。

二是普遍性。所谓普遍性，是指党内法规在党内具有普遍适用性和反复适用性。这意味着，党内人事任免、表彰决定、内部机构设置、机关内部工作制度和工作方案等个别适用的文件，工作要点、会议活动通知等较短时间段适用的文件，因不具有普遍适用性和反复适用性，不能称作党内法规。

三是规范性。所谓规范性，是指党内法规以党的纪律作保障，对党组织的工作、活动和党员行为具有强制性和约束力，引领、规范、保障党的建设。请示、报告、情况通报、工作总结等不具有规范性，不属于党内法规。

**扩展阅读**

## 党内法规与国家法律的区别

党内法规是一个容易与国家法律混同的概念。它和国家法律的共同点比较多：两者都带有"法"字，都是通过严格程序制定、具有强制性和约束力的行为规范；一些党内法规和国家法律联系密切、相互渗透；条件成熟时党内法规中的某些内容可以通过法定程序上升为国家法律。从根本上说，党内法规和国家法律是一致的，都是党的意志和人民意志的高度统一，都是党的基本理论、基本路线、基本纲领、基本经验、基本要求的具体体现，都是中国特色社会主义法治体系的重要组成部分。但两者的不同之处也比较明显：一是制定主体不同，党内法规由省级以上党组织制定，法律由国家立法机关制定；二是适用范围不同，党内法规适用于各级党组织和广大党员，法律适用于国家机关、社会组织和全体公民，适用范围更广；三是效力不同，党内法规制定必须遵守宪法和法律，其效力低于法律的效力；四是表现方式不同，党内法规的名称分为章程、准则、条例、规则、规定、办法、细则七类，法律主要包括宪法、法律、行政法规、地方性法规等；五是实施方式不同，党内法规依靠党的纪律约束实施，法律以国家强制力作保障；六是行为规范的要求不同，党内法规对党员的要求，通常比法律对普通公民和国家工作人员的要求更为严格。

## 二、党内法规的由来与发展

党内法规源自于马克思主义基本原理及其实践，是具有中国特色的概念，是中国共产党的一个创造。

我们党是根据马克思主义建党学说的基本原理和列宁的建党原则建立的无产阶

级政党。马克思主义认为，对于无产阶级政党来说，为了完成解放全人类、实现共产主义这一艰巨历史使命，需要有正确的路线、纲领、政策，需要把自己组织成为有统一意志、统一行动、统一纪律的高度集中的战斗集体，这就必须制定一个章程。列宁在领导俄共过程中，不仅重视党章的修改完善，而且根据形势任务需要领导制定了一系列党内法规和法规性决议。党的一大召开前，我国早期共产主义者就普遍认识到，建立党组织首先要有一个章程。1921年8月5日，中国共产党第一次全国代表大会通过《中国共产党第一个纲领》，共15条、700多字，这是党的历史上第一个具有党章性质的党内法规，宣告了中国共产党的诞生。1922年7月，党的二大通过的《中国共产党章程》，是中国共产党的第一个党章。

"党内法规"这个概念，是毛泽东同志首次提出的。1938年9月，毛泽东同志在党的六届六中全会上指出，鉴于张国焘严重破坏党内纪律的行为，为使党内关系走上正轨，除了重申个人服从组织、少数服从多数、下级服从上级、全党服从中央四项最重要的纪律外，"还须制定一种较为详细的党内法规，以统一各级领导机关的行动"。在这次会议上，刘少奇同志就起草关于中央委员会工作规则与纪律、各级党部工作与纪律、各级党委暂行组织机构三个决定，并作了《党规党法的报告》，这是党的领导人第一次使用"党规党法"的名称。

**扩展阅读**

## 党内法规的提出背景

抗战前后，党内出现两起严重破坏党的民主集中制原则的事件。一是1935年红军长征途中，张国焘不顾中央北上决定，擅自率部南下，宣布另立中央，公开分裂党、分裂红军，最后发展到叛党投降国民党。二是1937年王明受共产国际委派回国，在政治上推行右倾投降主义，组织上闹独立，擅自以中央名义发表宣言、声明，不尊重、不服从以毛泽东为核心的中央领导，造成党内思想上、组织上的混乱。为吸取这两起严重破坏党的民主集中制原则事件的教训，毛泽东在党的六届六中全会上首次提出"党内法规"这一概念。

新中国成立后，我们党根据加强自身建设的需要，比较重视党内法规制度建设。但从总体上说，新中国成立初期制定的党内法规数量较少，比较零散，没有形成相对完整的党内法规制度体系。1957年反右斗争严重扩大化后，党的指导思想出现"左"的偏差，党内法规建设基本上处于停滞状态。"文化大革命"期间，党内法规建设遭到严重破坏，进入了低潮期。

党的十一届三中全会是党内法规建设的重要转折点。在党的十一届三中全会上，邓小平同志第一次把党内法规与国家法律放在同等重要的地位，他强调："国要有国法，党要有党规党法。党章是最根本的党规党法。没有党规党法，国法就很难保障。"为医治"文化大革命"给党的建设造成的巨大创伤，使党内政治生活逐步正常化、规范化，1980年2月，党的十一届五中全会通过了《关于党内政治生活的若干准则》。

1987年10月，党的十三大召开，明确提出在新的历史条件下，要切实加强党的制度建设，走出一条"靠改革和制度建设"的新路子。1990年7月31日，中共中央颁布有党内"立法法"之称的《中国共产党党内法规制定程序暂行条例》，首次界定了"党内法规"概念，党内法规建设从此步入规范化轨道。

为反映党的制度建设的最新成果，1992年党的十四大修改《中国共产党章程》，首次确认了"党内法规"这一概念，这标志着"党内法规"概念得到了党的根本大法党章的正式确认。

2006年1月6日，胡锦涛同志在中央纪委六次全会上指出，要"加强以党章为核心的党内法规制度体系建设"，首次提出建设党内法规制度体系这一重大任务。此后，一系列具有里程碑意义的党内法规相继出台，配套法规建设取得显著进展，全方位、多层次、科学合理、系统配套的党内法规制度体系初步形成。2013年，中央先后发布《中国共产党党内法规制定条例》《中国共产党党内法规和规范性文件备案规定》《中共中央关于废止和宣布失效一批党内法规和规范性文件的决定》三个重要法规文件，全面加强党内法规工作，党内法规建设进入了新阶段。

党的十八大以来，以习近平同志为总书记的党中央高度重视党内法规制度建设。他多次强调，要立体式、全方位推进制度体系建设，把权力关进制度的笼子里。2013年11月，中共中央颁布《中央党内法规制定工作五年规划纲要（2013—2017年）》，这是党的历史上第一个党内法规制定工作五年规划，提出建党100周年时全面建成内容科学、程序严密、配套完备、运行有效的党内法规制度体系，标志着党内法规建设进入体系化阶段。

党内法规从最初的党纲党章发展为比较完备的党内法规制度体系，从最初党的领导人的零散提法发展为党的历任领导人普遍采用、社会各界广泛认同的概念，反映了党艰难曲折、依法执政的历史进程，反映了党的领导方式和执政方式的重大转变，标志着我们党逐步走向成熟。

### 三、党内法规的分类

根据党内法规的调整对象，党内法规可分为以下八类：

## （一）党章及相关法规

用以规范党的性质和宗旨、路线和纲领、指导思想和奋斗目标、组织原则和组织机构、党员基本义务和基本权利、党的纪律，以及衍生于党章、与党章相配套、直接保障党章实施，确定党的理论和路线方针政策、确立党内生活基本准则、规定党员基本行为规范、规范党内法规制定活动、规定党的标志象征等的法规，如《中国共产党章程》《关于党内政治生活的若干准则》《中国共产党党内法规制定条例》等。

## （二）党的领导和党的工作方面法规

用以调整党在发挥总揽全局、协调各方的领导核心作用时，与人大、政府、政协、司法机关、人民团体、企业事业单位、军队等形成的领导与被领导关系，主要规定党的领导体制机制、领导方式，规范党组工作、纪律检查工作、组织工作、宣传工作、政法工作、统一战线工作、军队工作、群众工作等，为党更好地实施领导、执政治国提供重要制度保证，如《中国共产党党组工作条例（试行）》《中国共产党统一战线工作条例（试行）》等。

## （三）思想建设方面法规

用以规范党的思想建设方面的工作和活动，主要包括规范思想建设、理论武装、党性教育、道德建设等的法规，如《中国共产党党校工作条例》《中共中央纪律检查委员会关于共产党员违反社会主义道德党纪处分的若干规定（试行）》等。

## （四）组织建设方面法规。

用以规范党的组织建设方面的工作和活动，主要包括规范党的组织制度、组织机构、干部队伍、党员队伍、人才工作等的法规，如《中国共产党地方组织选举工作条例》《党政领导干部选拔任用工作条例》《干部教育培训工作条例》等。

## （五）作风建设方面法规

用以规范党的作风建设方面的工作和活动，主要包括规范思想作风、工作作风、领导作风、学风、干部生活作风等的法规，如《十八届中央政治局关于改进工作作风、密切联系群众的八项规定》《党政机关厉行节约反对浪费条例》等。

## （六）反腐倡廉建设方面法规

用以规范党的反腐倡廉建设方面的工作和活动，主要包括规范反腐败领导体制机制、反腐倡廉教育、党内监督、预防腐败、惩治腐败等的法规，如《中国共产党廉洁自律准则》《中国共产党纪律处分条例》《中国共产党党内监督

条例（试行）》等。

（七）民主集中制建设方面法规

用以规范党的民主集中制建设方面的工作和活动，推动民主集中制具体化、程序化，主要包括规范党员民主权利保障、党的代表大会制度、党的委员会制度等的法规，如《中国共产党党员权利保障条例》《中国共产党地方委员会工作条例》等。

（八）机关工作方面法规

用以规范党的机关运行和服务保障体制机制，主要包括规范党的各级机关公文办理、会议活动服务、综合协调、信息报送、督促检查、法规服务、安全保密、通信保障、档案服务、机关事务管理等的法规，如《党政机关公文处理工作条例》《中国共产党党内法规和规范性文件备案规定》等。

以上八个方面的法规，共同构成党内法规体系。

扩展阅读

## 党内法规体系已初步形成

新中国成立以来特别是改革开放以来，适应不同历史时期党的建设需要，中央科学谋划、统筹布局，制定颁布了一系列党内法规，初步形成了以党章为核心的党内法规体系，党内生活主要方面基本实现了有规可依。截至目前，我们党制定了1个党章，2个准则，26个条例，约1800个规则、规定、办法、细则；其中，党的中央组织制定的党内法规140多个，中央纪委和中央各部门制定的党内法规约150个，地方制定的党内法规1500多个。

## 第二节　党章及相关法规

党章是我们党最重要的文献，是最根本的党内法规，是制定其他党内法规的基础和依据。党章相关法规根据党章的有关规定，确立党内政治生活的基本准则，明确党组织的组成和职权，是党内法规制度体系的"四梁八柱"。这里重点介绍党章和《关于党内政治生活的若干准则》。

### 一、党章

党章是党内根本大法，在党内法规制度体系中具有最高地位和最高效力。党的二大制定了中国共产党第一个党章，之后每一次党的全国代表大会都对党章进行修改，目前共有17个不同版本。现行党章是1982年9月党的十二大通过的，2012年11月党的十八大对其进行了第六次修改。

党章共十一章五十三条，集中阐述了党的性质和宗旨、路线和纲领、指导思想和奋斗目标、中国特色社会主义事业总体布局和党的建设总体要求，规定了入党条件、党员义务和权利、党员发展和管理，规定了党的中央组织及其职权、地方组织及其职权，以及基层组织的范围、作用和基本任务，规定了党的各级领导干部的基本条件，并对党的纪律处分的种类、程序、原则，以及党的纪律检查机关的产生和领导体制等作了明确规定，是立党、管党、治党的总章程和总规矩。

党章规定党的性质和宗旨、路线和纲领、指导思想和奋斗目标，是一面公开树立的旗帜，是一扇对外展示形象的窗口；党章宣示党的理论基础和政治主张，规范党的领导和执政行为，保证了全党在思想上、政治上、组织上、作风上、行动上的一致，为全党统一思想、统一行动提供了根本准绳，为实现党的政治路线、现实目标和最终目标提供了基本保证；党章规定党内生活准则和各项纪律，是全面从严治党的根本依据；党章阐述党的基本知识，规定党员条件及其义务和权利，规定党的各级领导干部的基本条件，是对党员进行教育的最好教材。在90多年的奋斗历程中，我们党认真总结革命建设改革的成功经验，及时把党的实践创新、理论创新、制度创新的重要成果体现到党章中，使党章在推进党的事业、加强党的建设中发挥了重要指导作用。

扩展阅读

## 党章史上的第一次

1922年7月，党在二大通过的《中国共产党章程》，第一次提出反帝反封建的民主革命纲领。党的三大党章适应同国民党建立革命统一战线、要求提高党员素质的需要，第一次对党员的候补期作了规定。党的四大党章第一次称党的领导人为总书记。党的五大党章第一次规定民主集中制为指导原则，第一次规定中央政治局和中央政治局常委会的设置，第一次对入党年龄作了规定，第一次规定党的纪检监察机构监察委员会，第一次规定党组。党的六大党章第一次确立了退党制度。党的七大党章第一次增写了总纲，第一次把毛泽东思想确立为党的指导思想，第一次设立中央书记处。党的十二大党章第一次对改革开放作出阐述，第一次确立社会主义初级阶段理论，第一次提出中国特色社会主义理论体系，第一次规定"党必须在宪法和法律的范围内活动"。党的十四大党章第一次将我国经济体制改革的目标确定为建立社会主义市场经济体制。党的十五大党章第一次把邓小平理论确立为全党指导思想。党的十六大党章第一次把"三个代表"重要思想写入党章，第一次规定其他社会阶层的先进分子可以入党，第一次写入依法治国，建设社会主义法治国家。党的十七大第一次写入中国特色社会主义事业总体布局。党的十八大第一次把科学发展观确立为党的指导思想。党章史上的第一次，反映了我们党革故鼎新、与时俱进的实践品格。

党章是党的总章程，集中体现了党的性质和宗旨、党的理论和路线方针政策、党的重要主张，规定了党的重要制度和体制机制，是全党必须共同遵守的根本行为规范。认真学习党章、严格遵守党章，是加强党的建设的一项基础性经常性工作，也是全党同志的应尽义务和庄严责任。全党同志都要全面了解和掌握党章的基本内容。要把党章学习教育作为经常性工作来抓，通过日常学习、专题培训等形式，组织党员学习党章。要把学习党章作为各级党校、干校培训党员领导干部的必备课程。要把检查学习和遵守党章情况作为组织生活会、民主生活会的重要内容。要严格遵守党章各项规定。全党要牢固树立党章意识，真正把党章作为加强党性修养的根本标准，作为指导党的工作、党内活动、党的建设的根本依据，把党章各项规定落实到行动上、落实到各项事业中。要加强对遵守党章、执行党章情况的督促检查，对党章意识不强、不按党章规定办事的要及时提醒，对严重违反党章规定的行为要坚决纠正。党员领导干部要做学习党章、遵守党章的模范。各级领导干部要把学习党章作为必修课，走上新的领导岗位的同志要把学习党章作为第一课，带头遵守党章各项规定。

## 二、关于党内政治生活的若干准则

我们党在长期的革命斗争中，十分重视思想、作风建设，保证了党在组织上的先进性纯洁性，逐步形成了以实事求是、理论联系实际、密切联系群众、批评和自我批评、民主集中制等为主要内容的政治生活准则。这些政治生活准则，保证了我们党具有强大的战斗力凝聚力，使我们党领导全国人民取得了新民主主义革命的胜利，始终成为中国特色社会主义事业的坚强领导核心。但是，由于党和国家的民主集中制不够健全，党内脱离实际、脱离群众、主观主义、官僚主义、独断专行、特权思想等不良倾向有所发展，党内正常的政治生活在一定程度上受到损害。特别是在"文化大革命"期间，林彪、"四人帮"肆意践踏党规党法，取消党的领导，使党的组织、党员的党性观念、党的优良传统和作风遭到了严重破坏。为全面恢复和进一步发扬党的优良传统和作风，健全党的民主生活，维护党的团结统一，提高党的战斗力凝聚力，1980年2月29日，党的十一届五中全会通过了《关于党内政治生活的若干准则》。

# 准则的制定背景

"文化大革命"结束后，经过一段时间的拨乱反正，全党全国基本上呈现出安定团结、生动活泼的政治局面。怎样才能维护安定团结的政治局面，是邓小平、陈云等中央领导同志十分关注的问题。为使全党全国人民深刻汲取民主集中制原则和国家民主法制受到破坏的惨痛教训，使类似事件永远不再重演，中央决定重申党内政治生活的一些基本准则。由于此时党的十一届三中全会召开不久，修改党章来不及，根据邓小平、陈云等中央领导同志意见，先搞一个准则指导当时工作，作为党章的具体补充，实际上起党纲作用。这就是党的十一届五中全会通过的《关于党内政治生活的若干准则》。

准则分为引言、正文、结束语三部分。引言主要阐述了准则制定的背景和意义。正文共十二条：一是坚持党的政治路线和思想路线；二是坚持集体领导，反对个人专断；三是维护党的集中统一，严格遵守党的纪律；四是坚持党性，根绝派性；五是要讲真话，言行一致；六是发扬党内民主，正确对待不同意见；七是保障党员的权利不受侵犯；八是选举要充分体现选举人的意志；九是同错误倾向和坏人坏事作斗争；十是正确对待犯错误的同志；十一是接受党和群众的监督，不准搞特权；十二是努力学习，做到又红又专。结束语主要对各级党员干部学习贯彻准则提出要求。

《关于党内政治生活的若干准则》是我们党经过十年动乱、遭受惨重损失后，根据马克思列宁主义、毛泽东思想的建党原则，按照党的十一届三中全会精神，汲取建党以来的经验教训制定出来的。准则作为党章的补充和细化，是一部比较全面系统的党规党法，既概括了历史上处理党内关系和整顿党风的经验，又提出了体现时代特征的党的建设任务和要求，对提升党员特别是党员领导干部的思想政治水平、加强党的建设具有重要意义。

严格的党内生活，是党的优良传统和政治优势，是解决党内矛盾、加强党员干部党性的有效途径，也是保持党的团结统一、增强党的生机活力的重要措施。虽然准则发布已经30多年，党员队伍结构和状况发生了显著变化，中国特色社会主义事业和党的建设取得了巨大成就，但准则确定的党内政治生活原则仍然是广大党员干部的行为准绳。在十八届中央纪委二次全会上，习近平总书记强调，党员干部特别是领导干部要认真重温学习准则，坚决贯彻执行准则。全体党员要认真学习准则，完整领会和正确掌握准则的精神实质，对照准则的各项规定，认真检查自己的工作、思想和作风，把准则运用到民主生活会和民主评议中，体现在日常政治生活中。党的各级领导机关和领导干部要做学习准则、遵守准则的模范，自觉按照党的组织原则和党内政治生活准则办事。每个党员干部都要增强言党忧党为党意识，落实爱党兴党护党行为，敢于同形形色色违反党内政治生活原则和制度的现象作斗争。

## 第三节　党的组织建设法规

建党90多年来，党的组织工作适应不同历史时期的形势任务，不断总结经验教训，并以制度形式固定下来，形成了以党章为根本，以干部工作、组织建设、人才工作和组织部门自身建设法规制度为主要内容的组织工作法规制度体系，为组织工作创新发展提供了重要制度保障。据统计，改革开放以来制定发布的组织工作法规文件有1200多件，其中党内法规有40多件。这里重点介绍《党政领导干部选拔任用工作条例》。

治国之要，首在用人。我们党历来高度重视选贤任能，始终把选人用人作为关系党和人民事业的关键性、根本性问题来抓。习近平总书记多次强调，好干部要做到信念坚定、为民服务、勤政务实、敢于担当、清正廉洁（简称好干部"20字"标准）。

把好干部选好用好，需要科学有效的用人机制。2002年7月中共中央颁布《党政领导干部选拔任用工作条例》，在规范干部选任工作、建立健全科学的选拔任用机制、防止和纠正选人用人上不正之风等方面，发挥了重要作用。但随着干部工作形势任务和干部队伍状况的变化，条例已不能完全适应新的要求。主要表现在以下三方面：一是中央对干部工作提出了新要求。党的十八大以来，以习近平同志为总书记的党中央对干部工作的指导思想、目标任务、基本原则等提出了一系列新思想新要求，标志着党对干部工作规律的认识达到了新的高度。这些新思想新要求需要通过条例的修订转化为具体制度规定。二是干部选拔任用工作中出现了一些新情况新问题，如民主质量不高、评价使用干部唯GDP、唯票、唯分、唯年龄等问题突出，公开选拔和竞争上岗、破格提拔等亟需从制度层面加以改进。三是干部人事制度改革积累了新经验，干部政策有新变化新调整，这些也需要对条例进行修订。2014年1月，中共中央印发了修订后的条例。

扩展阅读

## "最年轻代县长"风波

2011年8月，河北省某市公布了一份所属19个区县（市）的人事调整名单。时年29岁的闫某拟提拔为某县委副书记、代县长。"80后代县长"迅速成为舆论焦点，各种爆料层出不穷，传播最多的版本称闫某出自官员世家，近亲中有两个厅级高官、三个县级领导、不少科级干部。此后有网友发现，在县政府网站上找不到闫某的相关信息。"县长的简历是机密，不便对外公开。"该县政府一名工作人员在回应外界质疑时的这句话引起轩然大波，更多媒体加入到对闫某的"围观"队伍。直到9月21日下午，该县政府网站才挂出闫某的简历。简历显示，从1999年9月闫某参加工作开始算起，12年间其职位共变迁9次。网友们对闫某21岁提为副科级干部并在三四年间频繁转岗乃至受到重用的原因感到不解，对其家庭背景更加好奇。12月26日，闫某在巨大的舆论压力下提出辞职。闫某的辞呈很快得到批复。

《共产党领导干部选拔任用工作条例》共十三章、七十一条，对党政领导干部选拔任用工作作了全方位规定。一是确立了干部选拔任用工作的指导思想、基本原则、基本要求、适用范围，鲜明地将好干部"20字"标准写入总则，将其作为干部选拔任用工作的重要遵循；坚持党管干部原则，在原则标准和程序方法等多方面强调党组织的领导和把关作用。二是明确了党政领导干部应当具备的基本条件和任职资格，规定了提出启动干部选拔任用工作的权限。三是规定了民主推荐的方式、程序和范围，考察的条件、内容和程序，以及讨论决定和任职程序。在合理定位和改进方法的基础上，强调根据知情度、关联度和代表性原则合理确定参加民主推荐的人员范围，着力提高民意表达的真实性，减少民主推荐的失真失实；强调加强对政治品质和道德品行、科学发展实绩、作风表现、廉政情况的考察，防止简单以GDP评价政绩。四是规范公开选拔和竞争上岗。合理确定范围、严格资格条件的设置、加强组织把关，坚持实践标准，突出实绩竞争，防止简单以分数取人。五是从严规范破格提拔。规定特别优秀或者工作特殊需要的干部才可以破格提拔，强调破格不能降低干部标准，不能破基本条件，不能破有关法律、章程规定的资格，并规定破格提拔干部在讨论决定前，必须报经上级组织人事部门同意。六是严明选拔纪律，严肃责任追究，对党组织、领导干部和选拔对象都提出了严格要求。

新修订条例体现了中央有关干部工作的新精神新要求，吸收了干部人事制度改革的新经验新成果，改进了干部选拔任用制度，是新时期做好领导干部选拔任用工作的基本遵循，也是从源头上预防和治理选人用人不正之风的有力武器。条例的颁布实施，对于把新时期好干部标准落实到干部选拔任用工作中去，建立健全科学的干部选拔任用机制和监督管理机制，解决干部工作中的突出问题，建设高素质的党政领导干部队伍，保证党的路线方针政策全面贯彻执行和中国特色社会主义事业顺利进行，具有十分重要的意义。

各级党委（党组）及其组织（人事）部门一定要认真学习、大力宣传、严格执行新修订的条例。党政主要领导同志要增强政治纪律、组织人事纪律观念，带头遵守条例，规范行使选人用人权。组织（人事）部门要坚持公道正派、依规办事，把好选人用人关。要坚持党管干部原则，完善干部选拔任用方法，发挥党组织在干部选拔任用工作中的领导和把关作用。要坚持干部工作的群众路线，坚持群众公认，充分发扬民主，改进民主推荐和民主测评，提高干部工作民主质量，防止简单以票取人、以分取人。要全面准确贯彻民主、公开、竞争、择优方针，完善公开选拔、竞争上岗等竞争性选拔方式，进一步推进干部人事制度改革，努力做到选贤任能、用当其时，知人善任、人尽其才，把好干部及时发现出来、合理使用起来。

## 第四节　党的作风建设法规

党的作风关系党的生死存亡。健全的制度是党风建设的基本保证。我们党历来高度重视作风制度建设。改革开放以来，中央出台了20多件作风建设方面的党内法规，中央纪委、中央各部门印发了一批配套党内法规。这里重点介绍中央八项规定。

一个政党，一个政权，其前途和命运最终取决于人心向背。党群关系的密切程度，始终都是党的执政能力强弱的根本指标。历史经验表明，如果一个政党脱离它所代表的民众，就会失去执政根基，就会在历史的拐点上为人民所抛弃。所以说脱离群众是我们党执政后的最大危险。在新形势下，党所处历史方位和执政条件、党员队伍组成结构都发生了重大变化，党面临的执政考验、改革开放考验、市场经济考验、外部环境考验和精神懈怠风险、能力不足风险、脱离群众风险、消极腐败风险是长期的、复杂的、严峻的。处理好党同人民群众的关系、始终保持密切联系群众的作风，是我们党长期执政面临的重大课题。

2012年12月4日，习近平总书记主持召开中央政治局会议，审议通过了《十八届中央政治局关于改进工作作风、密切联系群众的八项规定》。规定要求：

一要改进调查研究，到基层调研要深入了解真实情况，总结经验、研究问题、解决困难、指导工作，向群众学习、向实践学习，多同群众座谈，多同干部谈心，多商量讨论，多解剖典型，多到困难和矛盾集中、群众意见多的地方去，切忌走过场、搞形式主义；要轻车简从、减少陪同、简化接待，不张贴悬挂标语横幅，不安排群众迎送，不铺设迎宾地毯，不摆放花草，不安排宴请。

二要精简会议活动，切实改进会风，严格控制以中央名义召开的各类全国性会议和举行的重大活动，不开泛泛部署工作和提要求的会，未经中央批准一律不出席各类剪彩、奠基活动和庆祝会、纪念会、表彰会、博览会、研讨会及各类论坛；提高会议实效，开短会、讲短话，力戒空话、套话。

三要精简文件简报，切实改进文风，没有实质内容、可发可不发的文件、简报一律不发。

四要规范出访活动，从外交工作大局需要出发合理安排出访活动，严格控制出访随行人员，严格按照规定乘坐交通工具，一般不安排中资机构、华侨华人、留学生代表等到机场迎送。

五要改进警卫工作，坚持有利于联系群众的原则，减少交通管制，一般情况下不得封路、不清场闭馆。

六要改进新闻报道，中央政治局同志出席会议和活动应根据工作需要、新闻价值、社会效果决定是否报道，进一步压缩报道的数量、字数、时长。

七要严格文稿发表，除中央统一安排外，个人不公开出版著作、讲话单行本，不发贺信、贺电，不题词、题字。

八要厉行勤俭节约，严格遵守廉洁从政有关规定，严格执行住房、车辆配备等有关工作和生活待遇的规定。

好作风是我们党长期探索形成的根本工作方法，是我们党最大的政治优势和执政资源。八项规定充分体现了党中央带头改进作风的坚定决心，体现了从严治党的要求，体现了对人民期待的尊重和回应，是党中央应对执政风险的战略思考，是新一届中央领导集体的庄严政治承诺，是聚党心得民心的重大举措，是对党的各级领导干部提出的政治要求。

扩展阅读

## 八项规定改变中国

八项规定是党的十八大后全面从严治党的第一个举措。三年来，中央率先垂范、以上率下，各地区各部门积极响应、全面跟进，党风政风民风发生了根本改变。

——政府官员出门自己开车、晚上回家吃饭，已经逐渐成为常态。人们切身感受到了"三公消费"大减，"舌尖浪费"被遏制，"会所歪风"停刮。

——从2013年起，每逢春节、中秋节、教师节等节假日，中央都专门出台文件，严刹送礼之风。浙江省义乌市某地是挂历集散地。2013年前，每年都有全国各地的党政机关、企事业单位人员到此采购挂历，少则几千份，多则几万份。2013年中央纪委发出《关于严禁公款购买印制寄送贺年卡等物品的通知》后，所有公家人都"爽约"了，经营挂历的企业多多少少都赔了钱。

——中央纪委网站每月更新一次月报，从未间断。截至2015年10月31日，全国累计查处违反八项规定问题104934起，处理人数138867人，其中55289人受到党纪政纪处分。在被处理的干部中，省部级7人，地厅级678人，县处级7389人，乡科级130793人。黑龙江省副省级干部付某因私公款消费，大量饮酒并造成陪酒人员一死一伤的严重后果，被处以留党察看一年处分，由副省级降为正局级。

——社会风气有了很大改观。久治不下的高价烟酒、高价月饼、高价花卉、高价宴请、高价娱乐，突然间销声匿迹。

贯彻八项规定这三年，是党风廉政建设取得显著成效的三年，是取信于民、赢得民心的三年，是重树党的威信、重塑党的形象的三年，是深刻改变中国面貌的三年。

八项规定的颁布实施，向全党发出了转变工作作风改进党风政风的号召。各级党政机关和领导干部要认真学习领会八项规定的深刻内涵和重大意义，增强宗旨意识、忧患意识和使命意识，坚持以人为本、执政为民，带头改进工作作风，带头深入基层调查研究，带头密切联系群众，带头解决实际问题，始终把人民放在心中最高位置，始终保持共产党人清正廉洁的政治本色。

## 第五节　党的反腐倡廉建设法规

腐败是侵蚀党的肌体的毒瘤。保持党的先进性纯洁性，必须坚决惩治和有效预防腐败。制度建设是反腐倡廉建设的治本之策。我们党历来高度重视反腐倡廉制度建设，制定发布了一大批反腐倡廉建设法规，教育、监督、改革、纠风、惩治等反腐倡廉建设各个方面基本实现了有规可依，反腐倡廉法规制度体系已基本形成。据统计，改革开放以来，中央制定发布了20多件反腐倡廉建设方面的党内法规，同时中央纪委印发了130多件配套法规制度。这里重点介绍《中国共产党廉洁自律准则》和《中国共产党纪律处分条例》。

### 一、中国共产党廉洁自律准则

办好中国的事情，关键在党。我们党是靠革命理想和铁的纪律组织起来的马克思主义政党，组织严密、纪律严明是党的优良传统和政治优势，是我们党的力量所在。全面从严治党，必然要求全体党员特别是党员领导干部坚定理想信念，坚持根本宗旨，发扬优良作风，始终走在时代前列，始终成为中国特色社会主义事业的坚强领导核心。

2001年中共中央印发的《中国共产党党员领导干部廉洁从政若干准则》，对于促进党员领导干部廉洁从政，保持党的先进性纯洁性发挥了重要作用。党的十八大以来，随着全面从严治党实践的不断深化，准则已不能完全适应新的

实践需要。主要表现在：一是适用对象过窄，仅对党员领导干部提出要求，未能涵盖8700多万党员；二是缺少正面倡导，许多条款与修订前的党纪处分条例和国家法律重复；三是廉洁主题不够突出，一些内容与廉洁主题无直接关联。鉴于以上原因，有必要对准则予以修订。2015年10月18日，中共中央印发了新修订的《中国共产党廉洁自律准则》。准则共八条，包括导语、党员廉洁自律规范和党员领导干部廉洁自律规范三部分。主要内容源自于党章和党的几代领导人特别是习近平总书记的重要论述，可以概括为"四个必须""八条规范"。准则在导语部分提出"四个必须"，体现了准则的制定目的和目标要求，即全体党员和各级党员领导干部必须坚定共产主义理想和中国特色社会主义信念，必须坚持全心全意为人民服务根本宗旨，必须继承发扬党的优良传统和作风，必须自觉培养高尚道德情操，努力弘扬中华民族传统美德，廉洁自律，接受监督，永葆党的先进性和纯洁性。在党员廉洁自律规范部分，准则围绕如何正确对待和处理"公与私""廉与腐""俭与奢""苦与乐"的关系提出"四条规范"，即坚持公私分明，先公后私，克己奉公；坚持崇廉拒腐，清白做人，干净做事；坚持尚俭戒奢，艰苦朴素，勤俭节约；坚持吃苦在前，享受在后，甘于奉献。在党员领导干部廉洁自律规范部分，针对党员领导干部这个"关键少数"，围绕廉洁从政，准则从公仆本色、行使权力、品行操守、良好家风等方面，对党员领导干部提出要求更高的"四条规范"，即廉洁从政，自觉保持人民公仆本色；廉洁用权，自觉维护人民根本利益；廉洁修身，自觉提升思想道德境界；廉洁齐家，自觉带头树立良好家风。

任何一个社会、任何一个公民不能都踩到法律的底线上，党员更不能站在纪律的边缘。准则以党章作为根本遵循，坚持依规治党与以德治党相结合，针对现阶段党员和党员领导干部在廉洁自律方面存在的主要问题，为党员和党员领导干部树立了一个看得见、够得着的高标准，展现了共产党人高尚道德追求，体现了古今中外道德规范从高不从低的共性要求。

修订后的廉洁自律准则，是党执政以来第一个坚持正面倡导、面向全体党员的廉洁自律规范，是向全体党员发出的道德宣示和对全国人民的庄严承诺。各级党组织要切实担当和落实好全面从严治党的主体责任，抓好准则的学习宣传和贯彻落实，把各项要求刻印在全体党员特别是党员领导干部的心上。各级党员领导干部要发挥表率作用，以更高更严的要求，带头践行廉洁自律规范。广大党员要加强党性修养，保持和发扬党的优良传统作风，使廉洁自律规范内化于心、外化于行，坚持理想信念宗旨"高线"，永葆共产党人清正廉洁的政治本色。

## 二、中国共产党纪律处分条例

坚持党要管党、从严治党，是实现"两个一百年"奋斗目标和中华民族伟大复兴中国梦的根本保证。全面从严治党，必须围绕坚持党的领导这个根本，注重依规依纪治党，切实加强党的纪律建设。

原党纪处分条例是在1997年《中国共产党纪律处分条例（试行）》基础上修订而成的，2003年12月颁布实施，对维护党章和其他党内法规，严肃党的纪律等发挥了重要作用。随着党的建设深入推进，条例也呈现一些不相适应的地方：一是对违反党章、损害党章权威的违纪行为缺乏必要和严肃的责任追究；二是纪法不分，近半数条款与刑法等国家法律规定重复，将适用于全体公民的法律规范作为党组织和党员的纪律标准，降低了对党组织和党员的要求；三是有必要将党的十八大以来从严治党的实践成果制度化，将严明政治纪律和政治规矩、组织纪律，落实中央八项规定精神，反对"四风"等内容吸收进条例。为把党规党纪的权威性在全党树起来、立起来，切实唤醒广大党员干部的党章党规党纪意识，有必要对党纪处分条例进行修订。2015年10月18日，中共中央颁布了新修订的《中国共产党纪律处分条例》。

修订后的条例共三编、十一章、一百三十三条，分总则、分则、附则三部分。主要内容有以下五方面：一是对条例的指导思想、基本原则和适用范围作出规定，增加了党组织和党员必须自觉遵守党章，模范遵守国家法律法规的规定；二是对违纪概念、纪律处分种类及其影响等作出规定，将严重警告的影响期由原来的一年修改为一年半；三是对纪律处分运用规则作出规定，将在纪律集中整饬过程中不收敛、不收手列为从重或者加重处分的情形；四是对涉嫌违法犯罪党员的纪律处分作出规定，实现党纪与国法的有效衔接；五是将原条例规定的十类违纪行为整合修订为六类，分别为：对违反政治纪律行为的处分、对违反组织纪律行为的处分、对违反廉洁纪律行为的处分、对违反群众纪律行为的处分、对违反工作纪律行为的处分、对违反生活纪律行为的处分。在这6种违纪行为的规定中，增加了拉帮结派、对抗组织审查、组织或者参加迷信活动、搞无原则一团和气以及违反党的优良传统和工作惯例等党的规矩的违纪条款；不按照有关规定或者工作要求向组织请示报告重大问题，不如实报告个人有关事项，篡改、伪造个人档案资料，隐瞒入党前严重错误等违纪条款；搞权权交易，对亲属和身边工作人员管教不力，赠送明显超出正常礼尚往来的礼品、礼金、消费卡，违规出入私人会所，搞权色交易和钱色交易等违纪条款；超标准、超范围向群众筹资筹劳，在办理涉及群众事务时故意刁难、吃拿卡要等侵害群众利益的违纪条款；党组织不履行全面从严治党主体责任，违规干预和插手市场经济活动，违规干预和插手司法活动、执纪执法活动等违纪条款；生活奢靡，违背社会公序良俗等违纪条款。

条例贯彻党的十八大和十八届三中、四中全会精神，坚持依规治党与以德治党相结合，围绕党纪戒尺要求，开列负面清单，重在立规，是对党章规定的具体化，划出了党组织和党员不可触碰的底线，对于贯彻全面从严治党要求，把纪律和规矩挺在前面，切实维护党章和其他党内法规的权威性严肃性，保证党的路线方针政策和国家法律法规的贯彻执行，深入推进党风廉政建设和反腐败斗争，具有十分重要的意义。

各级党委（党组）要按照中央要求，切实担当和落实好全面从严治党的主体责任，认真贯彻执行党纪处分条例，严明党纪戒尺，把党的纪律刻印在全体党员特别是党员领导干部的心上。要坚持问题导向，把严守政治纪律和政治规矩放在首位，通过严肃政治纪律和政治规矩带动其他纪律严起来。要坚持把纪律和规矩挺在前面，落实抓早抓小，绝不允许突破纪律底线。党员领导干部要以身作则，敢于担当、敢于较真、敢于斗争，确保把党章党规党纪落实到位。广大党员要牢固树立党章党规党纪意识，做到讲规矩、守纪律，知敬畏、存戒惧，自觉在廉洁自律上追求高标准，在严守党纪上远离违纪红线，在全党逐渐形成尊崇制度、遵守制度、捍卫制度的良好风尚。

## 思考题

1. 什么是党内法规？
2. 《关于党内政治生活的若干准则》是哪一年颁布的？
3. 八项规定是什么时间提出的？
4. 《中国共产党纪律处分条例》主要包括几方面内容？

# 附录

## 中共中央 国务院转发《中央宣传部、司法部关于在公民中开展法治宣传教育的第七个五年规划（2016—2020年）》的通知

各省、自治区、直辖市党委和人民政府，中央和国家机关各部委，解放军各大单位、中央军委机关各部门，各人民团体：

《中央宣传部、司法部关于在公民中开展法治宣传教育的第七个五年规划（2016—2020年）》（以下简称"七五"普法规划）已经中央同意，现转发给你们，请结合实际认真贯彻执行。

全民普法和守法是依法治国的长期基础性工作。深入开展法治宣传教育，是贯彻落实党的十八大和十八届三中、四中、五中全会精神的重要任务，是实施"十三五"规划、全面建成小康社会的重要保障。各级党委和政府要把法治宣传教育纳入当地经济社会发展规划，进一步健全完善党委领导、人大监督、政府实施的法治宣传教育工作领导体制，确保"七五"普法规划各项目标任务落到实处。要坚持把领导干部带头学法、模范守法作为树立法治意识的关键，完善国家工作人员学法用法制度，把法治观念强不强、法治素养好不好作为衡量干部德才的重要标准，把能不能遵守法律、依法办事作为考察干部的重要内容，切实提高领导干部运用法治思维和法治方式深化改革、推动发展、化解矛盾、维护稳定的能力。坚持从青少年抓起，把法治教育纳入国民教育体系，引导青少年从小掌握法律知识、树立法治意识、养成守法习惯。要坚持法治宣传教育与法治实践相结合，深化基层组织和部门、行业依法治理，深化法治城市、法治县（市、区）等法治创建活动，全面提高全社会法治化治理水平。要推进法治教育与道德教育相结合，促进实现法律和道德相辅相成、法治和德治相得益彰。要健全普法宣传教育机制，实行国家机关"谁执法谁普法"的普法责任制，健全媒体公益普法制度，推进法治宣传教育工作创新，不断增强法治宣传教育的实效。要通过深入开展法治宣传教育，传播法律知识，弘扬法治精神，建设法治文化，充分发挥法治宣传教育在全面依法治国中的基础作用，推动全社会树立法治意识，为顺利实施"十三五"规划、全面建成小康社会营造良好的法治环境。

中共中央　国务院

2016年3月25日

# 中央宣传部、司法部关于
## 在公民中开展法治宣传教育的第七个
## 五年规划（2016—2020年）

　　在党中央、国务院正确领导下，全国第六个五年法制宣传教育规划（2011—2015年）顺利实施完成，法治宣传育工作取得显著成效。以宪法为核心的中国特色社会主义法律体系得到深入宣传，法治宣传教育主题活动广泛开展，多层次多领域依法治理不断深化，法治创建活动全面推进，全社会法治观念明显增强，社会治理法治化水平明显提高，法治宣传教育在建设社会主义法治国家中发挥了重要作用。

　　党的十八大以来，以习近平同志为总书记的党中央对全面依法治国作出了重要部署，对法治宣传教育提出了新的更高要求，明确了法治宣传教育的基本定位、重大任务和重要措施。十八届三中全会要求"健全社会普法教育机制"；十八届四中全会要求"坚持把全民普法和守法作为依法治国的长期基础性工作，深入开展法治宣传教育"；十八届五中全会要求"弘扬社会主义法治精神，增强全社会特别是公职人员尊法学法守法用法观念，在全社会形成良好法治氛围和法治习惯"。习近平总书记多次强调"领导干部要做尊法学法守法用法的模范"，要求法治宣传教育"要创新宣传形式，注重宣传实效"，为法治宣传教育工作指明了方向，提供了基本遵循。与新形势新任务的要求相比，有的地方和部门对法治宣传教育重要性的认识还不到位，普法宣传教育机制还不够健全，实效性有待进一步增强。深入开展法治宣传教育，增强全民法治观念，对于服务协调推进"四个全面"战略布局和"十三五"时期经济社会发展，具有十分重要的意义。为做好第七个五年法治宣传教育工作，制定本规划。

### 一、指导思想、主要目标和工作原则

　　第七个五年法治宣传教育工作的指导思想是：高举中国特色社会主义伟大旗帜，全面贯彻党的十八大和十八届三中、四中、五中全会精神，以马克思列宁主义、毛泽东思想、邓小平理论、"三个代表"重要思想、科学发展观为指导，深入贯彻习近平总书记系列重要讲话精神，坚持"四个全面"战略布局，坚持创新、协调、绿色、开放、共享的发展理念，按照全面依法治国新要求，深入开展法治宣传教育，扎实推进依法治理和法治创建，弘扬社会主义法治精神，建设社会主义法治文化，推进法治宣传教育与法治实践相结合，健全普法宣传教育机制，推动工作创新，充分发挥法治宣传教育在全面依法治国中的基础作用，推动全社会树立法治意识，为"十三五"时期经济社会发展营造良好法治环境，为实现"两个一百年"奋斗目标和

中华民族伟大复兴的中国梦作出新的贡献。

第七个五年法治宣传教育工作的主要目标是：普法宣传教育机制进一步健全，法治宣传教育实效性进一步增强，依法治理进一步深化，全民法治观念和全体党员党章党规意识明显增强，全社会厉行法治的积极性和主动性明显提高，形成守法光荣、违法可耻的社会氛围。

第七个五年法治宣传教育工作应遵循以下原则：

——坚持围绕中心，服务大局。围绕党和国家中心工作开展法治宣传教育，更好地服务协调推进"四个全面"战略布局，为全面实施国民经济和社会发展"十三五"规划营造良好法治环境。

——坚持依靠群众，服务群众。以满足群众不断增长的法治需求为出发点和落脚点，以群众喜闻乐见、易于接受的方式开展法治宣传教育，增强全社会尊法学法守法用法意识，使国家法律和党内法规为党员群众所掌握、所遵守、所运用。

——坚持学用结合，普治并举。坚持法治宣传教育与依法治理有机结合，把法治宣传教育融入立法、执法、司法、法律服务和党内法规建设活动中，引导党员群众在法治实践中自觉学习、运用国家法律和党内法规，提升法治素养。

——坚持分类指导，突出重点。根据不同地区、部门、行业及不同对象的实际和特点，分类实施法治宣传教育。突出抓好重点对象，带动和促进全民普法。

——坚持创新发展，注重实效。总结经验，把握规律，推动法治宣传教育工作理念、机制、载体和方式方法创新，不断提高法治宣传教育的针对性和时效性，力戒形式主义。

## 二、主要任务

（一）深入学习宣传习近平总书记关于全面依法治国的重要论述。党的十八大以来，习近平总书记站在坚持和发展中国特色社会主义全局的高度，对全面依法治国作了重要论述，提出了一系列新思想、新观点、新论断、新要求，深刻回答了建设社会主义法治国家的重大理论和实践问题，为全面依法治国提供了科学理论指导和行动指南。要深入学习宣传习近平总书记关于全面依法治国的重要论述，增强走中国特色社会主义道路的自觉性和坚定性，增强全社会厉行法治的积极性和主动性。深入学习宣传以习近平同志为总书记的党中央关于全面依法治国的重要部署，宣传科学立法、严格执法、公正司法、全民守法和党内法规建设的生动实践，使全社会了解和掌握全面依法治国的重大意义和总体要求，更好地发挥法治的引领和规范作用。

（二）突出学习宣传宪法。坚持把学习宣传宪法摆在首要位置，在全社会普遍开展宪法教育，弘扬宪法精神，树立宪法权威。深入宣传依宪治国、依宪执政等理念，宣传党的领导是宪法实施的最根本保证，宣传宪法确立的国家根本制度、根本任务和我国的国体、政体，宣传公民的基本权利和义务等宪法基本内容，宣传宪法的实施，实行宪法宣誓制度，认真组织好"12·4"国家宪法日集中宣传活动，推动宪法家喻户晓、深入人心，提高全体公民特别是各级领导干部和国家机关工作人员的宪法意识，教育引导一切组织和个人都必须以宪法为根本活动准则，增强宪法观念，坚决维护宪法尊严。

（三）深入宣传中国特色社会主义法律体系。坚持把宣传以宪法为核心的中国特色社会主义法律体系作为法治宣传教育的基本任务，大力宣传宪法相关法、民法商法、行政法、经济法、社会法、刑法、诉讼与非诉讼程序法等多个法律部门的法律法规。大力宣传社会主义民主政治建设的法律法规，提高人民有序参与民主政治的意识和水平。大力宣传保障公民基本权利的法律法规，推动全社会树立尊重和保障人权意识，促进公民权利保障法治化。大力宣传依法行政领域的法律法规，推动各级行政机关树立"法定职责必须为、法无授权不可为"的意识，促进法治政府建设。大力宣传市场经济领域的法律法规，推动全社会树立保护产权、平等交换、公平竞争、诚实信用等意识，促进大众创业、万众创新，促进经济在新常态下平稳健康运行。大力宣传有利于激发文化创造活力、保障人民基本文化权益的相关法律法规，促进社会主义精神文明建设。大力宣传教育、就业、收入分配、社会保障、医疗卫生、食品安全、扶贫、慈善、社会救助和妇女儿童、老年人、残疾人合法权益保护等方面法律法规，促进保障和改善民生。大力宣传国家安全和公共安全领域的法律法规，提高全民安全意识、风险意识和预防能力。大力宣传国防法律法规，提高全民国防观念，促进国防建设。大力宣传党的民族、宗教政策和相关法律法规，维护民族地区繁荣稳定，促进民族关系、宗教关系和谐。大力宣传环境保护、资源能源节约利用等方面的法律法规，推动美丽中国建设。大力宣传互联网领域的法律法规，教育引导网民依法规范网络行为，促进形成网络空间良好秩序。大力宣传诉讼、行政复议、仲裁、调解、信访等方面的法律法规，引导群众依法表达诉求、维护权利，促进社会和谐稳定。在传播法律知识的同时，更加注重弘扬法治精神、培育法治理念、树立法治意识，大力宣传宪法法律至上、法律面前人人平等、权由法定、权依法使等基本法治理念，破除"法不责众"、"人情大于国法"等错误认识，引导全民自觉守法、遇事找法、解决问题靠法。

（四）深入学习宣传党内法规。适应全面从严治党、依规治党新形势新要求，切实加大党内法规宣传力度。突出宣传党章，教育引导广大党员尊崇党章，以党章为根本遵循，坚决维护党章权威。大力宣传《中国共产党廉洁自律准则》、《中国共产党纪律处分条例》等各项党内法规，注重党内法规宣传与国家法律宣传的衔接和协调，坚持纪在法前、纪严于法，把纪律和规矩挺在前面，教育引导广大党员做党章党规党纪和国家法律的自觉尊崇者、模范遵守者、坚定捍卫者。

（五）推进社会主义法治文化建设。以宣传法律知识、弘扬法治精神、推动法治实践为主旨，积极推进社会主义法治文化建设，充分发挥法治文化的引领、熏陶作用，使人民内心拥护和真诚信仰法律。把法治文化建设纳入现代公共文化服务体系，推动法治文化与地方文化、行业文化、企业文化融合发展。繁荣法治文化作品创作推广，把法治文化作品纳入各级文化作品评奖内容，纳入艺术、出版扶持和奖励基金内容，培育法治文化精品。利用重大纪念日、民族传统节日等契机开展法治文化活动，组织开展法治文艺展演展播、法治文艺演出下基层等活动，满足人民群众日益增长的法治文化需求。把法治元素纳入城乡建设规划设计，加强基层法治文化公共设施建设。

（六）推进多层次多领域依法治理。坚持法治宣传教育与法治实践相结合，把法律条文变成引导、保障经济社会发展的基本规则，深化基层组织和部门、行业依法治理，深化法治城市、法治县（市、区）等法治创建活动，提高社会治理法治化水平。深入开展民主法治示范村（社区）创建，进一步探索乡村（社区）法律顾问制度，教育引导基层群众自我约束、自我管理。发挥市民公约、乡规民约、行业规章、团体章程等社会规范在社会治理中的积极作用，支持行业协会商会类社会组织发挥行业自律和专业服务功能，发挥社会组织对其成员的行为导引、规则约束、权益维护作用。

（七）推进法治教育与道德教育相结合。坚持依法治国和以德治国相结合的基本原则，以法治体现道德理念，以道德滋养法治精神，促进实现法律和道德相辅相成、法治和德治相得益彰。大力弘扬社会主义核心价值观，弘扬中华传统美德，培育社会公德、职业道德、家庭美德、个人品德，提高全民族思想道德水平，为全面依法治国创造良好人文环境。强化规则意识，倡导契约精神，弘扬公序良俗，引导人们自觉履行法定义务、社会责任、家庭责任。发挥法治在解决道德领域突出问题中的作用，健全公民和组织守法信用记录，完善守法诚信褒奖机制和违法失信行为惩戒机制。

### 三、对象和要求

法治宣传教育的对象是一切有接受教育能力的公民，重点是领导干部和青少年。

坚持把领导干部带头学法、模范守法作为树立法治意识的关键。完善国家工作人员学法用法制度，把宪法法律和党内法规列入党委（党组）中心组学习内容，列为党校、行政学院、干部学院、社会主义学院必修课；把法治教育纳入干部教育培训总体规划，纳入国家工作人员初任培训、任职培训的必训内容，在其他各类培训课程中融入法治教育内容，保证法治培训课时数量和培训质量，切实提高领导干部运用法治思维和法治方式深化改革、推动发展、化解矛盾、维护稳定的能力。加强党章和党内法规学习教育，引导党员领导干部增强党章党规党纪意识，严守政治纪律和政治规矩，在廉洁自律上追求高标准，自觉远离违纪红线。健全日常学法制度，创新学法形式，拓宽学法渠道。健全完善重大决策合法性审查机制，积极推行法律顾问制度，各级党政机关和人民团体普遍设立公职律师，企业可设立公司律师。把尊法学法守法用法情况作为考核领导班子和领导干部的重要内容，领导班子和领导干部在年度考核职中进行述法。把法治观念强不强、法治素养好不好作为衡量干部德才的重要标准，把能不能遵守法律、依法办事作为考察干部的重要内容。

坚持从青少年抓起。切实把法治教育纳入国民教育体系，制定和实施青少年法治教育大纲，在中小学设立法治知识课程，确保在校学生都能得到基本法治知识教育。完善中小学法治课教材体系，编写法治教育教材、读本，地方可将其纳入地方课程义务教育免费教科书范围，在小学普及宪法基本常识，在中、高考中增加法治知识内容，使青少年从小树立宪法意识和国家意识。将法治教育纳入"中小学幼儿园教师国家级培训计划"，加强法治课教师、分管法治教育副校长、法治辅导员培训。充分利用第二课堂和社会实践活动开展青少年法治教育，在开学第一课、毕业仪式中有机融入法治教育内容。加强对高等院校学生的法治教育，增强其法治观念和参与法治实践的能力。强化学校、家庭、社会"三位一体"的青少年法治教育格局，加强青少年法治教育实践基地建设和网络建设。

各地区各部门要根据实际需要，从不同群体的特点出发，因地制宜开展有特色的法治宣传教育。突出加强对企业经营管理人员的法治宣传教育，引导他们树立诚信守法、爱国敬业意识，提高依法经营、依法管理能力。加强对农民工等群体的法治宣传教育，帮助、引导他们依法维权，自觉运用法律手段解决矛盾纠纷。

**四、工作措施**

第七个法治宣传教育五年规划从2016年开始实施，至2020年结束。各地区各部门要根据本规划，认真制定本地区本部门规划，深入宣传发动，全面组织实施，确保第七个五年法治宣传教育规划各项目标任务落到实处。

（一）健全普法宣传教育机制。各级党委和政府要加强对普法工作的领导，宣传、文化、教育部门和人民团体要在普法教育中发挥职能作用。把法治教育纳入精神文明创建内容，开展群众性法治文化活动。人民团体、社会组织要在法治宣传教育中发挥积极作用，健全完善普法协调协作机制，根据各自特点和实际需要，有针对性地组织开展法治宣传教育活动。积极动员社会力量开展法治宣传教育，加强各级普法讲师团建设，选聘优秀法律和党内法规人才充实普法讲师团队伍，组织开展专题法治宣讲活动，充分发挥讲师团在普法工作中的重要作用。鼓励引导司法和行政执法人员、法律服务人员、大专院校法律专业师生加入普法志愿者队伍，畅通志愿者服务渠道，健全完善管理制度，培育一批普法志愿者优秀团队和品牌活动，提高志愿者普法宣传水平。加强工作考核评估，建立健全法治宣传教育工作考评指导标准和指标体系，完善考核办法和机制，注重考核结果的运用。健全激励机制，认真开展"七五"普法中期检查和总结验收，加强法治宣传教育先进集体、先进个人表彰工作。围绕贯彻中央关于法治宣传教育的总体部署，健全法治宣传教育工作基础制度，加强地方法治宣传教育条例制定和修订工作，制定国家法治宣传教育法。

（二）健全普法责任制。实行国家机关"谁执法谁普法"的普法责任制，建立普法责任清单制度。建立法官、检察官、行政执法人员、律师等以案释法制度，在执法司法实践中广泛开展以案释法和警示教育，使案件审判、行政执法、纠纷调解和法律服务的过程成为向群众弘扬法治精神的过程。加强司法、行政执法案例整理编辑工作，推动相关部门面向社会公众建立司法、行政执法典型案例发布制度。落实"谁主管谁负责"的普法责任，各行业、各单位要在管理、服务过程中，结合行业特点和特定群体的法律需求，开展法治宣传教育。健全媒体公益普法制度，广播电视、报纸期刊、互联网和手机媒体等大众传媒要自觉履行普法责任，在重要版面、重要时段制作刊播普法公益广告，开设法治讲堂，针对社会热点和典型案（事）例开展及时权威的法律解读，积极引导社会法治风尚。各级党组织要坚持全面从严治党、依规治党，切实履行学习宣传党内法规的职责，把党内法规作为学习型党组织建设的重要内容，充分发挥正面典型倡导和反面案例警示作用，为党内法规的贯彻实施营造良好氛围。

（三）推进法治宣传教育工作创新。创新工作理念，坚持服务党和国家工作大局、服务人民群众生产生活，努力培育全社会法治信仰，增强法治宣传教育工作实效。针对受众心理，创新方式方法，坚持集中法治宣传教育与经常性法治宣传教育相结合，深化法律进机关、进乡村、进社区、进学校、进企业、进单位的"法律六进"主题活动，完善工作标准，建立长效机制。创新载体阵地，充分利用广场、公园等公共场所开展法治宣传教育，有条件的地方建设宪法法律教育中心。在政府机关、社会服务机构的服务大厅和服务窗口增加法治宣传教育功能。积极运用公共活动场所电子显示屏、服务窗口触摸屏、公交移动电视屏、手机屏等，推送法治宣传教育内容。充分运用互联网传播平台，加强新媒体新技术在普法中的运用，推进"互联网＋法治宣传"行动。开展新媒体普法益民服务，组织新闻网络开展普法宣传，更好地运用微信、微博、微电影、客户端开展普法活动。加强普法网站和普法网络集群建设，建设法治宣传教育云平台，实现法治宣传教育公共数据资源开放和共享。适应我国对外开放新格局，加强对外法治宣传工作。

五、组织领导

（一）切实加强领导。各级党委和政府要把法治宣传教育纳入当地经济社会发展规划，定期听取法治宣传教育工作情况汇报，及时研究解决工作中的重大问题，把法治宣传教育纳入综合绩效考核、综治考核和文明创建考核内容。各级人大要加强对法治宣传教育工作的日常监督和专项检查。健全完善党委领导、人大监督、政府实施的法治宣传教育工作领导体制，加强各级法治宣传教育工作组织机构建设。高度重视基层法治宣传教育队伍建设，切实解决人员配备、基本待遇、工作条件等方面的实际问题。

（二）**加强工作指导**。各级法治宣传教育领导小组每年要将法治宣传教育工作情况向党委（党组）报告，并报上级法治宣传教育工作领导小组。加强沟通协调，充分调动各相关部门的积极性，发挥各自优势，形成推进法治宣传教育工作创新发展的合力。结合各地区各部门工作实际，分析不同地区、不同对象的法律需求，区别对待、分类指导，不断增强法治宣传教育的针对性。坚持问题导向，深入基层、深入群众调查研究，积极解决问题，努力推进工作。认真总结推广各地区各部门开展法治宣传教育的好经验、好做法，充分发挥先进典型的示范和带动作用，推进法治宣传教育不断深入。

（三）**加强经费保障**。各地区要把法治宣传教育相关工作经费纳入本级财政预算，切实予以保障，并建立动态调整机制。把法治宣传教育列入政府购买服务指导性目录。积极利用社会资金开展法治宣传教育。

中国人民解放军和中国人民武装警察部队的第七个五年法治宣传教育工作，参照本规划进行安排部署。

# 全国人民代表大会常务委员会
# 关于开展第七个五年法治宣传教育的决议

（2016年4月28日第十二届全国人民代表大会常务委员会第二十次会议通过）

2011年至2015年，我国法制宣传教育第六个五年规划顺利实施，法治宣传教育在服务经济社会发展、维护社会和谐稳定、建设社会主义法治国家中发挥了重要作用。为深入学习宣传习近平总书记关于全面依法治国的重要论述，全面推进依法治国，顺利实施"十三五"规划，全面建成小康社会，推动全体公民自觉尊法学法守法用法，推进国家治理体系和治理能力现代化建设，从2016年至2020年在全体公民中开展第七个五年法治宣传教育，十分必要。通过开展第七个五年法治宣传教育，使全社会法治观念明显增强，法治思维和依法办事能力明显提高，形成崇尚法治的社会氛围。特作决议如下：

一、突出学习宣传宪法。坚持把学习宣传宪法摆在首要位置，在全社会普遍开展宪法宣传教育，重点学习宣传宪法确立的我国的国体、政体、基本政治制度、基本经济制度、公民的基本权利和义务等内容，弘扬宪法精神，树立宪法权威。实行宪法宣誓制度，组织国家工作人员在宪法宣誓前专题学习宪法。组织开展"12·4"国家宪法日集中宣传活动，教育引导一切组织和个人以宪法为根本活动准则。

二、深入学习宣传国家基本法律。坚持把学习宣传宪法相关法、民法商法、行政法、经济法、社会法、刑法、诉讼与非诉讼程序法等法律法规的基本知识，作为法治宣传教育的基本任务，结合学习贯彻创新、协调、绿色、开放、共享发展理念，加强对相关法律法规的宣传教育。在全社会树立宪法法律至上、法律面前人人平等、权由法定、权依法使等基本法治理念。

三、推动全民学法守法用法。一切有接受教育能力的公民都要接受法治宣传教育。坚持把全民普法和守法作为依法治国的长期基础性工作，加强农村和少数民族地区法治宣传教育，以群众喜闻乐见、易于接受的方式开展法治宣传教育，引导公民努力学法、自觉守法、遇事找法、解决问题靠法，增强全社会厉行法治的积极性、主动性和自觉性。大力弘扬法治精神，培育法治理念，树立法治意识，共同维护法律的权威和尊严。

四、坚持国家工作人员带头学法守法用法。坚持把各级领导干部带头学法、模范守法、严格执法作为全社会树立法治意识的关键。健全国家工作人员学法用法制度，将法治教育纳入干部教育培训总体规划。坚持把依法办事作为检验国家工作人员学法用法的重要标准，健全重大决策合法性审查机制，推行政府法律顾问制度，推动行政机关依法行政，促进司法机关公正司法。坚持把尊法学法守法用法情况作为考核领导班子和领导干部的重要内容。

五、切实把法治教育纳入国民教育体系。坚持从青少年抓起，制定青少年法治教育大纲，设立法治知识课程，完善法治教材体系，强化学校、家庭、社会"三位一体"的青少年法治教育格局，加强青少年法治教育实践基地建设，增强青少年的法治观念。

六、推进社会主义法治文化建设。把法治文化建设纳入现代公共文化服务体系，繁荣法治文化作品创作推广，广泛开展群众性法治文化活动。大力弘扬社会主义核心价值观，推动法治教育与道德教育相结合，促进法律的规范作用和道德的教化作用相辅相成。健全公民和组织守法信用记录，建立和完善学法用法先进集体、先进个人宣传表彰制度。

七、推进多层次多领域依法治理。坚持法治宣传教育与法治实践相结合，把法律规定变成引领保障经济社会发展的基本规范。深化基层组织和部门、行业依法治理，深入开展法治城市、法治县（市、区）、民主法治示范村（社区）等法治创建活动，提高社会治理法治化水平。

八、推进法治宣传教育创新。遵循现代传播规律，推进法治宣传教育工作理念、方式方法、载体阵地和体制机制等创新。结合不同地区、不同时期、不同群体的特点和需求，分类实施法治宣传教育，提高法治宣传教育的针对性和实效性，力戒形式主义。充分发挥报刊、广播、电视和新媒体新技术等在普法中的作用，推进互联网＋法治宣传教育行动。建立法官、检察官、行政执法人员、律师等以案释法制度，充分运用典型案例，结合社会热点，开展生动直观的法治宣传教育。加强法治宣传教育志愿者队伍建设。深化法律进机关、进乡村、进社区、进学校、进企业、进单位等活动。

九、健全普法责任制。一切国家机关和武装力量、各政党和各人民团体、企业事业组织和其他社会组织都要高度重视法治宣传教育工作，按照"谁主管谁负责"的原则，认真履行普法责任。实行国家机关"谁执法谁普法"的普法责任制，建立普法责任清单制度。健全媒体公益普法制度，落实各类媒体的普法责任，在重要频道、重要版面、重要时段开展公益普法。把法治宣传教育纳入当地经济社会发展规划，进一步健全完善党委领导、人大监督、政府实施、部门各负其责、全社会共同参与的法治宣传教育工作体制机制。

十、加强组织实施和监督检查。各级人民政府要积极开展第七个五年法治宣传教育工作，强化工作保障，做好中期检查和终期评估，并向本级人民代表大会常务委员会报告。各级人民代表大会及其常务委员会要充分运用执法检查、听取和审议工作报告以及代表视察、专题调研等形式，加强对法治宣传教育工作的监督检查，保证本决议得到贯彻落实。

# 最新全国"七五"普法系列读物

总顾问：张苏军　　　总主编：李林　陈甦　陈泽宪　莫纪宏

| 名　称 | 规格 | 定价 |
|---|---|---|
| **全国"七五"普法统编教材**（以案释法版，共25册） | | |
| 宪法知识党员干部读本（以案释法版） | 16开 | 28 |
| 宪法知识中小学生读本（以案释法版） | 16开 | 18 |
| 宪法知识公民读本（以案释法版） | 16开 | 18 |
| 全面推进依法治国党员干部读本（以案释法版） | 16开 | 28 |
| 领导干部法治思维和法治方式读本（以案释法版） | 16开 | 28 |
| 党委(党组)理论学习中心组法治学习读本（以案释法版） | 16开 | 38 |
| 领导干部学法用法读本（以案释法版） | 16开 | 38 |
| 公务员学法用法读本（以案释法版） | 16开 | 38 |
| 事业单位人员学法用法读本（以案释法版） | 16开 | 38 |
| 企业经营管理人员学法用法读本（以案释法版） | 16开 | 38 |
| 非公有制企业和商会学法用法读本（以案释法版） | 16开 | 38 |
| 职工学法用法读本（以案释法版） | 16开 | 28 |
| 农民工学法用法读本（以案释法版） | 16开 | 24 |
| 社区居委会干部学法用法读本（以案释法版） | 16开 | 28 |
| 社区居民学法用法读本（以案释法版） | 16开 | 24 |
| 农村"两委"干部学法用法读本（以案释法版） | 16开 | 32 |
| 农民学法用法读本（以案释法版） | 16开 | 24 |
| 公民学法用法读本（以案释法版） | 16开 | 28 |
| 青少年法治教育（以案释法小学版） | 16开 | 12 |
| 青少年法治教育（以案释法初中版） | 16开 | 15 |
| 青少年法治教育（以案释法高中版） | 16开 | 18 |
| 教职工法治教育读本（以案释法版） | 16开 | 38 |
| "大众创业万众创新"法律知识读本（以案释法版） | 16开 | 28 |
| "一带一路"法律知识读本（以案释法版） | 16开 | 28 |
| 党内法规宣传读本（以案释法版） | 16开 | 28 |
| **"谁执法谁普法"行业普法读本**（以案释法版70册） | | |
| 审判法律知识读本（以案释法版） | 16开 | 28 |
| 检察法律知识读本（以案释法版） | 16开 | 28 |
| 监察法律知识读本（以案释法版） | 16开 | 28 |
| 政府法制法律知识读本（以案释法版） | 16开 | 28 |
| 保密法律知识读本（以案释法版） | 16开 | 28 |
| 档案法律知识读本（以案释法版） | 16开 | 28 |

| | | |
|---|---|---|
| 信访法律知识读本（以案释法版） | 16 开 | 28 |
| 国防法律知识读本（以案释法版） | 16 开 | 28 |
| 发展改革法律知识读本（以案释法版） | 16 开 | 28 |
| 粮食法律知识读本（以案释法版） | 16 开 | 28 |
| 教育法律知识读本（以案释法版） | 16 开 | 28 |
| 体育法律知识读本（以案释法版） | 16 开 | 28 |
| 科技法律知识读本（以案释法版） | 16 开 | 28 |
| 工业和信息化法律知识读本（以案释法版） | 16 开 | 28 |
| 烟草法律知识读本（以案释法版） | 16 开 | 28 |
| 民族法律知识读本（以案释法版） | 16 开 | 28 |
| 宗教法律知识读本（以案释法版） | 16 开 | 28 |
| 公安法律知识读本（以案释法版） | 16 开 | 28 |
| 国家安全法律知识读本（以案释法版） | 16 开 | 28 |
| 民政法律知识读本（以案释法版） | 16 开 | 28 |
| 司法协助法律知识读本（以案释法版） | 16 开 | 28 |
| 财政法律知识读本（以案释法版） | 16 开 | 28 |
| 审计法律知识读本（以案释法版） | 16 开 | 28 |
| 国土资源法律知识读本（以案释法版） | 16 开 | 28 |
| 人力资源和社会保障法律知识读本（以案释法版） | 16 开 | 28 |
| 环境保护法律知识读本（以案释法版） | 16 开 | 28 |
| 住房和城乡建设法律知识读本（以案释法版） | 16 开 | 28 |
| 交通法律知识读本（以案释法版） | 16 开 | 28 |
| 铁路法律知识读本（以案释法版） | 16 开 | 28 |
| 民航法律知识读本（以案释法版） | 16 开 | 28 |
| 邮政法律知识读本（以案释法版） | 16 开 | 28 |
| 商务法律知识读本（以案释法版） | 16 开 | 28 |
| 农业法律知识读本（以案释法版） | 16 开 | 28 |
| 林业法律知识读本（以案释法版） | 16 开 | 28 |
| 水利法律知识读本（以案释法版） | 16 开 | 28 |
| 文化法律知识读本（以案释法版） | 16 开 | 28 |
| 新闻出版广电法律知识读本（以案释法版） | 16 开 | 28 |
| 卫生法律知识读本（以案释法版） | 16 开 | 28 |
| 计划生育法律知识读本（以案释法版） | 16 开 | 28 |
| 人民银行法律知识读本（以案释法版） | 16 开 | 28 |
| 海关法律知识读本（以案释法版） | 16 开 | 28 |
| 国资监管法律知识读本（以案释法版） | 16 开 | 28 |
| 税务法律知识读本（以案释法版） | 16 开 | 28 |
| 工商行政管理法律知识读本（以案释法版） | 16 开 | 28 |
| 质量检验检疫法律知识读本（以案释法版） | 16 开 | 28 |
| 安全生产监管法律知识读本（以案释法版） | 16 开 | 28 |
| 食品药品监管法律知识读本（以案释法版） | 16 开 | 28 |

| | | |
|---|---|---|
| 统计法律知识读本（以案释法版） | 16 开 | 28 |
| 旅游法律知识读本（以案释法版） | 16 开 | 28 |
| 地震法律知识读本（以案释法版） | 16 开 | 28 |
| 气象法律知识读本（以案释法版） | 16 开 | 28 |
| 银行业监管法律知识读本（以案释法版） | 16 开 | 28 |
| 证券监管法律知识读本（以案释法版） | 16 开 | 28 |
| 保险监管法律知识读本（以案释法版） | 16 开 | 28 |
| 能源法律知识读本（以案释法版） | 16 开 | 28 |
| 编制法律知识读本（以案释法版） | 16 开 | 28 |
| 海洋法律知识读本（以案释法版） | 16 开 | 28 |
| 外汇管理法律知识读本（以案释法版） | 16 开 | 28 |
| 文物法律知识读本（以案释法版） | 16 开 | 28 |
| 中医药法律知识读本（以案释法版） | 16 开 | 28 |
| 国防科工法律知识读本（以案释法版） | 16 开 | 28 |
| 港澳台法律知识读本（以案释法版） | 16 开 | 28 |
| 知识产权法律知识读本（以案释法版） | 16 开 | 28 |
| 供销社法律知识读本（以案释法版） | 16 开 | 28 |
| 工会法律知识读本（以案释法版） | 16 开 | 28 |
| 共青团法律知识读本（以案释法版） | 16 开 | 28 |
| 妇联法律知识读本（以案释法版） | 16 开 | 28 |
| 文联作协法律知识读本（以案释法版） | 16 开 | 28 |
| 残联法律知识读本（以案释法版） | 16 开 | 28 |
| 红十字会法律知识读本（以案释法版） | 16 开 | 28 |
| **"谁执法谁普法"宣传册丛书**（漫画故事版，共70册） | | |
| 审判普法宣传册（漫画故事版） | 大 32 | 8 |
| 检察普法宣传册（漫画故事版） | 大 32 | 8 |
| 监察普法宣传册（漫画故事版） | 大 32 | 8 |
| 政府法制普法宣传册（漫画故事版） | 大 32 | 8 |
| 保密普法宣传册（漫画故事版） | 大 32 | 8 |
| 档案普法宣传册（漫画故事版） | 大 32 | 8 |
| 信访普法宣传册（漫画故事版） | 大 32 | 8 |
| 国防普法宣传册（漫画故事版） | 大 32 | 8 |
| 发展改革普法宣传册（漫画故事版） | 大 32 | 8 |
| 粮食普法宣传册（漫画故事版） | 大 32 | 8 |
| 教育普法宣传册（漫画故事版） | 大 32 | 8 |
| 体育普法宣传册（漫画故事版） | 大 32 | 8 |
| 科技普法宣传册（漫画故事版） | 大 32 | 8 |
| 工业和信息化普法宣传册（漫画故事版） | 大 32 | 8 |
| 烟草普法宣传册（漫画故事版） | 大 32 | 8 |
| 民族普法宣传册（漫画故事版） | 大 32 | 8 |
| 宗教普法宣传册（漫画故事版） | 大 32 | 8 |

| | | |
|---|---|---|
| 公安普法宣传册（漫画故事版） | 大 32 | 8 |
| 国家安全普法宣传册（漫画故事版） | 大 32 | 8 |
| 民政普法宣传册（漫画故事版） | 大 32 | 8 |
| 司法协助普法宣传册（漫画故事版） | 大 32 | 8 |
| 财政普法宣传册（漫画故事版） | 大 32 | 8 |
| 审计普法宣传册（漫画故事版） | 大 32 | 8 |
| 国土资源普法宣传册（漫画故事版） | 大 32 | 8 |
| 人力资源和社会保障普法宣传册（漫画故事版） | 大 32 | 8 |
| 环境保护普法宣传册（漫画故事版） | 大 32 | 8 |
| 住房和城乡建设普法宣传册（漫画故事版） | 大 32 | 8 |
| 交通普法宣传册（漫画故事版） | 大 32 | 8 |
| 铁路普法宣传册（漫画故事版） | 大 32 | 8 |
| 民航普法宣传册（漫画故事版） | 大 32 | 8 |
| 邮政普法宣传册（漫画故事版） | 大 32 | 8 |
| 商务普法宣传册（漫画故事版） | 大 32 | 8 |
| 农业普法宣传册（漫画故事版） | 大 32 | 8 |
| 林业普法宣传册（漫画故事版） | 大 32 | 8 |
| 水利普法宣传册（漫画故事版） | 大 32 | 8 |
| 文化普法宣传册（漫画故事版） | 大 32 | 8 |
| 广电新闻出版普法宣传册（漫画故事版） | 大 32 | 8 |
| 卫生普法宣传册（漫画故事版） | 大 32 | 8 |
| 计划生育普法宣传册（漫画故事版） | 大 32 | 8 |
| 人民银行普法宣传册（漫画故事版） | 大 32 | 8 |
| 海关普法宣传册（漫画故事版） | 大 32 | 8 |
| 国资监管普法宣传册（漫画故事版） | 大 32 | 8 |
| 税务普法宣传册（漫画故事版） | 大 32 | 8 |
| 工商行政管理普法宣传册（漫画故事版） | 大 32 | 8 |
| 质量检验检疫普法宣传册（漫画故事版） | 大 32 | 8 |
| 安全生产监管普法宣传册（漫画故事版） | 大 32 | 8 |
| 食品药品监管普法宣传册（漫画故事版） | 大 32 | 8 |
| 统计普法宣传册（漫画故事版） | 大 32 | 8 |
| 旅游普法宣传册（漫画故事版） | 大 32 | 8 |
| 地震普法宣传册（漫画故事版） | 大 32 | 8 |
| 气象普法宣传册（漫画故事版） | 大 32 | 8 |
| 银行业监管普法宣传册（漫画故事版） | 大 32 | 8 |
| 证券监管普法宣传册（漫画故事版） | 大 32 | 8 |
| 保险监管普法宣传册（漫画故事版） | 大 32 | 8 |
| 能源普法宣传册（漫画故事版） | 大 32 | 8 |
| 编制普法宣传册（漫画故事版） | 大 32 | 8 |
| 海洋普法宣传册（漫画故事版） | 大 32 | 8 |
| 外汇管理普法宣传册（漫画故事版） | 大 32 | 8 |

| | | |
|---|---|---|
| 文物普法宣传册（漫画故事版） | 大32 | 8 |
| 中医药普法宣传册（漫画故事版） | 大32 | 8 |
| 国防科工普法宣传册（漫画故事版） | 大32 | 8 |
| 港澳台普法宣传册（漫画故事版） | 大32 | 8 |
| 知识产权普法宣传册（漫画故事版） | 大32 | 8 |
| 供销社普法宣传册（漫画故事版） | 大32 | 8 |
| 工会普法宣传册（漫画故事版） | 大32 | 8 |
| 共青团普法宣传册（漫画故事版） | 大32 | 8 |
| 妇联普法宣传册（漫画故事版） | 大32 | 8 |
| 文联作协普法宣传册（漫画故事版） | 大32 | 8 |
| 残联普法宣传册（漫画故事版） | 大32 | 8 |
| 红十字会普法宣传册（漫画故事版） | 大32 | 8 |
| **青少年《法治教育》教材**（法治实践版，共30册） | | |
| 法治教育（法治实践版·小学一年级注音版上） | 16开 | 6.8 |
| 法治教育（法治实践版·小学一年级注音版下） | 16开 | 6.8 |
| 法治教育（法治实践版·小学二年级注音版上） | 16开 | 6.8 |
| 法治教育（法治实践版·小学二年级注音版下） | 16开 | 6.8 |
| 法治教育（法治实践版·小学三年级上） | 16开 | 8.8 |
| 法治教育（法治实践版·小学三年级下） | 16开 | 8.8 |
| 法治教育（法治实践版·小学四年级上） | 16开 | 8.8 |
| 法治教育（法治实践版·小学四年级下） | 16开 | 8.8 |
| 法治教育（法治实践版·小学五年级上） | 16开 | 8.8 |
| 法治教育（法治实践版·小学五年级下） | 16开 | 8.8 |
| 法治教育（法治实践版·小学六年级上） | 16开 | 8.8 |
| 法治教育（法治实践版·小学六年级下） | 16开 | 8.8 |
| 法治教育（法治实践版·初中一年级上） | 16开 | 10.8 |
| 法治教育（法治实践版·初中一年级下） | 16开 | 10.8 |
| 法治教育（法治实践版·初中二年级上） | 16开 | 10.8 |
| 法治教育（法治实践版·初中二年级下） | 16开 | 10.8 |
| 法治教育（法治实践版·初中三年级上） | 16开 | 10.8 |
| 法治教育（法治实践版·初中三年级下） | 16开 | 10.8 |
| 法治教育（法治实践版·高中一年级上） | 16开 | 12.8 |
| 法治教育（法治实践版·高中一年级下） | 16开 | 12.8 |
| 法治教育（法治实践版·高中二年级上） | 16开 | 12.8 |
| 法治教育（法治实践版·高中二年级下） | 16开 | 12.8 |
| 法治教育（法治实践版·高中三年级上） | 16开 | 12.8 |
| 法治教育（法治实践版·高中三年级下） | 16开 | 12.8 |
| 法治教育（法治实践版·中职中专一年级） | 16开 | 14.8 |
| 法治教育（法治实践版·中职中专二年级） | 16开 | 14.8 |
| 法治教育（法治实践版·中职中专三年级） | 16开 | 14.8 |
| 法治教育（法治实践版·大学一年级） | 16开 | 19.8 |

| 书名 | 开本 | 价格 |
|---|---|---|
| 法治教育（法治实践版·大学二年级） | 16 开 | 19.8 |
| 法治教育（法治实践版·大学三年级） | 16 开 | 19.8 |
| **"七五"普法书架——"以案释法"丛书 （共 60 册）** | 16 开 | 2160 |
| **《公民权益保护法律指南》丛书（10 册/套）** | 16 开 | 360（量大时外包装纸盒上可署名\*\*编印或\*\*捐赠，订 60 册全套增书架一幅） |
| 公民权利义务法律指南（以案释法版） | 16 开 | |
| 未成年人权益保护法律指南（以案释法版） | 16 开 | |
| 妇女权益保护法律指南（以案释法版） | 16 开 | |
| 老年人权益保护法律指南（以案释法版） | 16 开 | |
| 务工人员权益保护法律指南（以案释法版） | 16 开 | |
| 军人权益保护法律指南（以案释法版） | 16 开 | |
| 消费者维权法律指南（以案释法版） | 16 开 | |
| 征地拆迁维权法律指南（以案释法版） | 16 开 | |
| 监狱罪犯维权法律指南（以案释法版） | 16 开 | |
| 国家赔偿法律指南（以案释法版） | 16 开 | |
| **《大众创业风险防范法律指导》丛书（10 册/套）** | 16 开 | 360（量大时外包装纸盒上可署名\*\*编印或\*\*捐赠，订 60 册全套增书架一幅） |
| 合同纠纷防范法律指导（以案释法版） | 16 开 | |
| 民间借贷纠纷防范法律指导（以案释法版） | 16 开 | |
| 合伙纠纷防范法律指导（以案释法版） | 16 开 | |
| 公司设立与股权纠纷防范法律指导（以案释法版） | 16 开 | |
| 企业税收风险防范法律指导（以案释法版） | 16 开 | |
| 抵押担保纠纷防范法律指导（以案释法版） | 16 开 | |
| 商标、专利纠纷防范法律指导（以案释法版） | 16 开 | |
| 票据存单纠纷防范法律指导（以案释法版） | 16 开 | |
| 委托理财纠纷防范法律指导（以案释法版） | 16 开 | |
| 企业改制与破产清算纠纷防范法律指导（以案释法版） | 16 开 | |
| **《一生中要远离这些违法犯罪》丛书（10 册/套）** | 16 开 | 360（量大时外包装纸盒上可署名\*\*编印或\*\*捐赠，订 60 册全套增书架一幅） |
| 什么是违法（以案释法版） | 16 开 | |
| 什么是犯罪（以案释法版） | 16 开 | |
| 哪些行为构成危害公共安全罪（以案释法版） | 16 开 | |
| 哪些行为构成破坏社会主义市场经济秩序罪（以案释法版） | 16 开 | |
| 哪些行为构成侵犯公民人身权利、民主权利罪（以案释法版） | 16 开 | |
| 哪些行为构成侵犯财产罪（以案释法版） | 16 开 | |
| 哪些行为构成妨害社会管理秩序罪（以案释法版） | 16 开 | |
| 哪些行为构成贪污贿赂罪（以案释法版） | 16 开 | |
| 哪些行为构成渎职罪（以案释法版） | 16 开 | |
| 违法犯罪后如何辩护代理（以案释法版） | 16 开 | |
| **《民事纠纷法律适用指南》丛书（10 册/套）** | 16 开 | 360（量大时外包装纸盒上可署名\*\*编印 |
| 人身伤害赔偿纠纷法律适用指南（以案释法版） | 16 开 | |
| 医疗事故赔偿纠纷法律适用指南（以案释法版） | 16 开 | |
| 环境污染赔偿纠纷法律适用指南（以案释法版） | 16 开 | |
| 工伤赔偿与劳动合同纠纷法律适用指南（以案释法版） | 16 开 | |

| | | |
|---|---|---|
| 交通事故赔偿纠纷法律适用指南（以案释法版） | 16 开 | |
| 婚姻家庭纠纷法律适用指南（以案释法版） | 16 开 | |
| 收养、抚养、赡养与继承纠纷法律适用指南（以案释法版） | 16 开 | |
| 房屋纠纷法律适用指南（以案释法版） | 16 开 | |
| 宅基地与土地承包纠纷法律适用指南（以案释法版） | 16 开 | |
| 民事证据与民事诉讼法律适用指南（以案释法版） | 16 开 | |
| **《"法治创建"法律适用指导》丛书（10 册/套）** | 16 开 | 360（量大时外包装纸盒上可署名\*\*编印或\*\*捐赠，订 60 册全套增书架一幅） |
| 安全生产法律适用指导（以案释法版） | 16 开 | |
| 食品安全法律适用指导（以案释法版） | 16 开 | |
| 道路交通安全法律适用指导（以案释法版） | 16 开 | |
| 工程建设质量与安全法律适用指导（以案释法版） | 16 开 | |
| 环境污染赔偿法律适用指导（以案释法版） | 16 开 | |
| 治安管理法律适用指导（以案释法版） | 16 开 | |
| 村民自治法律适用指导（以案释法版） | 16 开 | |
| 农村治安法律适用指导（以案释法版） | 16 开 | |
| 社区矫正法律适用指导（以案释法版） | 16 开 | |
| 人民调解法律适用指导（以案释法版） | 16 开 | |
| **《阳光执法适用指导》丛书（10 册/套）** | 16 开 | 360（量大时外包装纸盒上可署名\*\*编印或\*\*捐赠，订 60 册全套增书架一幅） |
| 公安执法监督适用指导（以案释法版） | 16 开 | |
| 环保执法监督适用指导（以案释法版） | 16 开 | |
| 食药品监督管理适用指导（以案释法版） | 16 开 | |
| 安全生产监督管理适用指导（以案释法版） | 16 开 | |
| 行政处罚适用指导（以案释法版） | 16 开 | |
| 行政复议适用指导（以案释法版） | 16 开 | |
| 行政证据收集、举证、审查适用指导（以案释法版） | 16 开 | |
| 行政诉讼适用指导（以案释法版） | 16 开 | |
| 冤错案件的防范与纠正适用指导（以案释法版） | 16 开 | |
| 国家赔偿适用指导（以案释法版） | 16 开 | |
| **普法连续出版物《普法漫画》（合订本）** | 48 辑 | 1440 |
| 全国普法办审定《普法漫画》月刊（1-12 辑） | 12 辑 | 360 |
| 全国普法办审定《普法漫画》月刊（13-24 辑） | 12 辑 | 360 |
| 全国普法办审定《普法漫画》月刊（25-36 辑） | 12 辑 | 360 |
| 全国普法办审定《普法漫画》月刊（37-48 辑） | 12 辑 | 360 |
| **普法连续出版物《普法音像》（合订本）** | 48 辑 | 19200 |
| 全国普法办监制《普法音像》月刊（1-12 辑） | 12 辑 | 4800 |
| 全国普法办监制《普法音像》月刊（13-24 辑） | 12 辑 | 4800 |
| 全国普法办监制《普法音像》月刊（25-36 辑） | 12 辑 | 4800 |
| 全国普法办监制《普法音像》月刊（37-48 辑） | 12 辑 | 4800 |
| **普法连续出版物《普法挂图》（合订本）** | 48 辑 | 960 |
| 《普法挂图》月刊（1-12 辑） | 24 张 | 240 |
| 《普法挂图》月刊（13-24 辑） | 24 张 | 240 |

| | | |
|---|---|---|
| 《普法挂图》月刊（25-36 辑） | 24 张 | 240 |
| 《普法挂图》月刊（37-48 辑） | 24 张 | 240 |
| **"七五"普法挂图系列（45 种）** | | |
| 《中华人民共和国国家安全法》挂图 | 2 张 | 20 |
| 《中华人民共和国食品安全法(修订版)》挂图 | 2 张 | 20 |
| 《中华人民共和国广告法》挂图 | 2 张 | 20 |
| 《中华人民共和国立法法》挂图 | 2 张 | 20 |
| 《中华人民共和国行政许可法》挂图 | 2 张 | 20 |
| 《中华人民共和国行政复议法》挂图 | 2 张 | 20 |
| 《中华人民共和国行政处罚法》挂图 | 2 张 | 20 |
| 《中华人民共和国社会救助暂行办法》挂图 | 2 张 | 20 |
| 《中华人民共和国水污染防治法》挂图 | 2 张 | 20 |
| 《中华人民共和国药品管理法》挂图 | 2 张 | 20 |
| 《工伤保险条例》挂图 | 2 张 | 20 |
| 《不动产登记暂行条例》挂图 | 2 张 | 20 |
| 《中华人民共和国社会保险法》挂图 | 2 张 | 20 |
| 《中华人民共和国突发事件应对法》挂图 | 2 张 | 20 |
| 《中华人民共和国劳动合同法》挂图 | 2 张 | 20 |
| 《中华人民共和国土地管理法》挂图 | 2 张 | 20 |
| 《中华人民共和国禁毒法》挂图 | 2 张 | 20 |
| 《中华人民共和国刑事诉讼法》挂图 | 2 张 | 20 |
| 《校车安全管理条例》挂图 | 2 张 | 20 |
| 《中华人民共和国道路交通安全法》挂图 | 2 张 | 20 |
| 《中华人民共和国民事诉讼法》（修正案)挂图 | 2 张 | 20 |
| 《中华人民共和国老年人权益保障法》挂图 | 2 张 | 20 |
| 《中华人民共和国预防未成年人犯罪法》挂图 | 2 张 | 20 |
| 《国有土地上房屋征收与补偿条例》挂图 | 2 张 | 20 |
| 《中华人民共和国物权法》挂图 | 2 张 | 20 |
| 《中华人民共和国治安管理处罚法》挂图 | 2 张 | 20 |
| 《中华人民共和国教师法》挂图 | 2 张 | 20 |
| 《中华人民共和国劳动法》挂图 | 2 张 | 20 |
| 《中华人民共和国农业法》挂图 | 2 张 | 20 |
| 《中华人民共和国旅游法》挂图 | 2 张 | 20 |
| 《中华人民共和国消费者权益保障法》挂图 | 2 张 | 20 |
| 《中华人民共和国职业病防治法》挂图 | 2 张 | 20 |
| 《中华人民共和国村民委员会组织法》挂图 | 2 张 | 20 |
| 《社区矫正实施办法》挂图 | 2 张 | 20 |
| 《信访条例》挂图 | 2 张 | 20 |
| 《法律援助条例》挂图 | 2 张 | 20 |
| 《中华人民共和国环境保护法(修订版)》挂图 | 2 张 | 20 |
| 《中华人民共和国劳动争议调解仲裁法》挂图 | 2 张 | 20 |

| | | |
|---|---|---|
| 《中华人民共和国侵权责任法》挂图 | 2 张 | 20 |
| 《中华人民共和国国家赔偿法》挂图 | 2 张 | 20 |
| 《中华人民共和国安全生产法(修订版)》挂图 | 2 张 | 20 |
| 《中华人民共和国教育法》挂图 | 2 张 | 20 |
| 《中华人民共和国著作权法》挂图 | 2 张 | 20 |
| 《中华人民共和国人民调解法》挂图 | 4 张 | 30 |
| 《中华人民共和国反家庭暴力法》挂图 | 2 张 | 20 |
| **"七五"普法·"法律六进"系列普法挂图** | **72 张** | **720** |
| 《法律进农村》系列普法挂图 | 12 张 | 120 |
| 《法律进社区》系列普法挂图 | 12 张 | 120 |
| 《法律进学校》系列普法挂图 | 12 张 | 120 |
| 《法律进企业》系列普法挂图 | 12 张 | 120 |
| 《法律进单位》系列普法挂图 | 12 张 | 120 |
| 《法律进机关》系列普法挂图 | 12 张 | 120 |
| **"七五"普法·新时期法治宣传教育微讲座** | | |
| 《立法法修正解读与立法实务操作》高端讲座 | 12DVD | 1800 |
| 《行政执法能力提升培训》高端讲座 | 12DVD | 2900 |
| 《宪法知识微讲座100讲》 | 10DVD | 980 |
| 《法治思维100例》(领导干部、公务员、事业、国企、村居) | 10DVD | 1980 |
| 《公职人员法律和廉政风险防范讲座·领导干部篇》 | 2DVD | 396 |
| 《公职人员法律和廉政风险防范讲座·公务员篇》 | 2DVD | 396 |
| 《公职人员法律和廉政风险防范讲座·事业单位人民团体管理人员 | 2DVD | 396 |
| 《公职人员法律和廉政风险防范讲座·国企经营管理人员篇》 | 2DVD | 396 |
| 《公职人员法律和廉政风险防范讲座·基层村(居)干部篇》 | 2DVD | 396 |
| 《开心普法——校园篇》电视情景短剧30集 | 10DVD | 1800 |
| **"七五"普法·法学名家讲座系列(75讲)** | | |
| 《全面推进依法治国基本方略》(中国社科院莫纪宏) | 2DVD | 200 |
| 《宪法的价值和我国宪法的实施》(中国社科院陈云生) | 2DVD | 200 |
| 《坚持依法行政建设法治政府》(国家行政学院杨伟东) | 1DVD | 100 |
| 《行政许可法讲座》(国家行政学院杨伟东) | 1DVD | 100 |
| 《行政处罚法讲座》(中国政法大学解志勇) | 1DVD | 100 |
| 《行政复议法讲座》(国家行政学院杨伟东) | 1DVD | 100 |
| 《行政强制法讲座》(全国人大法工委李援) | 2DVD | 200 |
| 《行政诉讼法(修订)讲座》(首都经贸大兰燕卓) | 2DVD | 200 |
| 《国家赔偿法讲座》(中国政法大学解志勇) | 1DVD | 100 |
| 《突发事件应对法讲座》(中国政法大学王敬波) | 2DVD | 200 |
| 《公共应急体制和应急预案体系》(中国政法大学林鸿潮) | 1DVD | 100 |
| 《义务教育法》讲座(中国劳动学院宋艳慧) | 1DVD | 100 |
| 《未成年人保护法》讲座(北京外国语大学姚金菊) | 1DVD | 100 |
| 《校车安全管理条例》讲座(中国政法大学王敬波) | 1DVD | 100 |
| 《预防未成年人犯罪法》讲座(中国政法大学皮艺军) | 1DVD | 100 |

| | | |
|---|---|---|
| 《中小学幼儿园安全管理办法》讲座(中国政法大学王敬波) | 1DVD | 100 |
| 《未成年人保护法》讲座(中国政法大学皮艺军) | 1DVD | 100 |
| 《中小学公共安全教育指导纲要》讲座(中国政法大学王敬波) | 1DVD | 100 |
| 《教师法》讲座(北京外国语大学姚金菊) | 1DVD | 100 |
| 《学生伤害事故处理办法》讲座(中国政法大学王敬波) | 1DVD | 100 |
| 《消防法》讲座(中国劳动学院颜峻) | 1DVD | 100 |
| 《治安管处罚法》讲座(中国公安大学陈天本) | 1DVD | 100 |
| 《禁毒法》讲座(国家禁毒委领导专家) | 4DVD | 400 |
| 《侵权责任法》讲座(中国人民大学邢海宝) | 2DVD | 200 |
| 《精神卫生法》讲座(北京大学医学部刘瑞爽) | 1DVD | 100 |
| 《全国人民代表大会和地方各级人民代表大会代表法》（莫纪宏） | 2DVD | 200 |
| 《村民委员会组织法》讲座(民政部基层司汤晋苏) | 1DVD | 100 |
| 《保守国家秘密法(修订)》讲座(全国人大法工委孙镇平) | 1DVD | 100 |
| 《出境入境管理法》讲座(北京理工大学刘国福) | 2DVD | 200 |
| 《物权法》讲座(中国社科院法学所渠涛) | 2DVD | 200 |
| 《公司法(修订)》讲座(中国人民大学贾林青) | 2DVD | 200 |
| 《合伙企业法》讲座(中国社科院法学所崔勤之) | 2DVD | 200 |
| 《消费者权益保护法》讲座(中国人民大学刘俊海) | 2DVD | 200 |
| 《商标法》讲座(中国政法大学冯晓青) | 2DVD | 200 |
| 《著作权法》讲座(中国政法大学杨利华) | 2DVD | 200 |
| 《专利法》讲座(中国政法大学陈丽苹) | 1DVD | 100 |
| 《信息网络传播权的保护》(中国政法大学冯晓青) | 2DVD | 200 |
| 《非物质文化遗产法》讲座(全国人大法工委李文阁) | 1DVD | 100 |
| 《税收征收管理法实施细则》讲座(北京大学翟继光) | 2DVD | 200 |
| 《征信业管理条例》讲座(中国人民大学刘俊海) | 2DVD | 200 |
| 《安全生产法》讲座(国务院发展研究中心常纪文) | 2DVD | 200 |
| 《药品管理法》讲座(南开大学宋华琳) | 1DVD | 100 |
| 《食品安全法与食品安全法制建设》讲座(全国人大李援) | 1DVD | 100 |
| 《环境保护法》讲座(国务院发展研究中心常纪文) | 1DVD | 100 |
| 《节约能源法》讲座(首都经贸大学高桂林) | 1DVD | 100 |
| 《清洁生产促进法》讲座(中国青年政治学院刘映春) | 1DVD | 100 |
| 《循环经济促进法》讲座(中国人民大学周珂) | 1DVD | 100 |
| 《水环境与水资源法律制度》讲座(中国人民大学周珂) | 1DVD | 100 |
| 《水土保持法》讲座(中国人民大学周珂) | 1DVD | 100 |
| 《渔业法》讲座(国务院发展研究中心常纪文) | 1DVD | 100 |
| 《土地管理法》讲座(北京立天律师事务所张捷) | 1DVD | 100 |
| 《国有土地上房屋征收与补偿条例》讲座(最高法院原法官王达) | 3DVD | 300 |
| 《城市房地产管理法》讲座(中国政法大学符启林) | 2DVD | 200 |
| 《物业管理条例》讲座(中国政法大学薛克刚) | 1DVD | 100 |
| 《农村土地承包法》讲座(中国社科院法学所刘海波) | 1DVD | 100 |
| 《农村土地承包经营纠纷调解仲裁法》讲座(社科院法学所刘海波) | 1DVD | 100 |

| | | |
|---|---|---|
| 《旅游法》讲座（对外经贸大学苏号朋） | 2DVD | 200 |
| 《保险法》讲座（对外经贸大学李青武） | 1DVD | 100 |
| 《交强险条例》讲座（中国人民大学贾林青） | 2DVD | 200 |
| 《劳动合同法》讲座（北京市劳动仲裁委吴立华） | 2DVD | 200 |
| 《劳动争议调解仲裁法》讲座（北京市劳动仲裁委梁桂琴） | 1DVD | 100 |
| 《职业病防治法》讲座（中国劳动学院孟燕华） | 1DVD | 100 |
| 《社会保险法》讲座（人社部政策研究司李月田） | 1DVD | 100 |
| 《军人保险法》讲座（中国人民大学邢海宝） | 1DVD | 100 |
| 《婚姻法司法解释（三）》讲座（中国社科院法学所薛宁兰） | 2DVD | 200 |
| 《老年人权益保障法》讲座（河北经贸大学田宝会） | 1DVD | 100 |
| 《妇女权益保障法》讲座（河北经贸大学梁洪杰） | 1DVD | 100 |
| 《残疾人权益保障法》讲座（河北经贸大学梁洪杰） | 1DVD | 100 |
| 《刑法修正案（八）》讲座（中国政法大学阮齐林） | 2DVD | 200 |
| 《刑事诉讼法（修订）》讲座（中国社科院冀祥德） | 2DVD | 200 |
| 《民事诉讼法（修订）》讲座（中国政法大学肖建华） | 2DVD | 200 |
| 《刑事法律援助制度的发展和实施》（中国政法大学顾永忠） | 2DVD | 200 |
| 《人民调解法》讲座（中国人民大学范愉） | 1DVD | 100 |
| 《调解制度在司法实践中的运用》（国家法官学院徐继军） | 2DVD | 200 |
| 《社区矫正的理论与实务》讲座（司法部预防犯罪所陈志海） | 4DVD | 400 |
| **"七五"普法·"宪法"宣传图书** | | |
| 《宪法》宣誓·手持本（精装） | 32 开 | 28 |
| 《宪法》宣誓·手按本（精装） | 32 开 | 40 |
| 《宪法与我》宣传册（漫画案例版） | 32 开 | 5 |
| 《宪法》单行本（平装） | 32 开 | 4 |
| 《宪法》单行本（精装） | 32 开 | 16 |
| 《宪法》单行本（口袋书，简装，2000 册起订） | 64 开 | 2 |
| 《中小学生"宪法晨读"本》（口袋书） | 64 开 | 5 |
| 《国家工作人员"我读宪法"本》（口袋书） | 64 开 | 5 |
| **"七五"普法·"宪法"广播电视和新媒体系列** | | |
| 《宪法》宣传条幅（室外，每包 10 条，红底白字内容不同） | 10 条 | 2000 |
| 《宪法》宣传标语（社区、农村，每包 10 条，红底白字内容不同） | 10 条 | 30 |
| 《宪法》摘要广播（流动车大喇叭，著名播音员录制，23 分钟） | 23 分钟 | 1000 |
| 《宪法》宣传电视专题片（电视台，多画面，播音员录制，26 分钟） | 26 分钟 | 5000 |
| 《宪法讲座—著名宪法学家陈云生》（上、下集 120 分钟，2DVD 光盘） | 2DVD | 200 |
| 《宪法》宣传动漫公益广告（源文件）（6 分钟 9 个主题，可自主编） | 9 个 | 4000 |
| 《宪法与我》手机短信（生活中的宪法，50 条） | 50 条 | 1000 |
| 《宪法与我》手机报（彩信版，漫画生活中的宪法，10 条） | 10 条 | 1000 |
| 《宪法与我》手机微信（漫画生活中的宪法，10 条） | 10 条 | 1000 |
| **"七五"普法·"宪法"单页挂图展板台日历系列** | | |
| 《宪法》宣传单页（16 开，铜版纸，双面彩印，5000 起订） | 16 开 | 0.6 |
| 《宪法》宣传单页（电子版，16 开，正背彩印，漫画故事） | 16 开 | 2000 |

| 品名 | 规格 | 价格 |
|---|---|---|
| 《"宪法与我"宣传折页》（漫画故事 5 折 12 面彩印，5000 册起订） | 5 折页 | 5000 |
| 《"宪法与我"宣传折页》（电子版，可自主印制署名，含若干漫画） | 5 折页 | 5000 |
| 《宪法宣传挂图》（一套 6 张，铜版纸彩色印刷，100 套起订） | 6 张 | 60 |
| 《宪法宣传挂图》（电子版，一套 6 张，可自主印刷署名） | 6 张 | 6000 |
| 《宪法宣传展板》（易拉宝，含架，一套 6 块） | 6 块 | 1200 |
| 《宪法宣传展板》（电子版，一套 6 张，可自主喷绘署名） | 6 块 | 6000 |
| 宪法宣传年度桌历（大 32，13 张高档铜板彩印，500 册起订） | 大 32 | 8 |
| 宪法宣传年度桌历（电子版，可自主印制署名，含若干漫画） | 大 32 | 10000 |
| 宪法宣传年度周历（大 32，53 张高档铜板彩印，500 册起订） | 大 32 | 20 |
| 宪法宣传年度周历（电子版，可自主印制署名，含若干漫画） | 大 32 | 20000 |
| 宪法宣传年度年历（4 开 1 张，彩色高档印制，1000 册起订） | 4 开 | 3 |
| 宪法宣传年度年历（电子版，可自主印刷署名） | 4 开 | 5000 |
| 宪法宣传年度日历（365 页，手撕，72 开，5000 起订） | 72 开 | 10 |
| **"七五"普法·"宪法"宣传办公和生活用品系列** | | |
| 宪法宣传笔记本（皮革，精装，16 开，500 册起订） | 16 开 | 20 |
| 宪法宣传笔记本（简装，2000 册起） | 大 32 | 5 |
| 宪法宣传鼠标垫（常规，1000 个起订） | 常规 | 3.5 |
| 宪法宣传纸杯（常规，2000 个起订） | 常规 | 1 |
| 宪法宣传水写笔（常规，2000 支起订） | 常规 | 3 |
| 宪法宣传书签（常规，10000 起订） | 常规 | 0.5 |
| 宪法宣传茶具（普通青花瓷，1 套 7 件，即 1 壶 6 杯，现货） | 7 件 | 160 |
| 宪法宣传茶具（优质骨瓷，1 套 11 件，现货） | 11 件 | 360 |
| 宪法宣传茶杯（青花牡丹图）（高档优质骨瓷带盖、每箱 10 杯，现货） | 10 杯 | 420 |
| 宪法宣传茶杯（墨竹图）（普通陶瓷带盖、每箱 10 杯，现货） | 10 杯 | 190 |
| 宪法宣传笔筒（红瓷，1 个，现货） | 1 个 | 198 |
| 宪法宣传扑克牌（72 开，高档印制，1000 起订） | 72 开 | 5 |
| 宪法宣传扑克牌（漫画+条文，电子版，可自主署名） | 72 开 | 10000 |
| 宪法宣传手提袋（无纺布，30cm×40cm×8cm，1000 个起订） | 无纺布 | 3 |
| 宪法宣传围裙（防水布，长 80×宽 65cm，1000 个起订） | 防水布 | 8 |
| 宪法宣传围裙（优质型/韩版，77×67×23cm，1000 个起） | 常规 | 15 |
| 宪法宣传毛巾（常规，1000 个起订） | 全棉 | 10 |
| 宪法宣传太阳伞（名牌杭州天堂伞、7-8 片，500 个起订） | 7-8 片 | 28 |
| 宪法宣传晴雨伞（广告品牌伞、7 片-8 片，500 个起订） | 7-8 片 | 20 |
| 宪法宣传太阳帽（常规，1000 个起订） | 夏 | 10 |

**银行汇款**：开户名：中国民主法制出版社有限公司，账号：1100 1071 6000 5604 0867，开户行：建行北京市右安门支行（行号：1051 0000 9098）。**注：开发票时品名均为"图书"。**

**分社地址**：北京市海淀区北三环西路 32 号恒润国际大厦 711、901、911（邮编 100086）。

**咨询电话：400-659-2288**（多线，免长话费），传真：010-62167260、62151293。

**网　　址**：www.faxuan.net 或者 www.pfcx.cn 或者 www.Law124.com.cn 。